Brigitte Blobel
Kein Weg zu weit
Ein Mädchen zwischen Flucht und Hoffnung

Weitere Bücher von Brigitte Blobel im Arena Verlag:

Heart Crash
Feuerprüfung. Wenn Freundschaft keine Regeln kennt
Blind Date. Wenn Liebe sehen lässt
Jeansgröße 0. Kein Gramm zu viel
Drama Princess. Topmodel – um jeden Preis
Eine Mutter zu viel. Adoptiert wider Wissen
Herzsprung. Wenn Liebe missbraucht wird
Alessas Schuld. Die Geschichte eines Amoklaufs
Rote Linien. Ritzen bis aufs Blut
Liebe wie die Hölle. Bedroht von einem Stalker
Meine schöne Schwester. Der Weg in die Magersucht
Die Clique. Wenn die Gruppe Druck macht
Party Girl
Liebe passiert
Shoppingfalle
Mensch, Pia
Einfach nur glücklich

Brigitte Blobel

Kein Weg zu weit

Ein Mädchen zwischen
Flucht und Hoffnung

Arena

Für Emma

1. Auflage 2016
© 2016 Arena Verlag GmbH, Würzburg
Alle Rechte vorbehalten
*Gedicht S. 5 aus: Najet Adouani, Meerwüste,
übersetzt von Leila Chammaa, Lotos Werkstatt, 2015.*
Umschlaggestaltung: Geviert, Grafik &Typografie, Andrea Hollerieth unter
Verwendung eines Motives von © plainpicture/Onimage/Christer Andreason
Gesamtherstellung: Westermann Druck Zwickau GmbH
ISBN 978-3-401-60220-2

*www.arena-verlag.de
Mitreden unter forum.arena-verlag.de*

*Hier wurde ich geboren
von hier aus habe ich mich aufgemacht
mit den Augen eines Falken
mit den Flügeln einer Taube
mit einer Kehle aus Messing*

*Najet Adouani, tunesische Dichterin, floh 2012
aus ihrer Heimat nach Deutschland*

1

»Verdammt!« Assoud schlägt mit der Faust gegen das Autoblech. »Ich nehme doch keine Kinder mit!«

Azmeras Herz klopft. Assoud, dieser kleine, schmächtige Mann mit dem wilden Blick, ist ihre einzige Chance: Er ist der Fahrer, dem sie ihr Leben, ihre Zukunft anvertrauen will. Der sie mit seinem klapprigen VW-Bus über die Grenze bringen soll. In ihrer Vorstellung dehnt sich Eritrea bis zum Horizont, wird immer größer. Die Grenze zum Sudan rückt in unendliche Ferne. Und das Mittelmeer? Europa? Wie soll sie das je erreichen?

Assoud zieht sein rechtes Bein nach, das irgendwie kürzer als das linke wirkt. Sein Hemd ist nass. Ob vom Regen, der seit heute Morgen in Strömen vom Himmel fällt, oder von Schweiß, kann Azmera nicht erkennen. An seinem Hemd fehlen einige Knöpfe und der Saum der Hosenbeine hat sich aufgelöst. Dieser Mann muss entweder arm sein oder er hat eine Frau, die nicht für ihn sorgt. Sein Van, dieses alte, zerbeulte Ding, mit dem er sie über die Grenze bringen soll, parkt in einer Schlammlache am Straßenrand. Aus dem Wageninnern starren sie fremde Männer an. Sie klopfen wütend gegen die Scheibe, sie wollen, dass es weitergeht.

Nicht hinsehen. Einen Schritt nach dem anderen tun. Zuerst also dieser Assoud. Wenn sie sich mit ihm beschäftigt, muss sie nicht an zu Hause denken. Azmera weiß, dass sie zusammenbrechen wird, wenn sie diese Gedanken zulässt.

Pater Umberto stellt sich neben sie. In den letzten Wochen und Monaten war der junge Priester eine große Stütze für Azmera und ihre Familie. Er ist zwar erst Anfang zwanzig, aber in der christlichen Gemeinde sehr beliebt, er kennt viele Leute und hat gute Kontakte. Er hat alle Hebel in Bewegung gesetzt, damit Azmera diese Reise, diese Flucht, antreten und ihrem Vater ins ferne Schweden folgen kann. Ohne ihn wäre sie niemals bis an diesen Punkt gekommen.

Sie zittert. Pater Umberto legt ihr eine Hand auf den Kopf. Ein Schauer durchläuft sie, aber sie versucht, weiter unbeeindruckt geradeaus zu schauen, doch das gelingt nicht. Heute trägt der Pater nicht seine schwarze Soutane, sondern Jeans, ein gestreiftes Hemd und Sandalen. Er sieht auf einmal ganz anders aus, fast wie ein Filmstar in den Liebeskomödien, die Azmera so gerne geguckt hat, als es in ihrer Wohnung noch regelmäßig Strom gab. Sie kann nicht aufhören, ihn anzuschauen, und hat gleichzeitig Panik, er könnte es bemerken und die Dinge in ihren Augen lesen, die sie ihm so gerne sagen würde, aber nicht kann und nicht darf. Plötzlich wünscht sie sich, mit diesem coolen Typen in Jeans und Sandalen einfach ins Auto zu steigen und durchzubrennen.

»Sie ist kein Kind mehr, Assoud«, sagt Pater Umberto eindringlich, »sie ist eine kluge junge Frau, die sehr gut alleine zurechtkommt.«

»Und woher soll einer wie du so was wissen? Was für eine Ahnung hast du von Frauen? Von Mädchen? Du darfst ja nicht einmal heiraten.« Assoud wendet sich mit einer verächtlichen Handbewegung von ihnen ab.

Azmeras Kopf glüht, aber der Pater bleibt ruhig. »Gut, wenn du sie nicht mitnehmen willst, bringe ich sie wieder nach Hause.«

»Nein! Bitte! Nicht wieder zurück!«, presst Azmera mit erstickter Stimme hervor. »Ich kann nicht …« Doch dann stellt sie sich vor, wie sie wieder vor ihrem Haus steht. Drinnen würde ihr ihr kleiner Bruder bestimmt schon auf der Treppe mit ausgestreckten Armen entgegenpurzeln. *Oh Hawi …* Ob er wohl inzwischen aufgewacht ist und bemerkt hat, dass seine große Schwester fehlt? Hawi ist erst fünf und darf nichts von Azmeras Flucht wissen. Die Gefahr ist zu groß, dass er sich vor den Nachbarn verplappert – oder, noch schlimmer, auf dem Markt. Dort gibt es viele Ohren … Als Azmera heute Morgen fröstelnd und mit pochendem Herzen das Haus verließ und zu Pater Umberto in den Wagen stieg, hatte sich Hawi noch in einem unruhigen Traum auf der Matratze hin und her geworfen. Sie hatte ihn nicht aufgeweckt und sich nicht verabschiedet. Der Gedanke versetzt Azmera einen Stich. Sie atmet tief durch und denkt trotzig: *Gut, dann fahre ich eben zurück. Dann geht es eben nicht.* Es ist, als würde eine Last von ihr abfallen, doch ihre Mutter vertraut darauf, dass sie stark ist – und ihr Vater auch. Aber sie, Azmera, weiß nicht wirklich, ob es stimmt. Egal, sie hat keine andere Wahl. Für ihre Familie muss sie stark sein.

Pater Umbertos Stimme reißt sie aus ihren Gedanken. Er streckt Assoud seine flache Hand hin und fordert: »Gib mir das Geld zurück. Alles. Sofort.«

Assoud starrt ihn an. Das Weiße in seinen Augen ist

gelblich verfärbt und die Iris seines rechten Auges getrübt. Azmera weiß, dass er zweihundert Dollar dafür bekommen hat, sie in den Sudan zu bringen. *Zweihundert Dollar. So viel Geld.* Gutes Geld, von dem sie zu dritt ein ganzes Jahr lang hätten leben können. Ihr Hals wird trocken. Sie schluckt.

»Siebzehn also«, brummt Assoud.

»Ich werde bald achtzehn.«

»Ach!« Assoud macht eine wegwerfende Handbewegung und wendet sich wieder an den Pater. Sein Ton ist noch schärfer: »Ich kann nicht auf sie aufpassen, ist das klar? Ich fahre sie an die Grenze und dann muss sie selber zurechtkommen. Genau wie alle anderen auch. Das ist alles. Dafür werde ich bezahlt. Verstanden? Ich bin nicht ihre Kinderfrau. Ich kann sie nicht beschützen.«

»Behandle sie anständig, mit Respekt«, sagt der Pater sanft. »Denk an deine Frau. Denk daran, was Jabila von dir erwarten würde. Sie hält dich für einen Mann, der Frauen beschützt, oder?«

Assoud senkt mürrisch den Blick.

Da erscheint der Kopf eines Mannes in der Tür von Assouds Wagen. Azmera kann erkennen, dass außer ihm noch zwei andere Männer im Auto warten. Zwar zeichnen sich nur ihre Umrisse im Fenster ab, aber sie spürt ihre Blicke wie Pfeile. Was sie wohl von ihr denken? Sie trägt ihren dunkelgrünen knielangen Faltenrock, die weiße Bluse, gewaschen und gebügelt, und die rote Strickjacke mit den grünen Knöpfen. Dazu Schnürschuhe aus braunem Leder, die ihr gerade noch passen. Es ist die Schuluniform, die sie mit fünfzehn bekommen hat und die ihr immer noch ganz gut passt. Kurz bevor sie in Pater Umbertos Auto gestiegen ist, hat sie sich noch eine blaue Hibiskusblüte vom Strauch aus dem Nachbargarten in einen ihrer Zöpfe gesteckt. Ein zartes Souvenir, das welken wird, bevor der Tag alt ist. Nun tasten Azmeras Finger ein wenig beschämt nach der Blüte. Doch der fremde Mann beachtet sie nicht weiter.

»Hey, Assoud«, schimpft er, »haben wir dich dafür bezahlt, dass du hier Wurzeln schlägst?«

Assoud lässt Azmera und den Pater stehen und humpelt auf den Wagen zu. Er fuchtelt wild mit den Armen. »Ihr regt mich auf, hört ihr? Ihr mit eurer verdammten Ungeduld. Ihr kommt schon noch früh genug ans Ziel. Setz dich wieder hin.«

Der Mann schüttelt den Kopf. »Nein, erst wenn du deinen verdammten Hintern wieder hinter das Steuerrad bewegst.« Er deutet auf Azmera. »Was ist mit ihr? Weshalb halten wir hier?«

»Das geht dich nichts an«, ruft Assoud herrisch. Dann nickt er Azmera zu: »Komm, steig ein. Du sitzt vorne neben mir.«

»Gleich«, erwidert sie heiser und wendet sich noch einmal Pater Umberto zu, doch sie weiß nicht recht, was sie sagen soll. Stattdessen presst sie die Lippen aufeinander. *Ich werde nicht weinen, sagt sie sich. Ich werde keine Angst haben. Ich bin stark und mutig. Und klug. Papa sagt immer, dass ich klug bin. Und die Lehrer. Sogar die Direktorin hat es gesagt. Mir wird nichts passieren.*

»Assoud ist ein guter und respektabler Mann«, sagt der Pater und bricht damit das Schweigen, das einen Moment lang zwischen ihnen hing. »Ich vertraue ihm.« Und nach einer Atempause fährt er fort: »Er kennt sich aus. Er hat schon viele Leute über die Grenze gebracht, auch deinen Vater.«

Azmeras Gesicht hellt sich auf. »Auch Papa? Das wusste ich nicht!« Sie fasst neuen Mut und es gelingt ihr, sich ein wenig zu entspannen.

Der Pater lächelt aufmunternd. »Azmera, mein Plan funktioniert. Hab keine Angst. Du wirst sehen: Alles wird gut.«

Sie mag es, wenn er ihren Namen sagt. Ein warmes Gefühl breitet sich in ihrer Magengrube aus, das jedoch sofort wieder verschwindet, als sie sich ins Bewusstsein ruft, dass sie Pater Umberto gleich für immer hinter sich lassen muss. Ihn und alles, was sie jemals gekannt hat. Azmeras Kopfhaut zieht sich zusammen.

»Pater, ich …«, setzt sie vorsichtig an, bricht jedoch wieder ab. Sie will ihm sagen, dass sie ihn liebt, dass sie für immer bei ihm bleiben und nicht mit diesen fremden Männern in Assouds baufälligen Wagen steigen möchte.

Sie legt sich die dunkelblaue Umhängetasche, die ihr die Mutter letzte Woche gekauft hat, über die Schulter, wendet sich ab und will auf das Auto zugehen.

Sie zieht den Bauch ein, damit ihre Gürteltasche unter der Strickjacke nicht auffällt. In diesem Täschchen hat sie ihre Wertsachen verstaut: ihren Schülerausweis, der längst ungültig geworden ist, das letzte Zeugnis mit den vielen guten Noten, eine Bild, das Hawi für sie gemalt hat, das Madonnenbildchen von der Konfirmation und den kleinen blauen Stein, den die Mutter von ihrer Mutter geerbt hat. Niemand weiß, wie viel der Stein wert ist. Vielleicht gar nichts. In einer wasserfesten Hülle ist das Geld. So viele Nakfa- und Dollarnoten, dass Azmera bei ihrem Anblick ganz schwindlig wurde. Ihre Mutter hat dafür Papas Motorrad auf dem Schwarzmarkt verkauft, das immer noch unter dem Vordach stand, als würde der Vater jeden Augenblick zurückkommen. Einen Pass oder Personalausweis besitzt Azmera nicht.

»Sie sitzt vorne neben mir«, ruft Assoud den anderen zu. »Und ihr bleibt hinten, ist das klar?«

Pater Umberto ist auf einmal wieder an Azmeras Seite. »Alles wird gut«, sagt er, »vertraue mir. Ich kenne Assoud. Er regt sich schnell auf, aber er ist ein guter Mann. Du bist bei ihm sicher.«

Azmera nickt. Der Kloß in ihrem Hals ist so groß, dass er sie am Sprechen hindert. Bevor sie einsteigt, dreht sie sich zum Pater um und blickt zu ihm auf. Er sieht sie beinahe zärtlich an. »Schick mir eine Postkarte von Stockholm«, sagt er, »sie bekommt einen Ehrenplatz an der Wand hinter meinem Schreibtisch.«

Azmera ringt sich ein Lächeln ab.

Plötzlich nimmt sie der junge Mann in den Arm und drückt sie fest an sich. »Hoffentlich tun wir das Richtige«, murmelt er.

Die Tasche rutscht ihr aus den Händen, sie umklammert den Pater, als wolle sie ihn nie wieder loslassen. Seine Arme fühlen sich gut an, so warm und so fremd und vertraut zugleich. Sie spürt, wie ihr das Blut in die Wangen schießt.

»Gott segne deinen Weg«, murmelt Pater Umberto ganz nah an ihrem Ohr. Dann ist es vorbei. Seine Arme lösen sich von ihr. Sie greift wortlos nach ihrer Tasche und klettert auf den Beifahrersitz.

Assoud humpelt noch einmal prüfend um seinen alten VW-Transporter herum und steigt auch ein. Er startet den Motor und legt einen Gang ein. Azmera will aus dem Fenster schauen und dem Pater winken, aber sie sieht nur Schlieren. Sie kann noch spüren, wo seine warmen Arme sie gerade noch berührt haben. Fröstelnd schlingt sie die Arme um ihre Taille und schließt die Augen.

Stundenlang fahren sie über holprige Staubpisten und passieren Orte, die Arata heißen, Senafe und Adi Key. Der Regen hat nicht nachgelassen und manchmal sind die Schauer so stark, dass es aussieht, als würde ihr Auto auf dem Wasser schwimmen.

Draußen hält ein Gemüsekarren dem Sturm nicht mehr stand und kippt um. Eine blaue Plastikplane hat sich aus ihrer Halterung gelöst und segelt durch die Luft, was die Tiere auf dem Eselsmarkt in Panik versetzt. Sie versuchen, in verschiedene Richtungen zu flüchten, obwohl sie aneinandergebunden sind. Immer wieder ertönen verzweifelte Rufe der Händler, die hilflos dabei zusehen mussten, wie ihre Ware mit dem Sturm davonflog, bevor der Regen einsetzte. Doch nun prasseln die schweren Tropfen wie Schüsse aus einem Sturmgewehr auf das Wagendach und übertönen den Straßenlärm.

Azmera zieht den Kopf zwischen die Schultern und hält sich die Ohren zu. Es ist ihr egal, wenn die Männer auf dem Rücksitz sie deshalb auslachen. Dennoch wirft sie scheu einen schnellen Blick über die Schulter, bevor sie die Augen schließt. Was ihre Mutter jetzt wohl macht? Und Hawi? Ihre Gedanken ziehen an ihr vorüber wie die Wasserschlieren am Fenster und bleiben schließlich an Pater Umberto hängen. Ob er wohl gerade seine Soutane anzieht und sich auf den Gottesdienst vorbereitet? Er verbreitet Hoffnung in der Gemeinde und spendet Trost. Plötzlich spürt Azmera wieder die Wärme seiner Umarmung. Es war das erste Mal, dass sie einem fremden Mann so nahe war. Sein Geruch war fremd, aber nicht unangenehm und seine Arme so fest, so anders.

»Verdammt, pass auf!«, ruft einer der Männer auf der Rückbank Assoud zu und holt Azmera ins Hier und Jetzt zurück. In der Savanne kann sie eine Bewegung ausmachen. Eine dunkle Masse kommt auf die Straße zu.

Assoud tritt ruckartig auf die Bremse, gerade noch rechtzeitig, bevor direkt vor ihrem Wagen eine Herde honigfarbener Gazellen in großen Sprüngen die Straße überquert. Sie werden von einem Rudel hungriger Schakale mit nassem Fell und gierig geöffneten Mäulern gehetzt. Eine junge, zartgliedrige Gazelle prallt gegen die Kühlerhaube und eine Sekunde lang sieht Azmera die Panik in den großen sanften Augen des Tieres, bevor es von einem kräftigen Schakal zu Boden gezerrt wird. Sofort wirft sich die Meute auf das verletzte Tier. Azmera schließt die Augen und betet. Assoud reißt das Steuer herum und gibt Gas.

»Warum hast du nicht angehalten?«, ruft einer der Männer. Azmera kann ihre Mitfahrer noch nicht unterscheiden, sie hat sich kein einziges Mal getraut, offen nach hinten zu schauen. »Das wäre eine gute Mahlzeit gewesen. Es gibt nichts Zarteres als das Fleisch einer jungen Gazelle.«

Azmera hält die Luft an und bildet sich ein zu spüren, wie sich die Blicke der Männer in ihren Nacken bohren.

»Ach, ich streite mich nicht mit Schakalen«, erwidert Assoud. »Die haben Kiefer und Zähne wie Löwen. Einer hat meinem Vater die Hand abgebissen.« Die Männer auf der Rückbank lachen, doch Azmera will sich der

Witz nicht recht erschließen. Sie kriecht immer tiefer in ihre Strickjacke, die sich mit Feuchtigkeit vollgesogen hat. Alles ist feucht und dampft. Die Fensterscheiben sind beschlagen. Immer wieder beugt sich Assoud vor und wischt mit dem Ärmel über die Scheibe. Azmera würdigt er keines Blickes. Er sieht durch sie hindurch, als wäre sie gar nicht da.

Irgendwann hört der Regen auf, die Scheiben werden wieder klar. Vor ihnen liegt ein Ort mit Häusern aus Sandstein, viereckig wie Bauklötze. Rechts und links gehen schmale Wege von der Schotterpiste ab. Eine verschleierte Frau treibt ihre kleinen Kinder vor sich her, als wären es Zicklein. Die Kinder springen lachend um sie herum. Azmera muss an Hawi und ihre Mutter denken und tastet unwillkürlich nach ihrer Umhängetasche. Darin ist alles, was ihr von zu Hause geblieben ist: ihre rosa Flip-Flops, ein Kapuzenshirt aus weichem Fleece, ein geblümter Sommerrock, der ihr früher bis zu den Füßen und jetzt nur noch zu den Waden reicht, die praktische lange Hose mit den drei Taschen, die ihre Tante Ifeoma für sie gekauft hat, eine federleichte Regenjacke aus Kunststoff, drei T-Shirts, ihre beste Unterwäsche, Binden, ein Handtuch und ein Stück Seife. Doch tausendmal wichtiger als all diese Dinge ist das gewebte Tuch mit einem Muster in den Farben ihrer Heimat, Rot und Grün und Blau. Darin hat sie Hawi auf dem Rücken getragen, als er noch ein Baby war und ihre Mutter den ganzen Tag auf dem Markt arbeiten musste. Zärtlich streicht sie über den bunten Stoff und vor ihrem geistigen Auge sieht sie ihren schon etwas älteren kleinen Bruder, der auf wackeligen Beinen und mit weit ausgebreiteten Armen auf sie zuläuft. Ein schmerzliches

Lächeln breitet sich auf Azmeras Lippen aus. Ihr Vater hat einmal gesagt, dass Hawi seine Schwester mehr liebe als seine Eltern. Hawi ist eigentlich gar kein Name, sondern einfach das tigrinische Wort für *Bruder*. Azmera schiebt das Tuch zurück in die Tasche und schüttelt den Gedanken ab, bevor er zu schmerzhaft werden kann.

»Ist das da vorne Barentu?« Zwischen den beiden Vordersitzen ist der Kopf eines Mitfahrers erschienen. Aus dem Augenwinkel sieht Azmera, dass dem Mann Zähne fehlen. »Können wir da anhalten und was trinken?«, fragt er.

»Nicht nötig«, erwidert Assoud knapp, »ich habe Wasser dabei.«

»Ist es denn sauber?«, fragt ein anderer.

»Denkt ihr, ich fahre verdrecktes Wasser in der Gegend herum?«, knurrt Assoud. »Glaubt ihr wirklich, ich will die Scheißerei kriegen?«

»Wir könnten was zu essen kaufen«, schlägt der dritte vor, »mir hängt der Magen durch.«

Assoud reagiert nicht. Das kann Ja oder Nein heißen.

Essen. Azmera ist sich nicht sicher, ob sie etwas essen könnte, doch auch sie wäre dankbar für eine Pause. Sie war noch kein einziges Mal auf der Toilette, seit sie unterwegs sind. Ihre Blase ist zum Platzen voll, doch es ist ihr peinlich, etwas zu sagen – und vor lauter Männern an den Straßenrand pinkeln? Undenkbar.

Vor ihnen auf der holprigen Straße staut sich der Verkehr, als sie sich der Stadt nähern. Ein Laster versperrt die Sicht. Neben der Straße tragen Frauen geflochtene, bis an den Rand gefüllte Körbe auf dem Kopf. Ihre Röcke sind bis zu den Knien nass vom Regen und schlammverkrustet, aber die meisten machen dennoch ein fröhliches Gesicht und lachen, als ihnen einer der Männer aus dem Auto etwas zuruft.

Assoud schwitzt, er steckt immer wieder den Kopf aus dem Seitenfenster und versucht, an der Autoschlange vorbei nach vorn zu sehen.

Azmeras Kehle ist wie ausgetrocknet, aber sie traut sich nicht, Assoud um etwas Wasser zu bitten oder ein Stück von dem getrockneten Rindfleisch in ihrer Tasche abzubrechen, um beim Kauen wenigstens wieder etwas Speichel zu produzieren. Keiner der Männer hat bisher etwas gegessen oder getrunken.

Zäh schiebt sich der Verkehr voran.

»Hup doch mal«, sagt einer der Passagiere, »vielleicht passiert dann was.«

»Meine Hupe geht nicht«, knurrt Assoud.

Azmera spürt, wie die Männer unruhig werden.

»Und was funktioniert noch nicht an dieser Karre?«, ruft ein anderer.

Assoud gibt keine Antwort.

»Wir haben dir viel Geld gegeben für diese Fahrt, fünfmal so viel, wie eine Busfahrt gekostet hätte.«

Assoud wirft dem Mann einen wilden Blick durch den Rückspiegel zu. »Ach ja?«, höhnt er. »Gibt es neuerdings einen Bus, der bis in den Sudan fährt?«

Schweigen.

Assoud reckt seinen Kopf wieder weit aus dem Fenster. Als er ihn zurückzieht, ist seine Miene noch finsterer. »Da ist eine Sperre«, sagt er.

Sofort werden die Männer unruhig, rücken hin und her, kurbeln auch ihre Seitenfenster herunter. »Fenster zu!«, brüllt Assoud. »Habe ich gesagt, ihr sollt die Fenster öffnen?«

Wenige Augenblicke später heult hinter ihnen eine Polizeisirene auf. Assoud steuert wie die anderen vor ihm seinen Wagen ganz nah an den Stacheldrahtzaun, der an der Straße entlangläuft, und schon überholt sie ein Militärlaster. Auf der offenen Ladefläche sitzen grimmig blickende Soldaten mit Maschinengewehren. Azmera erstarrt in ihrem Sitz und wagt es weder zu atmen noch aus dem Fenster zu schauen. Es kommt ihr vor, als würden die Soldaten nur auf sie blicken. Dabei ist dieser Anblick nichts Neues für sie. Wenn sie morgens das Haus verließ, um zur Schule zu gehen, lehnten oft zwei Soldaten an dem breiten Stamm des Mangobaumes auf der anderen Straßenseite. Der Baum war in dem Jahr der großen Dürre eingegangen, und er bot niemandem mehr Schatten. Sie taten nichts, schauten nicht einmal zu ihr hin, sie lehnten am Mangobaum und reinigten ihre Gewehre oder erzählten sich Witze. Manchmal waren sie nicht da, aber am nächsten Tag stand da ein Auto mit getönten Scheiben, und Azmeras Herz pochte, als sie einen Bogen um das Auto machte und nicht wusste, was passieren würde. Aber es war noch nichts passiert. Noch nicht.

»Scheiße«, knurrt Assoud.

»Was soll das bedeuten, Mann?«, ruft einer der Männer. Seine Stimme ist jetzt hoch und schrill. »Was ist hier los?«

»Bin ich ein Hellseher?«, brüllt Assoud zurück. »Hört auf mit euren verdammten Fragen. Abgesehen davon: Autofahren ist nicht verboten, oder? Nicht einmal in Eritrea«, schiebt er noch herausfordernd hinterher.

»Noch nicht«, meint einer der Männer und schweigt einen Moment, bevor er zu erzählen beginnt. Von seinem Bruder, der drei Jahre im Gefängnis war, ohne zu wissen, warum. »Er hat in einer Kiste gelegen, die kaum größer war als er selbst, an Händen und Füßen gefesselt, drei Jahre lang. Und dann haben sie ihn plötzlich freigelassen, und er wusste wieder nicht, warum. Jetzt ist er zu Hause, aber er redet kaum und geht nicht aus dem Haus. Er hat Angst, dass sie ihn wieder einsperren.«

»Ich habe gehört, die Gefängnisse sind alle voll«, sagt ein anderer. »Sie heben jetzt in der Wüste einfach Gruben aus und legen sie da rein.«

»Lebendig?«, fragt Assoud. Er wendet den Blick nicht von der Straße ab, aber Azmera sieht aus dem Augenwinkel, dass er blass geworden ist.

»Ja, am Anfang schon, aber das dauert nicht lang.«

Die Worte verhallen und es kehrt betroffenes Schweigen ein. Darauf weiß niemand etwas zu erwidern.

Azmera starrt nach vorn, ihre Augen brennen, als klebten Sandkörner unter ihren Lidern, und ihre Blase schmerzt immer deutlicher. Sie versucht, sich auf ihren Körper zu konzentrieren, um nicht über die Gefängnisse nachdenken zu müssen, doch es gelingt ihr nicht. Drei Jahre lang hatte man ihren Vater im Geheimgefängnis in Alla Bazit eingesperrt und gefoltert. Drei lange Jahre, in denen Azmeras Mutter ihn nur ein einziges Mal sehen durfte, und als sie von diesem Besuch nach Hause kam, sah sie aus, als wollte sie sterben. Er sollte Dinge gestehen, die er nie begangen hatte. Mehr wollte er seiner Familie nicht erzählen. Lediglich die Peitschenhiebe auf die Nieren, die ihm wohl ein Leben lang zu schaffen machen werden, konnte er nicht verschweigen. Folter und Hunger hatten ihn ausgezehrt.

Er sah aus wie ein Gespenst, als er nur zwei Monate nach seiner Entlassung fliehen musste, weil die Milizen einfach nicht von ihm ablassen wollten.

Zwei Jahre ist das nun alles her.

Azmeras Vater hatte von Anfang an Vorkehrungen getroffen: Er hatte ein Loch in die Wand zum Stall des Nachbarhauses geschlagen und es war ihm sogar noch gelungen, einen Scherz zu machen, als er mitten in der Nacht durch ebendieses Loch in der Wand verschwand. So entkam er seinen Verfolgern, während vorne die Schergen der Regierung die Haustür einschlugen.

Sie muss an etwas anderes denken. *Sofort.* An irgendetwas Schönes.

Die Erinnerung an den Tag, als die Milizen ihre Wohnung verwüsteten und alles, was dann geschah, will ihr die Kraft aus den Knochen ziehen. Aber diese Kraft braucht sie jetzt für ihre eigene Flucht …

»Wenn jemand fragt, was wir vorhaben«, sagt Assoud, »dann sagen wir, wir sind auf dem Weg zu einer Familienfeier, in Ordnung?«

»Und was soll das bitte für eine Feier sein?«, ertönt es von der Rückbank.

Assoud überlegt und deutet schließlich auf Azmera. »Eine Hochzeit. Seht ihr? Sie hat eine Blume im Haar. Sie ist die Braut.«

Azmera erschrickt, weil sie so unvermutet angesprochen wird. Sie ringt sich ein schmales Lächeln ab, doch ihr kriecht kalte Angst über den Rücken.

»Und wer ist sie?«, fragt der Mann, der älter klingt als die anderen.

Assoud stößt sie mit der Schulter an. »Los, sag ihnen deinen Namen.«

Sie schluckt. Ihre Kehle schmerzt, weil sie so trocken ist. »Azmera Teferi«, flüstert sie.

»Wie? Lauter!«, ruft einer der Männer.

Sie wiederholt ihren Namen. *Und wie heißt ihr?*, denkt sie, aber die Worte kommen ihr nicht über die Lippen.

Es ist ihr zuwider, dass sie die Braut spielen soll. In Gedanken verflucht sie die Blume in ihrem Zopf, an die sie schon gar nicht mehr gedacht hat. Für ein Mädchen aus Eritrea ist die Hochzeit meistens kein Freudentag. Azmera ballt die Hände zu Fäusten. Erst vor einer Woche wurde ihre beste Freundin Makeda verheiratet. Sie will gar nicht daran denken ... Makedas Eltern habe eine Ehe mit einem regierungstreuen Geschäftsmann arrangiert. Er ist dreißig Jahre älter und leidet an einem nässenden Hautausschlag. Die Familie muss sich jetzt keine Sorgen mehr machen, sie werden immer genug Fleisch für ihr Tsebhi haben und genug Benzin für ihr Auto, aber um welchen Preis?

Azmera konnte sich nicht einmal von ihrer Freundin verabschieden. Es wäre zu gefährlich gewesen. Ihr Ehemann ist zu eng mit der Regierung verbunden und könnte ihrer Familie große Schwierigkeiten machen. Und wenn Azmera von einem schon genug hat, dann sind es Schwierigkeiten.

»Gut. Und wo findet diese verdammte Hochzeit statt?«, fragt der Mann mit der lauten Stimme, die immer ein bisschen aggressiv klingt. Azmera wüsste gerne, wie er aussieht, um sich von ihm fernzuhalten, wenn sie aussteigen.

Assoud überlegt. »In Teseney«, sagt er schließlich. »Bei meinem Cousin.«

»Du hast einen Cousin in Teseney?«

»Nein, aber das geht die verdammten Hurensöhne nichts an, oder?«

»Das ist doch ganz nah an der Grenze, oder?«

»Ja, am Fluss Gash.«

»Kennst du dich da wenigstens aus?«

Assoud nickt. »Ein bisschen. Es gibt da ein Hotel. Teseney Tilyan. Die Hochzeit findet in dem Hotel statt.«

Plötzlich rennt ein Soldat an der Wagenreihe vorbei, er fuchtelt mit den Armen und ruft ihnen etwas zu.

»Was sagt er?«

»Nichts verstanden«, entgegnet Assoud, »die reden hier einen anderen Dialekt.« Aber der Stau gerät langsam in Bewegung. Aus dem Auspuff des Lasters vor ihnen quillt dicker, stinkender Qualm. Erst als Azmera husten muss, schließt Assoud das Autofenster. Sofort wird es stickig und heiß im Auto, aber niemand beschwert sich. Die Autokolonne bewegt sich langsam vorwärts.

Mitten auf der Straße steht ein Laster mit gebrochener Achse. Aber es ist kein gewöhnlicher Lkw. Er ist dunkelgrün und hat kleine vergitterte Fenster. Ein Gefangenentransport.

Polizisten haben das Fahrzeug umstellt und richten drohend ihre Gewehre darauf.

Hat ihr der junge Polizist mit den kastigen Schultern und dem geschorenen Schädel gerade einen Blick zugeworfen? Ein kaltes Prickeln zieht Azmeras Hirnhaut zusammen. Krampfhaft starrt sie auf ihre Tasche. Am liebsten würde sie sich unsichtbar machen. Sie weiß, dass die Milizen vom Geheimdienst nur darauf warteten, sie oder ihre Mutter unter irgendeinem Vorwand abzuholen, um sie in eines der gefürchteten Foltergefängnisse zu werfen. So wollen sie die Flucht ihres Vaters rächen. Keine Woche ist vergangen, ohne dass düster dreinblickende Männer mit Sonnenbrillen auf offenen Lkws durch ihre Straße brausten und wie zum Spaß die Kalaschnikows auf ihr Haus richteten. Aber hier? Kann sie hier wirklich jemand erkannt haben? Nein. Langsam beruhigt sich Azmera wieder und ihr hochgeschossener Puls wird flacher.

Niemand interessiert sich für die Autoschlange, die an dem Hindernis vorbeiwill. Genauso wenig wie für die neugierigen Gaffer am Straßenrand, von denen manche etwas rufen, einige lachen oder winken. Azmera versteht nichts.

Sie fahren im Schritttempo um den gestrandeten Gefangenentransporter herum. Azmera sieht glühende Augen, die sich durch die vergitterten Fenster zu bohren scheinen. Sie sieht Finger, die sich um die Gitterstäbe krallen. Rufe ertönen. Die Soldaten schlagen mit ihren Stöcken gegen die metallenen Wände des Transporters und brüllen Befehle. Andere fuchteln wild mit den Armen und winken die Autos vorbei.

Niemand hält sie an, niemand stellt Fragen.

Assoud sitzt vorgebeugt, sein Kopf berührt beinahe die Windschutzscheibe. Er klebt förmlich mit der Kühlerhaube am Auspuff des Lasters vor ihm. Doch dann weitet sich die Straße und der Laster gibt Gas. Der Verkehr rollt immer schneller und die Schotterpiste geht in Asphalt über. Rechts und links erkennt Azmera die ersten Palmen und auf einem Hügel die Kuppel einer Moschee mit drei Minaretten.

Auf einmal sind die Häuser nicht mehr strohgedeckt und aus Lehm, sondern aus verputztem Beton mit sandfarbenen oder ockergelben Wänden und Dächern aus blauem Wellblech oder roten Ziegeln. Für Azmera, die ihr Dorf nur selten verlassen hat, ist das aufregend und neu. Aufmerksam beobachtet sie, wie die bunten Häuser vor dem Autofenster vorbeiziehen.

Auf der Rückbank räuspert sich der Mann mit der sanften Stimme, der Azmera nicht so sehr einschüchtert wie die beiden anderen. Er beugt sich vor und Azmera kann die Spitze seines Kinns sehen. »Was glaubst du«, fragt er Assoud, »was waren das vorhin für Leute?«

»In dem Transporter? Gefangene«, erwidert Assoud.

»Ja, Mann, schon klar. Aber was für Gefangene, meinst du, waren das?«

»Woher soll ich das wissen?«

»Die hatten keine Sträflingskleidung an«, sagte der Mann. »Glaubst du, das sind Leute, die gegen die Regierung demonstriert haben?«

Genau wie ihr Vater. Azmeras Herz pocht so laut, dass sie heimlich zu Assoud blickt, um in seinem Gesicht zu lesen, ob er es wohl hören kann. Doch Assoud schaut ausdruckslos auf die Straße. Azmera weiß, dass sie sich beruhigen muss, und stellt sich vor, was ihr Vater jetzt wohl gerade in Stockholm macht. *Da ist jetzt auch Tag*, denkt sie, *obwohl es so weit weg ist*. Aber dort ist es bestimmt nicht so heiß wie in Eritrea. Vielleicht regnet es in Stockholm sogar – das ist in dieser fremden Stadt hier schon lange nicht mehr vorgekommen. Trockener Staub bedeckt die Straßen und hat sich auf die Autos gelegt, auf die Blätter der Bäume und den Garten des dreistöckigen

Hauses im alten Stil, das sie gerade passieren. Zu gerne würde Azmera einen Blick in den Garten werfen, aber sie sind schon vorbei.

Assoud fährt erst langsamer, als sie den Stadtkern hinter sich gelassen haben. Die Häuser werden kleiner und Eselskarren und stinkende Mopeds beherrschen das Straßenbild. Er bremst vor einem niedrigen, weiß gestrichenen Haus mit einer Veranda, die von zwei Säulen getragen wird. Die Säulen sind in der unteren Hälfte blau wie die Eingangstür und oben weiß. Auf den Stufen der Veranda schläft ein Hund, als wäre er tot.

»Warum hältst du?«, fragt einer der Männer.

»Das ist ein Café«, sagt Assoud. »Ich halte hier oft. Der Laden ist sauber, keine Spitzel. Ich lade euch auf einen Kaffee ein. Essen müsst ihr selbst bezahlen.«

Als er den Wagen geparkt hat, hebt der Hund den Kopf und im gleichen Augenblick fliegt die blaue Tür auf und drei kleine Kinder, alle barfuß, rennen mit fröhlichen Rufen dem Auto entgegen.

Azmera lächelt. Sie denkt an Hawi, der auch immer so neugierig auf alle Fremden zuläuft. Immer hoffte er, dass sie ein Geschenk für ihn haben.

Assoud geht um den Wagen herum. Er öffnet Azmera die Tür und flüstert ihr mit gedämpfter Stimme zu: »Es gibt dort eine Toilette, weißt du, im Hinterhof. Rede nicht mit den Männern, frag die Frauen.«

Azmera atmet erleichtert auf. Sie spürt ein Brennen in ihrem Unterleib, weil sie schon so lange auf die Toilette muss. Verstohlen prüft sie, ob ihre Gürteltasche noch fest auf dem Bauch sitzt. Dann steigt sie aus, ganz steifbeinig vom langen, angespannten Sitzen. Als sie auf die hellblaue

Holztür blickt, spürt sie plötzlich einen fast unbeherrschbaren Druck auf ihrer Blase. »Kann ich schon …?« Sie schaut Assoud fragend an. Er nickt.

»Sie wissen Bescheid, dass ich Gäste mitbringe«, sagt er, »geh ruhig schon rein.«

In dem Café, dessen Wände im selben Blau gestrichen sind wie die Eingangstür, ist es angenehm dämmrig und kühl. Stimmengemurmel, im Hintergrund die Rufe von Frauen, Lachen. An der Decke dreht sich träge ein Ventilator. Es gibt eine Sitzbank mit rot gemusterten Polstern, drei Holztische und Stühle. An einem der Tische spielen Männer Domino. Ihr Gespräch verstummt, als Azmera eintritt. Alle schauen sie an.

Azmera senkt den Kopf und durchquert hastig den Raum. Sie gelangt in einen Flur, in dem es noch dunkler ist. Küchendämpfe stehen in der Luft. Es riecht nach einem Hammelgericht. Sie folgt den weiblichen Stimmen und steht plötzlich in der Küche. An einem Tisch schälen zwei Frauen Yamswurzeln.

»*Salam alaikum*«, sagt Azmera, weil die Frauen sie noch gar nicht bemerkt haben.

Jetzt schauen sie auf und eine der Frauen lässt vor Schreck ihr Messer fallen. »Ich hab dich gar nicht kommen hören«, ruft sie.

»Ich bin mit dem Bus gekommen«, sagt Azmera, »mit Assoud.«

»Ah«, ruft eine Frau lachend, »Assoud ist wieder da. Wie schön!«

»Darf ich die Toilette benutzen?«, fragt Azmera.

Die Frau nickt, wischt ihre Hände am Rock ab und

streckt sie Azmera entgegen. »Komm, ich zeig es dir. Wie heißt du? Woher kommst du? Wo fahrt ihr hin?«

Bevor Azmera auf alle Fragen antworten kann, steht sie schon vor einer mit Sackleinen abgetrennten Kammer. Die Frau deutet auf den Vorhang. »Da ist das Klo. Spülen kannst du mit dem Wasser aus dem Eimer da, aber sei sparsam.«

»Und wo kann ich mir hinterher die Hände waschen?«

»Komm dann in die Küche«, sagt die Frau, »ich zeig es dir.«

Die Toilette ist ein einfaches Brett, in das jemand ein Loch gesägt hat. Azmera versucht wegen des Gestanks, so leicht wie möglich zu atmen, aber trotzdem ist sie glücklich. Endlich ist sie einen Augenblick für sich. Ganz allein, unbeobachtet. Sie schließt die Augen. Das Brennen in ihrer Blase lässt nach. Auf dem Blechdach über dem Klo zanken sich zwei Katzen. Dann hört sie schlurfende Schritte und ein Räuspern. Hastig zieht sie ihren Slip wieder hoch. Gießt etwas von dem Wasser aus dem Eimer in das Loch und schließt es mit einem Blechdeckel, der aussieht, als habe er mal zu einem Kochtopf gehört.

Schon als sie vorsichtig den Sackvorhang beiseiteschiebt, ist das Brennen in ihrem Unterleib wieder da, doch Azmera beißt die Zähne zusammen.

Vor dem Vorhang steht ein alter Mann schwer auf seinen Krückstock gestützt. Seine Augen sind milchig gelb. Wahrscheinlich ist er blind.

Azmera grüßt und schiebt sich an ihm vorbei, bevor er die Hand nach ihr ausstrecken kann. Er ruft ihr etwas nach, aber sie hört nicht hin. Bei den Frauen in der Küche wäscht sie sich in einer Schüssel die Hände. Eine der Frauen reicht ihr ein Stück Seife, das nach Sandelholz duftet.

»Assoud und die Männer haben etwas zu essen bestellt. Hast du auch Hunger? Es gibt gebratene Hühnerbeine und Reis. Aber das dauert noch ein bisschen. Wir haben den Reis gerade erst aufgesetzt.«

Azmera müsste jetzt fragen, was so ein Essen kostet, aber sie denkt, das haben die Männer sicher schon ausgehandelt. Sie nickt einfach nur und schaut unsicher den Flur entlang.

»Wenn du willst«, sagt die Frau, »kannst du auch bei uns bleiben.«

Vor Dankbarkeit steigt Wärme in Azmera auf. Im Blick der Frauen liest sie so etwas wie Mitleid. Sie hat keine Ahnung, was sie denken. Sie stellen keine Fragen mehr.

In diesem Moment geht ein Ruck durch Azmera. Wie soll sie es denn ganz alleine bis nach Schweden schaffen, wenn sie sich nicht einmal traut, mit ein paar Männern an einem Tisch zu sitzen? Sie richtet sich leicht auf, hebt den Blick und sagt leise, aber entschlossen: »Ich schau lieber mal nach den anderen.«

»Ja, tu das. Wir sind hier, wenn du uns brauchst.«

Assoud hebt den Kopf, als sie zaghaft an den Tisch tritt. Neben ihm ist ein leerer Stuhl. Azmera setzt sich wortlos. Auf dem Tisch stehen fünf Kaffeetassen. Assoud schiebt eine zu ihr hin. »Das ist deiner.«

Azmera senkt den Kopf und nippt an ihrer Tasse. Der Kaffee ist dünn wie Spülwasser, aber sehr heiß und sehr süß. Er tut gut, er hilft, ihre inneren Spannungen zu lösen. Während sie ganz kleine Schlucke nimmt, mustert sie verstohlen ihre drei Mitfahrer – ganz vorsichtig, damit sie nicht denken, sie hätte Interesse an ihnen. Der älteste Mann, der mit der sanften Stimme, ist auch am besten gekleidet. Er trägt ein weißes Hemd unter einem Anzug, der ihm ein bisschen zu groß ist. Vielleicht hat er den Anzug von einem Freund oder einem Verwandten, damit er auf seiner Reise nach Europa gut gekleidet ist. Einmal treffen sich ihre Blicke und der alte Mann senkt kaum merklich den Kopf, als wolle er sie grüßen.

Der Mann neben ihm ist vielleicht halb so alt, ungefähr Anfang, vielleicht Mitte zwanzig. *Wie Pater Umberto,* schießt es Azmera durch den Kopf und sie errötet ein wenig. Vor ihm auf dem Tisch liegen ein Tabakbeutel und Zigarettenpapier. Er trägt eine Kette aus geflochtenem Tierhaar um den Hals, an der der Zahn eines Raubtiers hängt. Azmera fragt sich, ob es wohl der Zahn eines Löwen ist. Um sein Handgelenk hat der Mann viele Armbänder aus geflochtenem Leder und Tierhaar geschlungen.

Der dritte Mann hat ihnen den Rücken zugedreht und spricht flüsternd in sein Handy. Über seinen kahl rasierten Kopf läuft eine gezackte Narbe.

Als Assoud sieht, wie Azmeras Blick auf dieser Narbe verharrt, meint er lässig: »Keine Angst, die Narbe ist alt. Kadyje sagt, er ist als Kind von einem Krokodil angegriffen worden. Aber er hat überlebt.«

»Und das glaubst du?«, fragt der Mann mit dem Raubtierzahn.

Jetzt gucken alle auf Kadyje, den Mann mit dem Handy.

Assoud deutet auf den älteren Mann im Anzug. »Das ist Amanuel.«

Amanuel nickt Azmera zu.

Der junge Mann schiebt ihr den Tabakbeutel über den Tisch. »Ich bin Jaco«, sagt er. »Willst du auch eine Zigarette?«

Azmera schüttelt erschrocken den Kopf. »Nein, danke. Nein, nein, ich rauche nicht.«

Jaco nickt. »Das ist gut. Dann bleibt deine Lunge gesund.« Er holt ein Feuerzeug aus seiner Hosentasche und zündet sich die Zigarette an, die er nebenher mit geschickten Fingern gedreht hat. Sofort erfüllt ein süßlicher Geruch den Raum.

»Was rauchst du da?«, fragt Assoud.

»Ach, das sind nur Teeblätter.«

Sie schweigen. Keiner fragt Azmera, warum sie auf diese Reise geht. Niemand will etwas von den anderen wissen. Niemand ist an einer Unterhaltung interessiert. Alle sind mit sich selbst beschäftigt, alle haben konzentrierte, ernste Gesichter. *Vielleicht ist das auf einer Reise so,* denkt Azmera, *dass man nicht wirklich miteinander redet. Ich werde mich auch daran gewöhnen.*

Assoud blickt immer wieder nervös auf seine Uhr und durch die Tür nach draußen. Er behält sein Auto immer im Blick. Manchmal stehen ein paar von den Männern auf, die im Schatten eines Tamarindenbaumes ihr Mittagsschläfchen halten. Sie schlendern zum Wagen und schauen durch die Scheiben. Dann rennt Assoud auf die Veranda und scheucht sie weg.

In der Tür zur Veranda hocken die drei Kinder nebeneinander wie Hühner auf der Stange und beobachten neugierig die Gäste. Reglos, mit großen Augen. Als Azmera lächelt, drehen sie die Köpfe weg.

Kadyje spricht weiter leise und stockend in sein Telefon. Seine Schultern zucken manchmal und es sieht aus, als würde er weinen. Aber Azmera will nicht glauben, dass ein Mann in der Öffentlichkeit weint.

Plötzlich ertönt eine Stimme aus der Küche und die Kinder flitzen gleichzeitig los. Wenig später bringt das Mädchen eine Wasserkaraffe, der Junge gestapelte Gläser und der Kleinste einen Teller mit Nüssen. Sie stellen alles auf den Tisch. Das Mädchen verteilt die Gläser und schenkt ein.

Azmera lächelt, um sich zu bedanken, und jetzt blickt das Mädchen sie für eine Sekunde an, schaut dann aber schnell wieder weg.

Die Männer trinken schweigend. Azmera würde gerne sagen, dass dieses Wasser besser schmeckt als das Leitungswasser zu Hause, aber da niemand spricht, schweigt auch sie. Sie trinkt nur wenige kleine Schlucke Wasser, damit sie nicht so bald wieder auf die Toilette muss.

Assoud schaut wieder auf die Uhr. Dann pfeift er plötzlich, und die Kinder springen auf. »Fragt eure Mutter, wann das Essen fertig ist«, ruft er ihnen zu, »wir müssen weiter.«

Die Kinder tuscheln, dann läuft das Mädchen los. Es kommt wenig später zurück. »Es kommt sofort«, sagt es, als es nur kurz den Kopf in den Raum streckt und dann wieder Richtung Küche verschwindet.

Tatsächlich wird das Essen kurz darauf in zwei großen Schüsseln gebracht. In der einen sind Hühnerfleischbrocken, in der anderen Reis.

Sofort rücken alle mit ihren Stühlen näher an den Tisch.

Die Männer beginnen zu essen, ohne sich um Azmera zu kümmern, und sie wagt es nicht, ihre Hand gleichzeitig mit den anderen in die Schüssel zu stecken. Sie wartet, bis die Männer den ersten Hunger gestillt haben.

»Isst du nichts?«, fragt Assoud. Da erst nickt sie und sucht sich ein kleines Stückchen Hühnerfleisch aus. Das Huhn ist zäh und trocken, aber Azmera hat gute Zähne. Als sie beim zweiten Versuch ein Stück mit Haut erwischt, spritzt das Fett hervor und läuft über ihr Kinn. Es sieht aus, als könne sie vor Gier nicht anständig essen. Verstohlen wischt sie ihr Kinn mit dem Handrücken ab. Aber wohin jetzt mit der fettigen Hand?

Die Männer nehmen sich abwechselnd ein Stück Fleisch und eine Handvoll Reis, formen daraus einen Ball und stecken ihn in den Mund. Der Reis ist klebrig und schmeckt ein bisschen nach Sand.

Niemand spricht, bis die Schüsseln leer sind.

Der kleine Junge bringt ein Fladenbrot, das teilen sich die Männer, ohne auf Azmera zu achten, und wischen damit die Hühnerfleischschüssel aus. Azmera hätte auch gern etwas von dem Fladenbrot, das ganz weich aussieht und herrlich duftet. Aber es ist schon in den Mündern der Männer verschwunden.

Als sie fertig sind, geht das Mädchen mit einer Blechschüssel mit Wasser um den Tisch. Jeder taucht seine Hände in das Wasser, auch Azmera, und reibt sie dann mit einem Lappen trocken.

Als Assoud den Preis für das Essen nennt, erschrickt Azmera. Fünf Nakfa … So viel Geld!

Fragend schaut sie sich um, aber niemand reagiert auf ihren Blick. Sie will fragen, ob sie genauso viel bezahlen muss wie die Männer. Im Vergleich zu denen hat sie doch nur wie ein Spatz gegessen und kein Stück von dem Brot bekommen. Aber alle tun, als verstünden sie die Frage in ihren Augen nicht.

Die Männer verschwinden nacheinander in dem dunklen Gang. Dort drücken sie sich an die Wand, während sie ihr Geld zählen. Niemand will dem anderen zeigen, wie viel er bei sich trägt. Azmera überlegt, ob sie sich in die Küche zurückziehen soll. Aber das ist vielleicht auch nicht gut, auch die Frauen könnten beim Anblick ihrer Dollarnoten auf merkwürdige Gedanken kommen. Sie fragt sich, warum ihre Mutter nicht daran gedacht hat, Nakfa und Dollarnoten voneinander zu trennen. Aber nun ist es zu spät.

Sie dreht den Stuhl weg und öffnet hastig ihre Gürteltasche. Auf einmal denkt sie, dass sie lieber gar nichts hätte essen sollen. Sie hat doch Dörrfleisch in der Tasche! Hatte sie überhaupt so viel Hunger? Die Männer kommen zurück, jeder legt das Geld in Scheinen auf den Tisch, bis auf Jaco, der eine Handvoll Münzen auf den Tisch wirft und lässig sagt: »Diese Münzen sind im Sudan sowieso nichts mehr wert. Unser verdammtes Geld ist nirgendwo mehr etwas wert.«

Assoud sammelt das Geld ein und zählt die Münzen genau nach. Dann humpelt er in Richtung Küche. Die Kinder beobachten ihn mit tellergroßen Augen. Vielleicht haben die Kinder viel mehr Hunger gehabt als wir, denkt Azmera. Es tut ihr plötzlich leid, dass sie den Kindern nichts angeboten hat. Aber sie waren schließlich zahlende Gäste, oder? In dem Dorf, in dem sie aufgewachsen ist, gibt es kein Café, auch nicht in der Gemeinde, in der die Schule und die Kirche sind. Sie weiß nicht wirklich, wie man sich an so einem Ort verhält. Assoud muss es wissen.

»Ihr könnt am Auto warten. Passt auf, dass keiner die Radkappen klaut. Da ist viel neugieriges Volk auf der Straße.«

Hinter Elit wird es noch heißer. Assoud hat nasse Lappen in die Autofenster geklemmt, damit die Temperatur im Wagen nicht weiter steigt. Die Fenster kann man nicht mehr öffnen, es ist, als halte man seinen Kopf in einen Backofen. Die Landschaft wird immer karger, die Ziegen zwischen den dürren Akazien immer magerer. Frauen mit Kindern hocken an den Straßenrändern und strecken die Hände aus, aber Assoud fährt vorbei. Azmera dreht sich jedes Mal um und sieht zu, wie die Staubwolke die Frauen mit ihren Babys einhüllt und verschluckt.

Die Straße, die mit der Planierraupe in den kargen Boden gefräst ist, wird immer enger. Sie scheint ins Nichts zu führen. Rechts und links sieht man keine Dörfer mehr, keine Tiere.

»Bist du sicher, dass wir richtig sind?«, fragt Amanuel besorgt.

Auch Jaco mischt sich ein: »Ich glaube, wir hätten uns in der großen Kurve bei der Abzweigung links halten müssen, die andere Straße war breiter, hast du die nicht gesehen?«

»Ja, die ist breiter, aber die führt zum Kontrollposten an der Grenze. Da stehen auf der einen Seite unsere Soldaten, die nicht wollen, dass unsere Leute das Land verlassen, und auf der anderen Seite die Sudanesen, die nicht wollen, dass jemand ohne Visum das Land betritt.« Er dreht sich um und schaut Jaco herausfordernd an. »Hast du einen gültigen Pass? Eine Ausreisegenehmigung vom Präsidenten? Hast du ein Visum für den Sudan? Und eine Zollerklärung für das Geld, das du bei dir führst?«

Jaco zuckt zusammen. Er schweigt, die Arme beleidigt vor der Brust verschränkt. Azmera dreht sich jetzt häufiger zu den Männern um, wenn sie sprechen. Sie will ihre Gesichter sehen, ihre Mienen. Sie will wissen, ob das, worüber sie mit Assoud reden, auch sie betrifft. Ob sie Angst haben muss oder nicht. Die Männer tun jedoch, als wäre sie nicht da, und Azmera wundert sich nicht wirklich darüber.

Schon immer hat ihre Mutter gesagt, dass sie in einem Land leben, in dem die Frauen nicht respektiert werden, in dem Frauen nicht viel wert sind. Bei diesen Gesprächen konnte Azmera beobachten, wie die Nasenflügel ihrer Mutter vor Empörung leicht bebten. »Die Männer denken, dass sie etwas Besseres sind und dass wir Frauen nur existieren, um ihnen zu dienen.« Kopfschüttelnd hatte sie die Arme vor der Brust verschränkt. »Und das Schlimmste ist, dass das nirgends in Afrika wirklich anders gesehen wird.«

Mittlerweile ist es so heiß im Auto, dass Azmera der Schweiß in die Augen, in den Mund und den Hals hinunterläuft. Ihr Rock klebt feucht zwischen dem Plastiksitz des Autos und ihren Beinen. Sie wagt es nicht, sich zu bewegen, aus Angst, ein peinliches Geräusch zu machen.

Irgendwann bricht Jaco, der junge Mann mit dem Raubtierzahn, das Schweigen im Wagen. »Das Gute an der Hitze ist«, sagt er, »dass wir alles ausschwitzen. Wir könnten jeder einen Liter Wasser trinken und müssten trotzdem nicht pinkeln. Wir schwitzen alles durch die Haut aus.«

Als er das sagt, macht sich Azmera ganz klein in ihrem Sitz und wünscht, sie wäre unsichtbar.

Sie ist es nicht gewöhnt, dass Männer so etwas sagen, wenn Frauen dabei sind – aber sie ist generell nicht an die Gesellschaft von Männern gewöhnt. Abgesehen davon schmerzt ihre Blase unaufhörlich. Die Krämpfe in ihrem Unterleib und die flirrende Hitze sorgen dafür, dass ihr Blick zu schwimmen beginnt. Wenn sie den Kopf zu schnell dreht, wird alles schwarz.

Konzentriert fixiert sie die staubige Straße und betet, dass sie die Grenze bald erreichen. Assoud hat gesagt, es würde zwölf Stunden dauern, aber sie sind schon viel länger unterwegs. Die Sonne hat ihren großen Bogen schon fast beendet, sie steht jetzt tief und blendet.

Wenn wir erst einmal im Sudan sind, denkt Azmera, *wird es bestimmt besser.* Da wartet ein anderes Auto auf uns, ein anderer Fahrer, eine Unterkunft. Da werden wir auf andere Flüchtlinge treffen. Familien, Frauen, Kinder. Wenn wir erst einmal im Sudan sind, wird es besser, ganz bestimmt …

»Wir machen eine kleine Pause«, verkündet Assoud plötzlich, »aber nur zum Pinkeln. Beeilt euch.«

Die Männer klettern hastig aus dem Auto und verschwinden hinter halbhohen Steinen und dürrem Dornengestrüpp. Assoud auch. Azmera verspürt auch einen starken Druck auf die Blase und die Vorstellung, das Brennen könnte wieder nachlassen, ist zu verlockend. Aber dennoch kann sie sich nicht vorstellen, sich hier hinter einen Strauch zu hocken. Nein, nicht im Freien, wenn die Männer nur wenige Meter entfernt sind. Sie lehnt den

Kopf gegen die Scheibe und trotz der Hitze läuft ihr ein kalter Schauer über den Rücken.

Als Assoud zurückkommt und sich die Hände mit einem Lappen reinigt, der in der Seitentasche steckt, fragt er: »Und du?«

»Alles gut«, erwidert sie tapfer.

»Musst du nicht pinkeln?«

Sie schüttelt den Kopf.

Die Sonne versinkt blutrot hinter einer Hügelkette, als sie weiter nach Westen fahren. Im Osten ist es schon dunkel. Als die ersten Sterne über ihnen blinken, kurbeln sie die Scheiben runter. Die Luft, die ins Auto dringt, ist überraschend würzig, manchmal riecht es nach verbranntem Holz. Die Temperatur sinkt rasch. Der Schweiß auf Azmeras Haut trocknet schnell und sie fängt an zu frieren, obwohl ihr Kopf noch zu glühen scheint. Sie wickelt sich in ihre Strickjacke und macht sich ganz klein.

Zuerst merken sie gar nicht, dass sie Teseney schon erreicht haben, denn es gibt kein Licht. Keine Scheinwerfer über den Straßenkreuzungen, keine erleuchteten Geschäfte, kein angestrahltes Minarett und kein elektrisches Licht in den Häusern.

Am Straßenrand parken Autos, Hunde, die mitten auf der Straße liegen, stehen nur widerwillig auf, als Assoud sie anblinkt, dunkle Schatten huschen an den Mauern entlang.

»Ist das Teseney?«, fragt Jaco von hinten.

Assoud nickt.

»Dunkles Kaff«, meint Jaco. »Was ist hier los?« Er möchte entspannt klingen, doch es gelingt ihm nicht.

Assoud hält das Steuer fest mit den Händen umkrampft. »Kein Strom«, sagt er, »und wir brauchen dringend Benzin.«

Sie finden schließlich ein mit Petroleumlampen erleuchtetes Café. Azmera will mit den anderen aussteigen, doch als ihre Füße den Boden berühren, wird ihr schwindelig. Mit kaltem Schweiß auf der Stirn sinkt sie auf ihren Platz zurück. »Was ist mit dir los?«, fragt Assoud nervös. »Wirst du krank?«

Azmera lächelt. »Nein, es ist nichts«, sagt sie tapfer, »ich glaube, ich bin nur müde. Ich warte hier einfach.«

»Willst du keinen Kaffee? Oder einen Tee?«, fragt Assoud. »Der weckt die Lebensgeister wieder und du brauchst deine Kraft. Abgesehen davon ist das hier die letzte Toilette vor der Grenze.«

»Ja, gut.« Langsam erhebt sich Azmera auf ihre wackeligen Beine.

Im Café erklärt einer der männlichen Gäste Assoud den Weg zu einer Tankstelle, die Benzin in Kanistern verkauft, während sich Azmera zur Toilette im Hinterhof durchfragt. Aber in dem Hof sitzen verhüllte Gestalten, die sich mit Säcken gegen die hereinbrechende Kälte schützen. Niemand spricht. Alle beobachten dieses Mädchen in der Schuluniform. Azmera weiß nicht, wer diese Menschen sind, was sie denken, sie machen ihr Angst.

Die Toilette im hinteren Teil des Hofes verbreitet einen üblen Gestank. Sie hat eine Tür, aber sie lässt sich nicht schließen. Immer wenn Azmera gerade den Rock hochheben will, fliegt die Tür wieder auf. Sie weiß, sie kann sich nicht über dieses stinkende Loch bücken – noch dazu, wenn draußen die bohrenden Blicke der vermummten Gestalten auf sie lauern. Obwohl ihre Blase brennt, verbietet es ihr die Scham.

Vorsichtig klettert sie über die ausgestreckten Beine der verhüllten Menschen zum Café zurück.

Assoud mustert sie.

»Alles gut«, murmelt sie. Aber das ist eine Lüge. Die Krämpfe in ihrer Blase sind so stark geworden, dass es ihr schwarz vor Augen zu werden droht. Sie setzt sich vorsichtig auf einen Schemel, presst die Oberschenkel zusammen und versucht, an gar nichts zu denken. Auf dem Tisch wartet ein Glas schwarzer Kaffee auf sie. Das Glas hat goldene Verzierungen und erinnert sie an zu Hause.

Leise vor sich hin schimpfend packt Assoud sein Handy weg. »Kein Netz«, flucht er. Vermutlich will er Kontakt zu dem Schlepper aufnehmen, der das Grüppchen an der Grenze übernehmen soll.

»Lass mich versuchen, vielleicht komm ich durch.« Jaco zückt ein Smartphone. Es sieht futuristisch aus. »Ich speichere schon mal seine Nummer ein«, sagt Jaco. »Wie heißt der Typ noch mal?«

»Tayeb Khalik. Und du musst die sudanesische Vorwahl nehmen: 00249 …«

Assoud zieht das Handy wieder aus der Tasche und zeigt Jaco die Nummer auf dem Display. Als er die Nummer wählt, bekommt auch er keine Verbindung.

»Okay, wir versuchen es später noch mal. Wir müssen jetzt Benzin besorgen.«

Assoud bezahlt auch dieses Mal, und als sie das Café verlassen, sagt Amanuel: »Sollten wir nicht alle die Nummer von Tayeb haben?«

»Warum?«, fragt Kadyje trotzig. »Das ist doch Assouds Problem. Wir haben ihn dafür bezahlt, dass er uns zu ihm bringt.«

»Wenn etwas schiefgeht, ist es ganz schnell unser Problem«, erwidert Amanuel und sie klettern schweigend ins Auto.

Azmera kramt ihren Kugelschreiber hervor und zieht den Ärmel ihrer Bluse hoch. Während Assoud den Motor anlässt, dreht sie sich zu Jaco um. »Wie ist die Nummer?«

»Hast du ein Handy?«, fragt Jaco.

»Nein, aber ich schreibe sie mir auf den Arm.«

Zum ersten Mal schauen sie sich in die Augen. Azmera glaubt, so etwas wie ein anerkennendes Glimmen in seinen zu sehen. Das gibt ihr Kraft, obwohl ihre Stirn glüht und ihr schwindlig ist. Sie weiß nicht, was mit ihr los ist. Ihr ganzer Unterleib ist wie taub. Sie will einfach nur die Augen schließen. Aber vorher wischt sie den kalten Schweiß von ihrem Unterarm und schreibt die Nummer auf. Darunter kritzelt sie den Namen ihres sudanesischen Schleppers: Tayeb.

Erschöpft lehnt sie den Kopf gegen die Scheibe und schläft sofort ein.

Als sie wieder aufwacht, ist es stockfinster. Assoud fährt ohne Licht durch ein Tal. Sie kommen nur langsam voran, aber er will mit den Scheinwerfern keine Aufmerksamkeit erregen. Immer wieder späht er argwöhnisch nach rechts oder links. Er sagt, sie sollen alle die Augen offen halten und ihm Bescheid sagen, sobald sie eine Bewegung sehen. Azmera starrt in die Landschaft, aber sie kann nichts erkennen.

»Sie können oben auf den Hügeln sein«, erklärt Assoud, »und uns abknallen wie die Hyänen.«

»Uns abknallen?« Kadyjes Stimme ist schrill vor Panik. »Warum?«

»Wenn du in unserem Land so eine Frage stellst, bist du schon tot«, sagt Jaco, macht »Bum, Bum, Bum« und lacht bitter. Aber die anderen lachen nicht mit. Haben nichts gesehen.

Neben ihnen am Straßenrand tauchen die Umrisse eines Autowracks auf. Das Auto hat keine Türen mehr, keinen Kotflügel, keine Räder, keine Sitze. Es ist nur noch ein Skelett. Azmera versucht, sich vorzustellen, was mit den Reisenden in dem ausgeweideten Auto passiert ist.

Amanuel hat wohl den gleichen Gedanken, denn er beugt sich zu Assoud vor und fragt: »Was glaubst du, wie oft hier ein Auto vorbeikommt?«

»Keine Ahnung«, brummt Assoud.

»Einmal am Tag? In der Woche?«, bohrt Amanuel nach. Azmera ist dankbar, dass er fragt, denn sie wüsste die Antwort auch gerne. »Ich frage nur, weil ich überlege, ob die in dem Auto das überlebt haben.«

»Halt Ausschau nach menschlichen Knochen rechts und links neben der Straße«, sagte Jaco, »dann weißt du es. Wenn sie ganz sauber abgenagt sind, dann waren es Schakale. Hyänen können mit ihren Kiefern auch Knochen zermalmen.«

»Halt die Schnauze«, schreit Kadyje, »du bist ein Arschloch. Willst du uns Angst machen?«

»Ich habe in der Wüste gelebt«, sagt Jaco cool, »und im Dschungel. Mich erschreckt nichts mehr.«

Die anderen schweigen. Als sie aus dem Tal heraus sind, macht Assoud die Scheinwerfer an.

»Können wir mal kurz anhalten?«, fragt Jaco. »Ich brauch eine Zigarette. Oder kann ich hier im Wagen rauchen?«

»Kommt nicht infrage«, erwidert Assoud, »ich will keinen Tabakqualm in meinem Auto.«

Sie fahren noch eine halbe Stunde, bevor sie anhalten. Assoud schaltet sofort die Scheinwerfer aus.

»Wer aussteigen will, kann das tun«, sagt er.

»Hey! Man sieht ja nichts!«, schimpft Kadyje.

»Über dir leuchten doch die Sterne, Kumpel«, sagt Jaco, während er sich neben dem Auto streckt.

»Mich interessieren die Scheißsterne nicht«, knurrt Kadyje.

Assoud knipst die Taschenlampe an und macht sich im Kofferraum zu schaffen.

»Kann ich helfen?«, fragt Amanuel höflich.

»Nicht nötig«, Assoud schüttelt den Kopf, »ich hol nur den Wasserkanister aus dem Kofferraum.«

»Und das sollen wir jetzt trinken?«, fragt Jaco. »Das kocht doch bestimmt noch, wir sollten den Kanister oben auf dem Dach befestigen, damit ihn der Fahrtwind kühlt.«

»Wie lange dauert das dann?«, fragt Azmera. Als sich alle erstaunt zu ihr umwenden, glüht ihr Kopf. Aber in der Dunkelheit sieht es niemand.

»Kommt drauf an, was ihr unter frischem, kaltem Wasser versteht«, sagt Jaco.

Plötzlich stürzt sich Kadyje auf ihn und bearbeitet ihn mit seinen Fäusten. »Du bist so ein verdammter Besserwisser«, faucht er, »kannst du deine Weisheiten nicht mal für dich behalten?«

»Hey, hey!«, ruft Assoud warnend. »Wenn ihr euch prügeln wollt, dann lass ich euch hier stehen. Ist das klar? Wir trinken jetzt alle einen Schluck Wasser und dann geht es weiter.«

»Und rauchen eine Zigarette?« Jaco stellt sich so dicht vor Assoud, dass sich ihre Nasen fast berühren.

»Die kannst du im Sudan rauchen«, zischt Assoud. »Ich bin froh, wenn ich euch los bin und mich auf den Heimweg machen kann.«

Es ist eine pechschwarze, mondlose Nacht. Das Standlicht von Assouds Wagen beleuchtet nach wie vor nur ein paar Meter der Fahrspur. Rechts und links karges, unbewohnbares Land. Kein trockener Strauch mehr, kein Tier, das vor ihnen davonhuscht.

Niemand spricht.

Die Piste führt einen Hügel hinauf, und als sie oben sind, gehen plötzlich vor ihnen Scheinwerfer an, so grell, dass alle instinktiv die Augen schließen.

»Scheiße«, flucht Assoud. »Scheiße, Scheiße, Scheiße.«

Er bremst, sie fallen vornüber.

»Wer ist das?«, ruft Kadyje mit panischer Stimme.

Assoud antwortet nicht. Er sitzt da wie versteinert, die Augen weit aufgerissen. Azmera kann seine Angst riechen, doch sie ist zu erschöpft, um den Kopf zu heben. Ein Schweißtropfen hat sich zwischen ihren Wimpern verfangen.

Das Auto mit den großen Scheinwerfern kommt langsam auf sie zu. Assoud gibt plötzlich Gas und bricht rechts aus.

Das fremde Auto reagiert sofort. Und dann fallen Schüsse.

»Raus, raus!«, brüllt Assoud.

Azmera öffnet die Tür und stolpert in die Nacht hinaus.

Jaco packt von hinten Assouds Hals, als wolle er ihn würgen. »Du schmeißt uns raus? Hier?«

»Steigt aus! Hört ihr nicht? Verdammt noch mal, nehmt eure Sachen und lauft!«

»Aber wohin?«, ruft Amanuel verzweifelt.

Die Türen gehen auf, die kalte Luft weht schneidend herein.

Amanuel und Kadyje stehen schon neben dem Wagen und schultern ihr Gepäck.

Azmera hat ihre Tasche fest gegen die Brust geklemmt. Ihre Beine zittern und sie spürt, dass sich ihre Blase plötzlich öffnet. Sie steht da und pinkelt im Licht der Scheinwerfer in den Sand. Sie schämt sich so, dass sie schreien möchte.

»Wo sind wir? Wo ist die Grenze? Wo müssen wir hin, Mann?«

Assoud streckt die Hand aus und zeigt nach rechts. »Da ist überall die Grenze«, wispert er. »Überall.«

»Wie weit? Wie viele Kilometer?«, brüllt Jaco.

»Ich weiß nicht … drei … oder fünf …«

»Und Tayeb? Wo ist er?«

»Ich … ich weiß nicht … er wartet irgendwo.«

»Irgendwo?«, schreit Jaco.

Wieder detoniert eine Gewehrsalve. Instinktiv ducken

sich alle. Niemand weiß, wer da schießt oder wo die Kugeln aufschlagen.

Jaco hechtet aus dem Wagen und lässt sich fallen. »Du Schwein«, flucht er, »ich sorge dafür, dass meine Familie dich fertigmacht.«

Assoud sagt nichts. Als keiner mehr im Wagen ist, legt er den Rückwärtsgang ein und rast davon.

Plötzlich schlägt eine Kugel neben Azmera ein. Jaco reißt sie zu Boden. Sie liegen Körper an Körper. »Runter!«, ruft er den anderen zu. »Legt euch hin. Runter auf den Boden!«

Kadyje wimmert leise und Amanuel stöhnt. »Ich Idiot«, ruft er leise, »was hab ich getan? Was will ich hier? Vergib mir, Jamila, vergib mir.«

»Hör nicht hin!«, flüstert Jaco Azmera ins Ohr. »Denk nur daran, dass sie dich nicht sehen dürfen, verstanden?«

»Ja«, wispert Azmera. Es erstaunt sie, dass tatsächlich ein Wort über ihre Lippen kommt, sie dachte, sie würde nie wieder einen Laut von sich geben.

»Hast du deine Tasche?«, fragt Jaco.

»Ja.«

»Pass auf, dass du sie nicht verlierst. Umdrehen können wir nicht mehr.«

»Ja.«

»Bleib einfach hinter mir. Lass mich nicht aus den Augen. Ich kann mich nicht immerzu nach dir umdrehen.« Jaco kriecht so geschmeidig wie ein Krebs davon, als könne er im Dunkeln sehen.

Azmera tut, was Jaco sagt, weil sie nicht weiß, was sie sonst tun sollte. Auf allen vieren folgt sie ihm, die Tasche hängt unter ihrem Bauch und schlägt ihr bei jeder Bewegung gegen die Knie. Der Boden ist hart und kalt und die spitzen Steine reißen ihre Handflächen auf.

Es ist windstill. Die Schüsse sind verhallt und das Scheinwerferauto bewegt sich nicht mehr.

Assoud ist längst mit seinem Wagen hinter dem letzten Hügelkamm verschwunden.

Plötzlich gehen die Scheinwerfer aus und es ist wieder tiefe dunkle Nacht.

Azmera bleibt reglos liegen und lauscht in die Stille. Als sie sich vorsichtig umsieht, kann sie Jaco nirgends mehr sehen. Panik schnürt ihr die Kehle zu. Ihr Kopf ist so schwer, doch sie zwingt sich dazu, ihn zu wenden. Verzweifelt sucht sie die Umgebung ab. Nichts bewegt sich, sie hört niemanden atmen, kein schlurfendes Geräusch am Boden.

Sie weiß nicht, was sie machen soll. Wenn sie sich aufrichtet, bietet sie eine gute Zielscheibe, wenn der Scheinwerfer wieder aufleuchtet. Sie schiebt sich weiter auf dem Boden nach vorne, aber ist das die richtige Richtung? Azmera will an etwas denken, das ihr Kraft gibt, um nicht aufzugeben, doch ihr Kopf ist leer und pocht vor Schmerz. *Ich bin noch nicht einmal im Sudan,* denkt sie, *und vielleicht ist jetzt schon alles vorbei.*

Mama, denkt sie, *es tut mir leid.*

Papa, ich hab dich lieb.

Dann sinkt ihr Kopf zu Boden und die Ohnmacht umfängt sie.

2

Wie aus weiter Ferne dringt Hühnergegacker an ihr Ohr. Ein Hahn kräht. Noch einer.

Das Gemurmel einer alten Stimme. Unverständliche Worte. Sanfter Singsang.

Azmeras Mund ist trocken. Es ist, als hätte sich eine dicke Watteschicht zwischen sie und die restliche Welt geschoben. Es gelingt ihr nicht, die Augen zu öffnen, ihre Lider sind wie zugeklebt. Als sie ihr Gesicht berühren will, streift ein ungewohnt seidiger Stoff ihren Hals. Er knistert leise, wenn sie mit den Händen darüberfährt. Es ist heiß. Eine Fliege kriecht über ihren Handrücken und ist plötzlich wieder weg. Azmera liegt auf dem Rücken, sie fühlt ihre Beine nicht. *Das bin ich nicht,* denkt sie. *Oder ich träume vielleicht.*

Immer noch gackern die Hühner. Ein Kinderlachen. Aufgeregt und fröhlich. Ein kleines Mädchen.

Ich kenne kein kleines Mädchen. Hawi lacht nicht so.

Dann hört sie eine Wasserpumpe. Der Wasserstrahl trifft auf Blech. Ein Tier schreit. Sie versucht, sich auf den Laut zu konzentrieren, doch sie weiß nicht, was für ein Tier das sein könnte.

Mit Gewalt reißt sie ihre verklebten Lider auf. Ein violetter Kaftan. Eine Matte am Boden. Noch nie im Leben hat sie einen Kaftan getragen.

Das bin nicht ich, denkt sie wieder. Sie lauscht auf das Summen in ihrem Schädel.

Nur langsam erkennt sie ihre Umgebung deutlicher. Einen Raum, der blau gestrichen ist. Sie erinnert sich. Dort gab es Huhn und Reis. Wann war das? Und wo?

Die Erinnerung ist wie eine Tür aus Stein, die sich nicht bewegen lässt.

Sie lässt den Kopf gegen die Wand fallen und schließt die Augen wieder.

Ja. Jetzt weiß sie es wieder. Auf einmal schlägt ihr Herz schneller. Ja, sie war mit diesen Männern unterwegs. Pater Umberto hat sie zum Abschied umarmt. Da war eine Blume in ihrem Haar. Ihr Vater verschwindet durch ein Loch in der Wand. Glühende Augen starren sie aus einem Gefangenentransport an.

Mühevoll dreht sie den Kopf nach rechts. Sie sieht ein Fenster mit Gitterstäben. Dahinter gelbes Licht. Wie nach einem Sandsturm. Auf dem Fußboden liegen noch zwei Matten mit sorgfältig zusammengelegten Wolldecken darauf und je einem Kopfkissen. Sie erkennt ihre Strickjacke, die an einem Wandhaken hängt. Grün. Mit einer roten Kante. Der Anblick beruhigt Azmera. Sie atmet auf.

Und da hängt auch ihr Schulrock! So sauber, als würde er nur darauf warten, dass sie aufsteht und zur Schule geht. Darunter entdeckt sie die braunen Lederhalbschuhe, aber die Schnürsenkel fehlen.

Langsam zieht sich Azmera an der Wand hoch, bis sie sitzt.

In der Wand gegenüber ist eine weiß umrandete Türöffnung mit einem Vorhang statt einer Tür. Vielleicht ist auch der Vorhang einmal weiß gewesen. Sie ertastet ein hartes

Kissen, das mit Tierhaaren gestopft ist. Ihr Blick wandert zu ihren nackten Füßen, die unter einer schwarzen Decke hervorlugen. Sie bewegt die Zehen. Es funktioniert.

Jenseits des Vorhangs werden kleine trippelnde Schritte laut. Kinderfüße auf Beton. Azmera hört eine Frauenstimme, sanft und ruhig. Plötzlich geht der Vorhang auf, dann steht eine Frau in der Tür. Sie hat ein Baby auf dem Arm. Ein vielleicht fünfjähriges Mädchen hält ihre Hand fest umschlungen und mustert Azmera mit staunenden Augen.

»Wo bin ich?«, fragt Azmera. »Wo ist Assoud? Wo sind die anderen?«

Die Frau lächelt. »*You are awake.*«

Es dauert einen Moment, bis Azmera begreift, dass die Frau englisch spricht.

»*I don't understand your language*«, sagt die Frau mit warmer Stimme. »*Say it in English, please.*«

»*Where am I?*«, fragt Azmera. Die Worte in der fremden Sprache fügen sich nur mühsam zu einem Satz zusammen.

»Im Sudan.«

Sudan, Sudan ... Ihr Kopf tut weh, sie muss sich konzentrieren.

»Wo sind die anderen?«

Wenigstens fallen ihr die englischen Worte jetzt leichter. Es fühlt sich für sie irgendwie ganz natürlich an, eine fremde Sprache mit der Frau zu sprechen.

Die Frau kniet sich neben Azmera und reicht ihr ein Glas mit einer dünnen roten Flüssigkeit. »Trink«, sagt sie, »das ist Tee vom roten Hibiskus.«

Azmeras Hand tastet unwillkürlich nach der blauen Hibiskusblüte in ihrem Zopf, doch die Blüte ist nicht mehr da. Dankbar nimmt sie das Glas. Die Frau schaut zu, wie sie in kleinen Schlucken trinkt. Das kleine Mädchen auch. Der Kopf des Babys ist zur Seite geneigt. Es schläft ganz tief und fest.

»Du bist am Rand der Stadt Kassala«, sagt die Frau, »am Fluss. Kennst du den Fluss Gash?«

Azmera schüttelt den Kopf.

»Das hier ist das Haus meines Vaters. Ismail al Kebir. Ich heiße Fatima. Und das«, sie deutet auf das kleine Mädchen, das sich nun an ihrer Tunika festhält, »ist meine Tochter Sija. Dein Name ist Azmera, oder?«

Azmera nickt verunsichert. Die Worte finden nur langsam einen Weg in ihren Kopf. *Kassala,* denkt sie, *Kassala. Wo habe ich das schon einmal gehört?*

»Ein junger Mann hat dich gebracht. Ein starker Mann«, sagt die Frau, als lese sie Azmeras Gedanken. »Er hat dich auf den Schultern getragen. Du warst krank, so schrecklich krank. Er hat an unsere Tür geklopft, aber mein Vater wollte ihn nicht hereinlassen. Oh, du warst so krank, so schrecklich, schrecklich krank und ich habe den Mann gebeten, dich in mein Zimmer zu bringen.«

Ein Mann? Was für ein Mann? Auf den Schultern? Wieso war ich krank?

»Ich verstehe das alles nicht«, flüstert Azmera. »Ich kann mich an nichts erinnern.« Sie trinkt ganz langsam. Jeder Schluck schmerzt in ihrer wunden Kehle, aber der Tee tut ihr gut. »Was für ein Mann?«, fragt sie schließlich weiter. »Was hat er gesagt?«

Sie erfährt von Fatima, dass der Mann auch krank aussah. Seine Lippen waren aufgeplatzt von der Sonne und er sagte, dass er zwei Tage mit Azmera gelaufen sei, bis er eine Straße gefunden habe und ihn jemand in die Stadt mitgenommen habe.

»Er trug eine Halskette aus geflochtenem Elefantenhaar«, sagt Fatima, »er hatte einen Bart.«

Der Raubtierzahn. Sie erinnert sich plötzlich. »Hieß er Jaco?«, fragt Azmera.

Fatima nickt. »Vielleicht – Jaco, ja. Er kommt aus dem Süden von Eritrea.«

Azmera schließt die Augen und versucht, sich zu erinnern.

»Du hattest Fieber, dein Kopf war so heiß wie ein Bügeleisen«, erzählt Fatima. »Jaco hat einen Mann angerufen, der hat ihn dann abgeholt.« Sie beugt sich vor und streift den Ärmel von Azmeras Kaftan zurück. »Der Mann heißt Tayeb und das ist seine Telefonnummer. Du sollst ihn auch anrufen, wenn du wieder gesund bist. Er weiß Bescheid. Wo willst du hin?«

Azmera öffnet die Augen und blickt in Fatimas forschendes Gesicht. Sie weiß nicht, was sie antworten soll, und fragt lieber vorsichtig: »Wie lange war ich krank?«

»Zwei Wochen«, erwidert Fatima. »So schrecklich krank ...« Sie schiebt vorsichtig den Kaftan über Azmeras Beinen zurück. Sofort durchfährt sie ein stechender Schmerz. Ihre Knie sind aufgeschürft und mit vertrocknetem Eiter verkrustet. Fatima hat sie mit einer roten Paste verarztet. Als Azmera erschrocken aufschreit, deckt Fatima den Kaftan wieder behutsam über die Wunden. »Es ist gut verheilt«, sagt sie. »Das waren die Dornen, die der Wind zu Bällen formt und die über die Wüste hüpfen wie kleine giftige Tiere. Aber das war nicht das Schlimmste. Es waren deine Nieren, verstehst du?«

Azmera starrt die fremde Frau fassungslos an, die wie eine Ärztin zu ihr spricht. Dann schüttelt sie den Kopf.

»Du warst sehr lange nicht mehr auf der Toilette, oder?«, fragt Fatima.

Erinnerungen an ihre brennende Blase und die vermummten Gestalten, die sie in dem Hinterhof anstarrten, blitzen in Azmeras Kopf auf. »Woher weißt du das?«, flüstert sie ehrfurchtsvoll.

Fatima nickt konzentriert. »Du hattest Glück, dass es hier einen guten Doktor gibt. Er hat dir sein letztes Penicillin gegeben. Er hat jeden Tag nach dir gesehen, zehn Tage lang.«

Zehn Tage, hallt es in Azmeras Kopf nach. Sie mustert Fatima mit großen Augen. »Und du hast mich gepflegt?«, will sie schließlich wissen.

Fatima nickt lächelnd.

»Aber ich bin eine Fremde. Keine Verwandte ... ich weiß nicht ... niemand aus deinem Dorf kennt mich und du hast mich trotzdem in deinem Haus aufgenommen.«

»Ich wollte nicht, dass du stirbst. Der Koran sagt, Mädchen sind wie unsere Blumen, wir müssen sie schützen.«

So etwas steht im Koran?, fragt sich Azmera verwirrt, doch Fatimas Lächeln beruhigt sie. Ihre Gedanken ziehen weiter. *Zehn Tage,* denkt sie, *und Mama weiß nicht, wo ich bin. Ich muss Mama anrufen.* Plötzlich fühlt sie sich ganz klein und schwach. *Was soll ich ihr nur sagen? Wie soll ich das alles nur erklären ...*

»Ich hab dir diese Tunika gegeben«, sagt Fatima, »falls jemand kommt und dich hier sieht. Und den Hidschab, wenn Besuch da war. Ich habe gesagt, du bist eine Verwandte.«

»Danke«, murmelt Azmera schwach und bemerkt erst jetzt den bodenlangen schwarzen Umhang, der an einem Haken an der Wand hängt. Das muss der Hidschab sein.

»Kannst du aufstehen?«, fragt Fatima.

Azmera ist sich da nicht so sicher, doch sie nickt entschlossen und wälzt sich gehorsam auf die Seite. Sie hält sich am Fenstersims fest, um sich aufzurichten, und Fatima stützt sie, als sie ein wenig zu schwanken beginnt.

Das Fenster ist vergittert und geht auf den Hof. Draußen steht ein Kamel, das ein Mann an einem Strick hält, während er sein Fell bürstet. Das Tier reckt den Hals nach oben und hat die Lider mit den langen Wimpern über die sanften Augen gesenkt, als genieße es die Bürstenmassage.

Noch nie zuvor hat Azmera ein Kamel gesehen. Sie betrachtet es wie gebannt und kann nicht fassen, wie groß das Tier ist. Neugierig beäugt sie auch den alten Mann und fragt sich, ob es wohl seine Stimme war, die sie vorhin gehört hat.

»Das ist mein Vater, der da draußen unser Kamel versorgt«, erklärt Fatima, die Azmeras Blick gefolgt ist. »Er hat früher Kamelkarawanen geführt. Er kennt alle Wege durch die Wüste, jede Oase, jeden Brunnen. Er spricht die Sprache der Tuareg. Früher war er ein angesehener Mann, aber jetzt fahren überall Lastwagen und niemand interessiert sich mehr für Kamele. Das da draußen ist das letzte, das ihm geblieben ist. Es heißt Jebel. Wie der Berg, verstehst du? Weil es so groß ist. Er will sich nicht davon trennen.«

Aus ihrer neuen Perspektive lässt Azmera den Blick nun wieder durch den Raum schweifen. Da ist die Matte, das Kissen, ein Schemel mit der Karaffe und dem Glas. In der Ecke steht ein Blecheimer mit einem Deckel. *O Gott,* schießt es Azmera durch den Kopf, *das war mein Klo.*

Plötzlich bemerkt sie, dass etwas ganz entscheidendes fehlt. Ein dumpfer Schmerz breitet sich in ihrem Kopf aus. Sie schnappt nach Luft und ruft: »Meine Tasche! Wo ist meine Tasche?«

»Welche Tasche, Liebes?«, fragt Fatima.

Panisch befühlt Azmera ihren Bauch. Eine Welle der Erleichterung schwappt über sie hinweg, als sie ihre Gürteltasche ertastet. Aber die andere Tasche ...

»Ich habe keine Tasche mehr gehabt, als Jaco mich hergebracht hat, oder?«, fragt sie tonlos.

Fatima nickt mit ernsten Augen. »Mehr als deine Kleider hattest du nicht. Jaco hat dir wegen der Sonne deine Strickjacke um den Kopf gebunden. Die Unterwäsche, die du getragen hast, hab ich weggeworfen. Die war kaputt und voller Blut.«

Azmera starrt Fatima an. Die schüttelt bekümmert den Kopf. »Ja, so ist es.«

Kaputt und voller Blut, denkt Azmera. Sie kann sich an nichts erinnern.

»Ich habe dir Unterwäsche von mir gegeben«, sagt Fatima, »die ist ein bisschen groß, aber besser als gar nichts, oder? Ich habe dir auch etwas genäht. Willst du es sehen?«

Azmera nickt, obwohl ihr das alles viel zu viel ist. Alles, woran sie denken kann, ist ihre Tasche.

»Komm.« Fatima nimmt sie an der Hand. »Ich zeig dir was.«

Sie verlassen das Zimmer und gehen in einen anderen Raum, in dem zwei altmodische Nähmaschinen stehen, die ohne Strom funktionieren. Auf dem Boden ein Berg von Kleidern, an der Wand eine Stange, an der noch mehr hängen.

»Das ist mein kleines Unternehmen«, sagt Fatima stolz, »ich habe eine Angestellte, sie heißt Leila. Aber zurzeit muss sie sich um ihre kranke Mutter kümmern. Und guck mal«, sie geht zu der Kleiderstange und hält Azmera ein schwarz-weißes Kleidungsstück hin, das an einem Metallbügel hängt, »das hat Leila für dich genäht. Mal sehen, ob es passt. Möchtest du es anprobieren?«

Es ist eine Pluderhose mit weiten Hosenbeinen, die man am Knöchel zusammenbinden kann. Als Gürtel dient ein Band, das durch die Schlaufen gezogen wird.

Azmera zieht den Kaftan über den Kopf und sieht, dass sie ein graues T-Shirt trägt. Schon wieder erschrickt sie.

»Deine Sachen habe ich gewaschen und gebügelt«, sagt Fatima. »Keine Sorge, alles ist noch da. Du musst keine Angst haben. Bei uns bist du sicher. Wir sind Muslime. Wir tun nichts Böses.«

Aber meine Tasche ist nicht mehr da, denkt Azmera. *Meine Sachen sind nicht mehr da. Ich besitze nur noch das, was ich am Körper trage. Ich besitze nicht einmal ein Handtuch. Oder ein Stück Seife.*

Sie steigt in die Pluderhose. Fatima zupft sie zurecht und bindet eine Schleife in der Taille. Dann tritt sie zurück, neigt den Kopf und betrachtet Azmera, die mit hängenden Armen vor ihr steht.

»Nicht die neueste Mode«, sagt Fatima lachend, »aber praktisch und bequem. Du kannst nicht in einem kurzen Rock durch den Sudan reisen.«

»Das war nur für Eritrea, für die erste Etappe, damit keiner Verdacht schöpft, wenn sie unser Auto anhalten. Ich hatte vor, mich umzuziehen, wenn wir über die Grenze kommen. Aber dann ...«, sie vollendet den Satz nicht. Plötzlich ist alles wieder da, das Scheinwerferlicht, Assoud, der mit dem Wagen davonraste, die Schüsse. »Ich muss meine Mutter in Eritrea anrufen«, sagt Azmera, als sie sich wieder gefasst hat, »und diesen Tayeb. Ist das möglich?«

»Nicht heute, du bist noch zu schwach«, erwidert Fatima. »Ich selbst habe kein Handy. Es ist zu teuer und nicht notwendig. Vater und ich besuchen den Rest der Familie in Kassala immer an festgesetzten Tagen. Und meine Kundinnen wissen, wo ich wohne. Sie kommen persönlich vorbei, um Bestellungen aufzugeben. Aber mein Bruder Achmed besitzt ein Handy. Er leiht es dir bestimmt.« Als Fatima erkennt, dass Azmera sie immer noch Hilfe suchend aus großen Augen ansieht, schiebt sie noch hinterher: »Glaub mir, Azmera, gib deinem Körper noch ein paar Tage, um Kraft zu schöpfen. Der Weg in die Stadt ist anstrengend.«

Der Tag vergeht. Das Kamel frisst und Azmera sieht, wie die Zähne in dem breiten Maul den Hafer zermahlen. Wenn das Kamel getrunken hat, rinnt das überschüssige Wasser an den weichen Lippen herab.

Sie sitzt mit der kleinen Sija im Innenhof und wirft bunte Glaskugeln in ein Viereck. Es ist ein Spiel, das Sija erfunden hat. Bei jedem Treffer kreischt sie vor Vergnügen. Azmera fegt das Zimmer, in dem sie schläft, schrubbt den Eimer, den sie als Toilette benutzt hat, wäscht ihr T-Shirt.

Am nächsten Morgen begleiten Sija und sie Fatimas Vater mit dem Kamel zum Fluss. Der Fluss Gash ist in der

Trockenzeit nur ein breites gelbes Flussbett, in dem sich Unrat und dürres Dornengestrüpp sammeln. Das Flussbett ist so breit, dass Lastkähne darauf fahren könnten, aber der Fluss führt nur Wasser, wenn die Regenzeit in Eritrea richtig eingesetzt hat. Jetzt geht Fatimas Vater jeden Tag zum Fluss, um dabei zu sein, wenn das Wasser kommt. Dann wird das Gras sofort sprießen und die Bauern werden ihre Ochsen zum Fluss bringen, ihre Esel, alle ihre Tiere, damit sie trinken können. Kostenloses Wasser ist rar.

Während Sija auf dem Kamel reitet, sitzen Azmera und der alte Mann an den Stamm einer Palme gelehnt und schauen zu. Der alte Mann spricht nie mit ihr, weil sie keine gemeinsame Sprache haben, aber manchmal lächelt er und Azmera weiß, dass alles gut ist.

Wenn sie zusammen essen, schiebt er ihr immer wieder die Schüssel hin, damit sie sich bedient. Er achtet darauf, dass sie genug trinkt, und prüft zum Spaß ihren Unterarm, um zu sehen, ob er schon dicker ist. Das Spiel spielen sie jeden Morgen, Sija lacht dann aus vollem Hals und Fatima sagt in ihrer Sprache etwas zu dem alten Mann, woraufhin er breit lächelt und man sieht, dass ihm alle Zähne fehlen.

Azmera kann sich bald nicht mehr vorstellen, dass es eine Zeit gab, in der sie Fatimas Familie nicht kannte. Das alles ist ihr so vertraut. *So schnell kann man sich an das Fremde gewöhnen,* denkt sie. Und dann fällt ihr Schweden ein, Stockholm, und wie viel fremder dort alles sein wird.

Fatima erklärt Azmera, wie die Nähmaschinen funktionieren. Wie man das Pedal treten muss, das Garn durch das Nadelöhr fädeln, eine gerade Naht nähen. Azmera begreift schnell. Fatima gibt ihr ein Stück Stoff und Azmera näht sich ein ärmelloses gerades Hemd, das sie unter der Tunika tragen kann.

Als sie am Abend zusammensitzen, kommt Fatima ins Erzählen: »Als ich so alt war wie du, wurde ich schwanger von einem Mann ...« Sie stockt, schüttelt den Kopf und spricht dann zögerlich weiter. »Das Baby hat Schmerzen gemacht. Aber ich war tapfer. Es war ein Mädchen, ich habe sie Dilek genannt, das heißt ›der Wunsch‹. Aber meine Brust gab keine Milch, ich konnte sie nicht stillen, und die Milch, die ich für teures Geld gekauft habe, war nicht gut. Sie haben mich betrogen und mir schmutzige Milch verkauft, weißt du? Mit neun Monaten starb Dilek. Ich hab viel geweint.« Fatima lächelt, als sie Azmeras mitleidige Augen sieht. »Jetzt wäre sie so alt wie du. Und bestimmt genauso hübsch.«

Azmera spürt, dass Fatima sie gerne bei sich behalten würde. »Du könntest Näherin werden«, sagt Fatima, »das ist ein schöner Beruf. Alle Männer freuen sich, wenn sie eine Frau finden, die ihre Kleider selber nähen kann. Das spart viel Geld.«

Azmera erzählt ihr, dass sie studieren möchte. »Biologie vielleicht«, sagt Azmera, »oder Medizin. Dann könnte ich Kinderärztin werden und dafür sorgen, dass Babys wie Dilek nicht mehr sterben müssen.«

Fatima lächelt. Sie fragt nicht weiter nach. Azmera hat keine Ahnung, was sie denkt.

Zwei Tage später sitzt Azmera mit Fatima und dem Baby auf einem Eselskarren, der blaue Fässer geladen hat. Sie sind auf dem Weg zu Fatimas Bruder Achmed, damit

Azmera telefonieren kann. Vorher wollen sie noch in den Souk.

Azmera trägt einen grauen Hidschab, der ihr bis zur Taille reicht, über ihren Pluderhosen und der Tunika. Der Schleier gehört Fatima, sie hat ihn ihr geschenkt. Fatima ist voller Güte und so großzügig, obwohl sie selbst nicht viel hat. Sie sagt, der Koran verlange, dass man den Bedürftigen hilft und die Kranken pflegt.

Jedes Mal, wenn ein Bus oder ein Laster sie überholt, hüllt sie eine stinkende Abgaswolke ein. Fatima hat dem Baby einen dünnen Schleier über das Gesicht gelegt, sie selbst drückt sich immer ein Taschentuch auf Mund und Nase, um einen Hustenanfall zu vermeiden.

Sie fahren an einem Mann vorbei, der sich ein Zicklein über die Schultern gelegt hat, das ununterbrochen meckert. Eine Schar barfüßiger Kinder läuft neben ihm her.

Die Zahl der schwarz gekleideten Frauen nimmt zu, je mehr sie sich dem Souk nähern. Zum Hidschab tragen sie auch noch einen schwarzen Schleier, der ihren Kopf und das Gesicht vollkommen bedeckt. Nicht einmal ihre Augen kann man sehen. Wie schwarze Vögel sehen sie aus, wenn sie die Straße überqueren, oder schwarze Engel, wenn sie hinter ihren Männern auf dem Moped sitzen und der weite Umhang sie umflattert. Andere Frauen tragen bunte Schals, die sie um die Schultern und das Haar geschlungen haben. Azmera hat noch nie so schöne Farben gesehen.

Azmera besteht darauf, die Fahrt auf dem Eselskarren für sie beide zu bezahlen, und Fatima fügt sich nach einer kleinen Diskussion. Und sie haben Glück, der Fahrer hat ihre Nakfa-Scheine akzeptiert und keine Fragen gestellt.

Hinter einem Torbogen tut sich ein Gewirr aus Gassen auf, über die Tücher und Laken gespannt sind. Die Stoffe und Plastikplanen sind schmutzig, zerrissen und von der Sonne ausgebleicht. Es ist schrecklich eng, die Menschen drängen sich an ihr vorbei. Viele haben Körbe, gefüllt mit Lebensmitteln, manche Frauen tragen Plastikwannen auf dem Kopf oder Säcke mit Reis oder Hirse. Überall riecht es nach Gewürzen, nach scharf gebranntem Kaffee, nach Tierkot, Tabak, Schweiß, Urin und den schwarzen Gummisandalen, die aus Autoreifen geschnitten und an Bindfäden zu Hunderten zum Verkauf ausgehängt werden.

Schweißperlen bilden sich auf Azmeras Oberlippe. Fatima, die das sieht, beugt sich zu ihr. »Heute ist es wirklich besonders voll hier. Es ist der einzige Souk in der Umgebung, in dem man wirklich noch viele Sachen bekommt, weißt du? Die Händler kommen von überall hierher. Ich muss nur ein paar Besorgungen machen, dann haben wir es geschafft. Halt noch ein bisschen durch, ja? Ich beeile mich.«

»Hallo?«, ruft Azmera eine knappe Stunde später aufgeregt in das Telefon von Fatimas Bruder Achmed. »Tayeb? Ich möchte bitte Tayeb sprechen.«

»Am Telefon. Was ist los?«

Azmera ist nervös. Sie steht in dem kleinen Raum, in dem Achmed seine Werkstatt für elektrische Geräte hat. Er montiert gerade eine neue Schnur an ein Bügeleisen. Fatima spricht im Nebenraum mit Achmeds Frau.

»Hallo, hier spricht Azmera. Aus Eritrea …«

Sie wartet, doch am anderen Ende der Leitung herrscht Schweigen. Azmera schwitzt.

»Ich hätte schon vor über zwei Wochen hier sein sollen, aber an der Grenze ist etwas passiert ...«

Achmed hebt den Kopf, schaut sie an und schüttelt warnend den Kopf. Sofort dämpft Azmera ihre Stimme zu einem Flüstern: »Jaco hat gesagt, ich soll dich anrufen ... Du erinnerst dich an Jaco?«

»Ja«, sagt die Stimme am Telefon. »Was ist mit ihm?«

»Das weiß ich nicht! Ich habe nichts mehr von ihm gehört.«

»Wohnst du immer noch bei Fatima?«, fragt die Stimme.

Azmera nickt, obwohl der Mann am anderen Ende der Leitung das nicht sehen kann. »Ja, immer noch.«

»Hast du das Geld?«

Auf diese Frage ist Azmera nicht vorbereitet. Sie blickt zu Achmed hinüber, der einen Schalter an die Schnur montiert und tut, als höre er nicht zu. Sie weiß, dass sie Tayeb zwanzig Dollar zahlen muss, damit er sie an die ägyptische Grenze bringt. »Ja, hab ich«, presst sie schließlich zwischen den Zähnen hervor, »zwanzig Dollar.«

»Es kostet jetzt mehr.«

»Warum?«, fragt Azmera erschrocken.

»Weil es gefährlicher geworden ist. Es kostet das Doppelte.«

»Warum ist es gefährlicher geworden?«

Darauf gibt Tayeb keine Antwort und Azmera sagt schließlich zögernd: »Gut. Ich verstehe.« Obwohl sie nichts versteht.

»Ich komme in drei Tagen«, sagt die Stimme.

»In drei Tagen?«, wiederholt Azmera. »Wann genau?«

»Spät am Abend – oder in der Nacht. Sei vorbereitet, es muss dann schnell gehen.«

»Ich habe verstanden.« Azmeras Herz schlägt so laut, dass sie denkt, Achmed müsste es hören, aber er verzieht keine Miene.

»Wenig Gepäck«, fordert Tayeb.

»Ich habe nur wenig Gepäck.« Damit ist das Gespräch beendet.

Azmera legt das Handy auf den Tisch. Sie bedankt sich bei Achmed, aber er nickt nur gleichgültig und schaut unbeteiligt an ihr vorbei.

»Darf ich noch ein Telefonat führen?«

»Mit wem?«, fragt Achmed misstrauisch.

»Mit meiner Mutter in Eritrea. Oder kann man mit diesem Handy nicht ins Ausland telefonieren?«

»Doch kann man. Wo in Eritrea ist das?«

Azmera nennt den Namen der Region und Achmed nickt, als wüsste er genau, wo das ist. Doch dass er die Gegend wirklich kennt, ist äußerst unwahrscheinlich.

»Der Anruf ist aber teuer.«

»Ich verstehe. Wie viel willst du?«

Achmed tut, als rechne er. Dabei ahnt Azmera, dass er sich den Preis nur ausdenkt.

»Siebzig Piaster«, sagt er.

»Ich hab kein sudanesisches Geld. Kann ich in Nakfa bezahlen?«

Achmed nickt. Azmera kann förmlich sehen, wie sein Gehirn arbeitet. »Zehn Nakfa für fünf Minuten«, sagt er schließlich. Er nimmt einen Wecker von einem Regal und zieht ihn auf.

Azmera wählt die Nummer von zu Hause. Sie wartet mit pochendem Herzen und tatsächlich, es klingelt. Sie hat Glück, ihre Mutter hat Strom und das Telefon funktioniert. Schließlich hört sie ein Knacken und eine leise Stimme fragt: »Ja?«

»Mama!«, ruft Azmera und schon schießen ihr die Tränen in die Augen. »Mama! Ich bin's, Azmera!«

»Oh.« Azmera hört ein Schluchzen. »Mein Kind ...«

»Es geht mir gut!«, ruft sie. »Ich rufe nur an, damit du dir keine Sorgen machst, hörst du?«

»Wo bist du?«, fragt ihre Mutter, als sie sich ein bisschen gefangen hat.

»In Kassala. Bei einer sehr netten Familie, Fatima hat eine Näherei, weißt du, und sie haben ein Kamel, weil Fatimas Vater früher eine Kamelkarawane geführt hat.«

»In Kassala?«, fragt ihre Mutter fassungslos. »Das ist doch gleich hinter der Grenze!«

Ein paar Schweißperlen haben sich auf Azmeras Stirn gebildet. Als sie weiterspricht, ist es, als entweiche Luft aus einem Ballon. »Wir sind gut bis zur Grenze gekommen, Mama, aber dann ...« Sie stockt.

»Was ist passiert?«, ruft die Mutter aufgeregt.

»Nichts Schlimmes«, wiegelt Azmera sofort ab. Sie überlegt verzweifelt, was sie jetzt am besten sagen kann, damit ihre Mutter sich nicht allzu sehr sorgt. »Ich war ein bisschen ... krank ... und konnte nicht mit den anderen weiterfahren ...«

»Du warst krank?« Die Stimme ihrer Mutter wird immer schriller.

»Ja, aber jetzt bin ich wieder gesund. Alles ist gut, Mama! Ich rufe an, um dir zu sagen, dass ich in drei Tagen weiterfahre. Ist das nicht wunderbar? Bald bin ich in Ägypten und dann liegt die schlimmste Strecke schon hinter mir.« Bei diesen Worten beißt sie sich auf die Lippe und schickt ein Stoßgebet zum Himmel, dass ihre Mutter die Zweifel in ihrer Stimme nicht hört.

Ihre Mutter bleibt stumm.

»Mama?«, fragt Azmera vorsichtig.

»Du bist immer noch in Kassala …«, sagt ihre Mutter, als könne sie es nicht fassen. Dann schweigt sie wieder.

»Ja, in Kassala. Das heißt, etwas außerhalb, in der Nähe vom Fluss. Von dort kann man die Taka-Berge sehen. Die sind wunderschön.« Sie stockt und lauscht. Es knistert in der Leitung. »Mama? Bist du noch da? Kannst du mich hören?«

»Ja, aber ich frage mich: Willst du nicht lieber umkehren? Willst du nicht lieber zu uns zurückkehren? Hawi fragt jeden Tag nach dir und Bobo streicht durch die Wohnung und sucht dich.«

Tränen sammeln sich in Azmeras Augen. Sie kann ihren kleinen Bruder förmlich vor sich sehen, wie er mit großen, unschuldigen Augen nach seiner Schwester verlangt – und Bobo, den verwahrlosten löwenfarbenen Kater der Nachbarn, um den sie sich immer gekümmert hat. Nichts würde sie in diesem Moment lieber tun, als zu ihrer Familie zurückkehren. Doch sie gibt sich einen Ruck und atmet tief durch, bevor sie mit noch leicht zittriger Stimme weiterspricht: »Mama, ich fahre in drei Tagen weiter. Wenn ich Glück habe, bin ich bald bei Papa.«

Sie will noch viel mehr wissen: *Wie geht es dir, Mama? Spricht Pater Umberto manchmal von mir? Hat Papa angerufen? Ist die Regenzeit wirklich schon da? Hat es wieder Stromausfälle gegeben?* Aber es knackt in der Leitung und dann ist es plötzlich still.

Als Azmera begriffen hat, dass die Leitung tot ist, schaut

sie auf. Achmed wischt das Bügeleisen, das er repariert hat, mit einem Lappen ab und stellt es ins Regal.

»Zehn Nakfa«, fordert er, an Azmera gewandt.

Eigentlich sollte sie jetzt erwidern, dass das Gespräch bestimmt viel kürzer als fünf Minuten war, aber dann denkt sie an alles, was Fatima für sie getan hat, und verkneift sich die Bemerkung. Sie steht so tief in Fatimas Schuld, dass sie niemals mit einem Mitglied ihrer Familie handeln könnte. Stattdessen nimmt sie die Rolle mit den Nakfa-Scheinen aus ihrer Hosentasche und legt zwei Fünf-Nakfa-Scheine auf den Tisch. »Danke«, sagt sie zu Achmed, »ich bin sehr froh, dass es geklappt hat.«

Achmed steckt das Geld ein und erwidert nur: »Geh zu Fatima. Wir sollten gar nicht in einem Raum sein.«

Als sie wieder zu Hause bei Fatima sind und es sicher ist, dass Azmera bald weiterreisen wird, möchte sie über Geld reden. Fatima weigert sich, welches von ihr anzunehmen, aber Azmera weiß, dass sie das Geld gut gebrauchen kann.

»Ich habe hier wie in einem Hotel gelebt«, sagt Azmera zu ihr.

Fatima lacht. »Du weißt doch gar nicht, wie es in einem Hotel ist.«

»Ihr habt mein ganzes Essen bezahlt und alles andere …«

»Das nennt man Gastfreundschaft«, sagt Fatima.

Azmera schüttelt beharrlich den Kopf.

Sie hat noch zweihundert Nakfa. In Eritrea ist das viel Geld, aber sie weiß nicht, wie viel es hier wert ist. Sie behält zwanzig Nakfa für Wasser und Essen während der Fahrt und legt das übrige Geld auf den Tisch.

Fatima starrt entgeistert auf die Banknoten, dann auf Azmera, doch die schüttelt den Kopf.

»Bitte! Nimm es«, fleht sie Fatima an.

»Weißt du, du könntest hier bei mir leben wie meine Tochter«, sagt sie mit weicher Stimme und drückt Azmera an sich. »Wir könnten zusammen Kleider schneidern.«

Azmera spürt, wie sich eine Träne aus ihrem Auge löst. »Diese Reise macht mir Angst. Es ist … nicht gut … allein … als Mädchen …«, flüstert sie. Noch mehr Tränen fließen warm ihre Wange hinab. »Aber ich kann nicht einfach so aufgeben, verstehst du, was ich meine, Fatima?«, fährt sie schließlich stockend fort. »Das bin ich meiner Familie schuldig.«

Fatima streichelt sanft über Azmeras Haar. »Du bist so tapfer, ich bewundere dich für deinen Mut und ich weiß, dass du das schaffst!« Sie drückt Azmera noch fester an sich. So stehen die beiden noch eine Weile da, jede gefangen in ihrer Welt, und kämpfen mit den Tränen.

3

Tayebs Auto ist ein grauer Militärjeep, bei dem nur ein Scheinwerfer funktioniert, als er sich um Mitternacht auf der dunklen Straße nähert. Der Mond ist nur eine schmale Sichel. Niemand, der am Tag einer redlichen Arbeit nachgeht, ist jetzt noch wach.

Azmera und Fatima warten bereits vor dem Haus, als Tayeb vorfährt, weil sie ihn nicht warten lassen wollen. Fatima ist nervös. Sie hält Azmeras Hand ganz fest. Beinahe so, als wollte sie sie nicht mehr loslassen. Azmera dagegen fühlt sich so erwachsen wie noch nie. Den ganzen Tag über hat sie mit sich gerungen, ob sie wirklich weiterreisen soll. Fatimas Haus ist ihr zu einem zweiten Zuhause geworden, aber sie weiß auch, dass sich ihre Mutter und ihr Vater auf sie verlassen. Doch jetzt ist die Entscheidung getroffen: Azmera will nicht aufgeben.

Sie blickt dem rostigen Jeep entschlossen entgegen und hält das Geld für Tayeb bereits in der Hand. Den Rest hat sie sorgfältig in der Gürteltasche unter ihrer Tunika verstaut. Azmera ist gekleidet wie eine Frau aus dem Sudan. Sie trägt einen Hidschab, der ihr über die Schultern fällt, und die neue Pluderhose. Ihre wenigen Habseligkeiten hat sie in einen Schal geknotet. Auch er ist ein Geschenk von Fatima – alles sind Geschenke von Fatima, auch die Seife, das Handtuch, die Wäsche und ein Paar Gummisandalen, falls sie sich in den Lederschuhen Blasen läuft. Fatima hat auch eine Plastikflasche mit sauberem Wasser, eine Handvoll Datteln und ein Fladenbrot für Azmera in einen Beutel gepackt.

Vorsichtig suchen Azmeras Augen Fatimas Blick. Sie weiß nicht, wie sie ihr danken soll. Sie ist froh, dass Fatima wenigstens das Geld angenommen hat, auch wenn es nur eine kleine Geste ist. Fatima will sich ein Handy davon kaufen und Azmera hofft, dass es damit leichter für sie wird, ihre Schneiderei zu betreiben.

Wenn sie an die Dinge denkt, die für immer verloren sind, könnte Azmera weinen: die weiche Fleecejacke, der Regenumhang, die neue Unterwäsche, die praktische Hose mit den vielen Taschen … Doch sie ist nicht mehr das kleine Mädchen, das sie noch vor wenigen Tagen war, als sie ihrem Elternhaus den Rücken gekehrt hat. Tapfer schluckt sie die Tränen herunter, doch als sie an das Tuch denkt, in dem sie den kleinen Hawi auf dem Rücken getragen hat, löst sich dennoch eine Träne aus ihren Augen und hinterlässt eine glitzernde Spur auf ihrer Wange. Das Tuch sollte später, in Europa, als Wandteppich in ihrem Zimmer hängen.

Die Hitze des Tages hängt noch in der Luft und auch nach Sonnenuntergang hat es nicht richtig abgekühlt. Selbst das Kamel hat den kleinen Schatten im Innenhof nicht verlassen. Azmera kommt es vor, als könne sie den Sand auf der Zunge schmecken.

Fatima drückt Azmera an sich und überreicht ihr noch ein kleines Glas mit selbst gemachter Aloe-Lotion.

»Aloe ist gut gegen Wunden«, sagt sie. »Du brauchst nur

so viel, wie zwischen Daumen und Zeigefinger passt, das genügt. Pass auf, dass du dir nicht wieder die Knie verletzt.«

»Mir wird nichts passieren.« Azmeras Stimme klingt ruhig und gelassen, doch in ihrem Kopf rasen die Gedanken.

In diesem Moment fliegt die Fahrertür auf und ein Mann in Militärhosen und Stiefeln stapft auf die beiden Frauen zu.

»Azmera?«, fragt er lauernd.

»Bist du Tayeb?«, flüstert Fatima. Sie fasst nach Azmeras Hand. Es ist, als hätte sie in diesem Augenblick mehr Angst als Azmera.

»Ja. Wer sonst«, bellt Tayeb auf Englisch. Der ruppige Ton verunsichert Azmera. Sie schweigt.

»Hast du das Geld?«, will Tayeb kurz darauf wissen und Azmera gibt ihm die zusammengerollten Scheine, die er im Schein einer Taschenlampe nachzählt.

»Welchen Weg wirst du nehmen?«, fragt Fatima.

»Weiß ich noch nicht«, knurrt Tayeb und steckt das Geld ein.

»An der Straße, die ins Zentrum von Kassala führt, sind Checkpoints«, sagt Fatima. »Sie lassen nur Leute mit Papieren durch.«

»Ich weiß.« Tayeb wirkt gereizt.

»Es heißt, dass um alle Städte Checkpoints sind.«

»Ich fahre durch keine Städte.« Bei diesen Worten legt Tayeb den Kopf in den Nacken und blickt in den Himmel, als studiere er den Stand der Gestirne. »Lass das meine Sorge sein. Ich mache das nicht zum ersten Mal.«

»Weißt du, wo Jaco jetzt ist?«, fragt Azmera. »Und die anderen?«

»In Ägypten, denke ich«, antwortet Tayeb gleichmütig. »Oder schon weiter.« Er deutet auf den Beutel zu Azmeras Füßen. »Sind das deine Sachen?«

»Ja. Nur dieser Beutel.«

Azmera umarmt Fatima ein letztes Mal, aber nicht mehr so innig, ihre Gedanken fliegen ihr schon voraus.

»Möge Allah dich beschützen«, flüstert Fatima.

»Das wird er, bestimmt. Danke für alles. Gib Sija und dem Baby einen Kuss von mir.«

»Ja. Alles wird gut«, sagt Fatima, »*inschallah.*«

Tayeb öffnet die hintere Wagentür. Mit einer Taschenlampe leuchtet er ins Innere, wo schon andere Leute sitzen, Männer auf der rechten und eine alte und eine jüngere Frau auf der linken Bank.

»Macht etwas Platz«, herrscht Tayeb die Frauen an und sie rücken gehorsam dichter zusammen. »Sie heißt Azmera und sie ist auch aus Eritrea. Vielleicht sprecht ihr die gleiche Sprache.«

Der Atem der alten Frau neben Azmera klingt wie das Rasseln einer Muschelkette.

»Ich spreche tigrinisch«, sagt Azmera.

»Wir auch«, erwidert der ältere Mann. »Wir sind eine Familie.« Dann deutet er auf die jüngere der beiden Frauen: »Das ist unsere Schwiegertochter und das sind unsere beiden Söhne.«

»Aber der beste meiner Söhne ist nicht hier«, seufzt die alte Frau.

»Du wirst ihn ja bald sehen, Mama.«

Die alte Frau wendet sich an Azmera. »Er hat uns das Geld für die Reise geschickt. Er will, dass ich bei ihm bin. Er liebt mich.«

»Wir lieben dich doch auch, Mama«, murmelt die Frau, aber die Alte schüttelt nur den Kopf.

Tayeb wirft Azmera ihren Beutel in den Schoß und leuchtet noch einmal mit der Taschenlampe das Wageninnere ab. Azmera sieht jetzt erst, dass ihr gegenüber drei Männer unterschiedlichen Alters sitzen. Sie haben die Blicke gesenkt, als ginge sie das alles nichts an.

»Wir fahren jetzt los«, sagt Tayeb. »Es wird holprig, passt auf eure Köpfe auf. Wenn ihr Probleme habt, klopft an die Zwischenwand.«

Er schlägt die Wagentür zu, ein Knall wie eine Gewehrsalve, aber die Tür geht noch einmal auf und Tayeb stellt sechs Wasserflaschen auf den Boden: »Eine für jeden. Das muss fürs Erste reichen. Wir machen erst wieder eine Pause, wenn wir die Checkpoints hinter uns haben.« Die Tür fliegt wieder zu. Wenig später heult der Motor auf und sie fahren.

Die kleinen Fenster des Jeeps sind so staubig, dass Azmera die winkende Fatima nur schemenhaft erkennen kann, bevor die Dunkelheit sie verschluckt.

Azmera wartet darauf, dass jemand das Wort an sie richtet, sie etwas fragt, woher sie komme, wohin sie will, aber es ist wie bei Assoud: Alle tun, als sei sie unsichtbar. Nach einer Weile nimmt sie ihren Mut zusammen und fragt in die Runde: »Kommt ihr alle aus Eritrea?«

Sie schaut dabei niemand Speziellen an und es sieht aus, als wolle auch niemand antworten, doch plötzlich beginnt die Schwiegertochter zu sprechen: »Wir kommen aus Keren. Kennst du die Stadt?«

»Nein, aber ich weiß, wo das ist. Ich komme aus dem Süden. Aus einem Dorf bei Assab.«

Der Jeep fährt jetzt schneller. Der Fahrtwind, der durch die Ritzen pfeift, klingt wie die hohe Stimme einer Frau.

»Wieso bist du alleine unterwegs?«, fragt die alte Frau. »Hast du keine Familie mehr?«

»Doch«, erwidert Azmera, »meine Mutter und mein kleiner Bruder sind in meinem Dorf geblieben.« Sie spürt, dass sich ein Kloß in ihrem Hals bildet, als sie das sagt.

»Und warum sind sie nicht bei dir?«

»Dafür reicht unser Geld nicht«, presst Azmera hervor.

»Ich danke Gott, dass ich einen Sohn habe, der so viel Geld verdient«, sagt die alte Frau.

Lange schweigen alle, dann ergreift die Alte wieder das Wort: »Ich weiß von vielen jungen Männern, die Eritrea verlassen haben, aber ich habe noch nie gehört, dass sich ein Mädchen in deinem Alter alleine auf den Weg macht. Wie alt bist du?«

»Ich werde achtzehn.«

»Und wohin willst du?«

»Nach Europa«, sagt Azmera.

Der alte Mann, der ihnen gegenübersitzt, lacht auf. »Alle wollen nach Europa. Glaubst du, Europa will dich auch?«

»Ich hoffe es.« Azmeras Stimme ist zu einem Flüstern geworden.

»Europa ist nicht so groß wie Afrika«, fährt der Mann fort.

»Ich weiß.«

»Und warum willst du von zu Hause fort?«

Sie will nicht antworten, damit der Schmerz in ihrer Brust nicht noch größer wird, aber sie tut es schließlich doch: »Zu Hause gibt es keine Zukunft für mich. Mein Vater musste flüchten.«

Azmera könnte sagen, dass ihr Vater in Stockholm ist und auf sie wartet. Dass er ihnen die Stadt am Telefon beschrieben hat, aber das behält sie lieber für sich. Sie hat gelernt, nicht immer alles zu sagen, was sie weiß. Oder denkt. Sie kennt diese Menschen nicht, mit denen sie durch die Nacht fährt. Sie kann nicht einmal ihre Gesichter erkennen.

»Ein junges Mädchen alleine in einem fremden Land ...«, nimmt die alte Frau das Gespräch schließlich wieder auf, »hast du keine Angst?« Da ist ein Schaudern in ihrer Stimme.

»Ich denke lieber nicht darüber nach.«

Plötzlich hält der Jeep an. Stimmen werden laut. Die hintere Tür fliegt auf und der scharfe Strahl einer großen Taschenlampe blendet sie.

»Raus da!«, bellt ein Mann auf Englisch.

Azmera sitzt der Tür am nächsten. Sie muss als Erste aussteigen, dann folgt die alte Frau, die mit ihrem rechten Fuß den Tritt verpasst und mit dem Gesicht voraus in den Staub fällt.

»Aufstehen!«, brüllt ein Mann mit einem Gewehr in der Hand. Azmera sieht, dass er eine Uniform trägt. Er drückt der Frau den Gewehrkolben gegen den Kopf. Sie wimmert und erhebt sich zitternd.

Einer der Männer springt aus dem Wagen und stützt sie. »Alles wird gut, Mama«, murmelt er beschwörend.

Im Hintergrund züngeln die Flammen eines Feuers in den Himmel. Es riecht nach gebratenem Fleisch. Männerstimmen dringen an Azmeras Ohr, entspannt, als erzählten sie sich gute Geschichten. Sie versteht das alles nicht.

Der Soldat brüllt, er wolle ihre Papiere sehen.

Das ist der Augenblick, vor dem sich Azmera immer gefürchtet hat. Sie besitzt keine offiziellen Papiere, keinen Ausweis, keinen Pass, nicht einmal einen Geburtsschein. In ihrem Heimatdorf hat niemand solche Papiere.

Azmera zittert am ganzen Körper, als sie nach der Plastikfolie mit ihrem Schülerausweis in ihrer Geldtasche tastet.

Der Mann reißt ihr ungeduldig die Unterlagen aus der Hand. Als Erstes sieht er die Zeichnung von Hawi. Er hat Bobo gemalt, aber anstatt eines Katers könnte es ebenso gut ein Hund oder ein Esel sein. Der Soldat starrt das Bild an, dann Azmera, dann wieder das Bild. »Willst du mich verarschen«, schnaubt er wütend. Und dann, ganz langsam, zerreißt er es in kleine Fetzen und lässt sie auf den Boden fallen.

Azmera möchte aufschreien, sich bücken, jeden einzelnen Schnipsel aufheben, aber der Soldat tritt die Überreste des Bildes noch tiefer in den Staub. »Das ist nur ein Bild. Mein kleiner Bruder hat es für mich gemalt«, stammelt Azmera schließlich. »Hier sind meine Papiere …«

Der Soldat wirft nur einen flüchtigen Blick auf das Zeugnis und den Schülerausweis. Scheinbar kann er nicht lesen, das Zeugnis steht auf dem Kopf.

»Wo kommst du her?«, fragt er.

Azmera überlegt fieberhaft, was sie sagen soll. Sie hat ein paar Brocken sudanesisches Arabisch von Fatima aufgeschnappt und presst stotternd hervor: »Aus Kassala. Fatima Burkhi ist meine Tante und Ismail al Kebir mein Großvater …« Sie will weitersprechen, doch plötzlich hat der Soldat das Interesse an ihr verloren. Angewidert starrt er die alte Frau an, die zusammengekrümmt auf dem Boden sitzt und Schleim aushustet.

»Mutter ist krank«, ruft einer der beiden jungen Männer. »Wir müssen sie ins Krankenhaus bringen. Bitte.« Die Frau keucht und spuckt einen weiteren gelben Schleimbrocken auf den Boden. Der Soldat weicht angewidert zurück.

»Gut. Einsteigen!«, brüllt er und wedelt mit dem Gewehr.

Hastig klettern sie in den Jeep zurück. Die beiden jungen Männer schieben die alte Frau ins Auto.

Tayeb, den sie bis zu diesem Augenblick nicht gesehen haben, ist plötzlich da. »Okay«, ruft er. »Wir fahren!«

Die Tür fliegt zu und der Motor heult auf. Durch das schmutzige Fenster kann Azmera drei Militärfahrzeuge erkennen. Soldaten sitzen im Kreis um ein Lagerfeuer, als feierten sie eine Party. Sie lassen eine Flasche kreisen.

Die alte Frau wimmert leise vor sich hin: »Warum habt ihr mich nicht zu Hause gelassen? Ich wollte nicht mitkommen, ich wollte ruhig in meinem Zimmer sterben.«

»Mama, du wirst nicht sterben.«

»Wir alle werden sterben«, entgegnet die alte Frau und hustet, »aber ich früher als ihr. Ich bin nur eine Last. Sagt dem Fahrer, er soll anhalten und mich hier rauslassen. Ich werde mich in den Sand legen und darauf warten, dass Allah mich erlöst.« Ihr Gemurmel wird immer wirrer, aber niemand reagiert mehr auf ihre Worte. Nur Azmera lauscht wie gebannt.

Schließlich beugt sich die junge Frau vor und spricht sie an. »Azmera«, sagt sie, »hör nicht auf unsere Mutter. Sie ist es, die zu ihrem Sohn wollte. Sie war es, die verlangt hat, dass wir Eritrea verlassen. Mein ältester Schwager lebt in Tunesien. Er hat einen guten Job in einem Hotel. Er hat Mama eingeladen, bei ihm zu leben. Aber sie kann ja nicht alleine zu ihrem Sohn fahren. Deshalb sind wir jetzt alle unterwegs.«

Tunesien, denkt Azmera. Vor Aufregung gelingt es ihr nicht, sich die Karte vor Augen zu rufen, doch ihr Gefühl sagt ihr, dass ein ganz anderer Weg nach Tunesien führt als nach Ägypten. Sie möchte Tayeb nach der Route fragen, aber der fährt und fährt und macht keine Pause.

Verstohlen nimmt sie eine Dattel aus ihrem Beutel und kaut sie langsam und bedächtig.

Gut, denkt sie schließlich, *wenn wir nach Tunesien fahren, kann ich nichts machen. Ich kann gar nichts machen. Ich darf mich nicht unnötig aufregen.*

Der süße Geschmack der Dattel und das Mahlen ihrer Zähne beruhigen sie. Müdigkeit legt sich wie eine schwere Decke auf ihre Augen. Sie rechnet aus, wie viele Stunden sie schon wach ist. Um fünf Uhr früh ist sie aufgestanden, jetzt ist es vier Uhr morgens, das sind fast dreiundzwanzig Stunden.

Vor Erschöpfung fällt Azmera in einen unruhigen Schlaf, aus dem sie immer wieder aufschreckt.

Einmal, als Tayeb so scharf bremst, dass sie aufwacht, sieht sie, wie der Mann und die junge Frau miteinander flüstern. »Hab keine Angst«, sagt der Mann, »wir fahren immer noch nach Westen.«

Nach Westen?, denkt Azmera, während sie hin und her geschleudert werden. *Aber wir müssen doch Richtung Norden fahren…*

Sie halten und die Tür geht auf. Tayeb scheucht sie hinaus in das fahle Licht des anbrechenden Tages. »Pause! Sucht euch einen Platz, wo ihr euch erleichtern könnt«, sagt Tayeb, während er mit einem Fernglas den Horizont absucht. »Macht schnell. Geht nicht zu weit weg. Ich weiß nicht, wo wir hier sind.«

»Du weißt nicht, wo wir hier sind?«, echot der alte Mann entsetzt. »Hast du keine Karte?«

»Hier nützt keine Karte, nur ein Kompass«, erwidert Tayeb. »Und ich muss mich von den Hauptrouten fernhalten. Ihr wollt doch nicht der Polizei in die Arme laufen, oder? Also haltet den Mund.«

In der Steinwüste findet Azmera einen Felsen, hinter den sie sich hocken kann, ohne dass jemand sie beobachtet. Auf dem Weg zurück windet sich direkt vor ihrem rechten Fuß eine kleine Schlange und verkriecht sich unter dem nächsten Stein. Erschrocken starrt Azmera die Schlange an. Ob sie wohl giftig ist? Bestimmt gibt es hier auch Skorpione. Sie tritt ganz behutsam auf, um keine anderen Tiere aufzuschrecken.

Tayeb steht am Führerhaus und zieht sich um. Einen Moment lang sieht Azmera seinen nackten Oberkörper, auf dem sich die Muskeln abzeichnen, als er einen hellbraunen Kaftan überstreift. Dann schlingt er sich einen Turban aus dem gleichen Stoff um den Kopf. Als er sieht, dass Azmera ihn beobachtet, ruft er sie zu sich. Azmera reagiert nur zögernd.

Tayeb zeigt mit angespannter Miene auf ihre Haare. »Hast du keinen Hidschab?«

»Doch«, sagt Azmera, »im Auto.«

»Wir sind schon in der Nähe von Darfur.«

»Wieso Darfur?«, fragt Azmera verwirrt. Sie versucht, sich die Landkarte vorzustellen, aber Tayeb redet schon weiter.

»Besser, man sieht so wenig wie möglich von dir.« Dann nimmt er seine Taschenlampe und leuchtet sorgfältig den Boden ab.

Azmera geht neben ihm her. »Suchst du die Spuren von Schlangen?«, möchte sie wissen. »Vorhin wäre ich beinahe auf eine draufgetreten.«

»Schlangen sind mir egal«, erwidert Tayeb, »wir sind im Gebiet der Dschandschawid, da habe ich ganz andere Sorgen.«

»Wer ist das?« Azmera hat dieses Wort noch nie gehört.

Tayeb leuchtet weiter intensiv den Boden ab. »Das willst du gar nicht wissen«, murmelt er, während er sich hinkniet, um einen dunklen Haufen zu beleuchten.

»Doch«, entgegnet Azmera, »ich will es wissen.«

»Reitermilizen. Berittene Teufel. Das sind keine Menschen. Früher traf man sie nur in der Gegend von Darfur. Jetzt sind sie überall.«

Azmera schluckt. Ihre Kehle ist ganz trocken geworden.

Tayeb nimmt etwas von dem dunklen Zeug in die Hand, schnuppert daran, zerkrümelt es und schnuppert noch einmal. Dann richtet er den Blick nach Osten, wo die aufgehende Sonne den Himmel silbern färbt.

Er öffnet die Hände und brauner Staub rieselt durch seine Finger. Mit nachdenklicher Miene klopft sich Tayeb die Hände an seinem Kaftan ab.

»Was war das?«, fragt Azmera.

»Kamelscheiße«, sagt Tayeb. »Aber alt, mindestens eine Woche. Hier sind sie nicht mehr.«

Tayeb macht so große Schritte auf dem Weg zurück zum Jeep, dass Azmera ihm kaum folgen kann. Die beiden jungen Männer stehen vor dem Wagen und rauchen. Als sie Azmera und Tayeb so eng nebeneinander gehen sehen, werden ihre Gesichter ganz ausdruckslos. Instinktiv entfernt sich Azmera einen Schritt von Tayeb.

»Dieser Ort scheint sicher zu sein. Zumindest im Moment«, wendet sich Tayeb an die kleine Gruppe. »Hier können wir kurz Rast machen und etwas essen. Sagt den Frauen Bescheid. Ich schau mich weiter um.«

Die jungen Männer rufen ihrer Mutter zu, dass sie etwas zu essen austeilen soll. Azmera klettert in den Jeep und holt die Datteln und das Fladenbrot aus ihrem Beutel. Verstohlen schaut sie zu der Frau, die ein Tuch voller Köstlichkeiten aufknotet: Tomaten, Eier, ein Stück Ziegenkäse. Ihr läuft das Wasser im Mund zusammen. Schnell wendet sie den Blick ab.

»Hast du nichts zu essen?«, fragt die Alte.

»Ich habe ein paar Datteln«, meint Azmera ausweichend.

»Komm. Iss mit uns, wir haben genug«, sagt der alte Mann großmütig. »Du brauchst Kraft für deine lange Reise. Unsere ist ja bald zu Ende.«

Dankbar nimmt sich Azmera eine Tomate und ein Stück Käse. Sie muss sich beherrschen, um nicht alles ganz schnell hinunterzuschlingen.

Die alte Frau selbst isst nichts und hebt nur abwehrend die Hände, als ihre Schwiegertochter sie darauf anspricht: »Oh nein, nein, ich kann nicht essen.«

»Ich mache mir Sorgen um dich«, sagt die Frau ernst. Als sie Azmeras Blick bemerkt, flüstert sie ihr zu: »Sie wirkt auf einmal so schwach, so müde. Sie sagt, ihre Beine schmerzen so sehr, dass sie sie am liebsten abhacken möchte.«

»Ich kann sie verstehen«, sagt Azmera, die sich plötzlich an die Worte der alten Frau erinnert. »Ich wollte auch nicht weg.«

»Manchmal geht es aber nicht anders«, erwidert die junge Frau aufblickend. »Und Schwiegermütter haben auch nicht immer recht.«

Azmera möchte sich bei der netten Familie bedanken. Sie hat nichts, was sie ihnen anbieten könnte, doch dann erinnert sie sich an Fatimas Aloe-Lotion. Sie gibt ein paar Tropfen davon auf ihre Handflächen und beginnt, die Beine der alten Frau zu massieren. Ihre Mutter hatte früher oft ganz dicke Beine vom vielen Stehen auf dem Markt. Sie hat Azmera gezeigt, wie man mit sanften, aber gleichmäßigen Strichen von oben nach unten über die Waden fährt und dann wieder von unten nach oben. Die alte Frau schließt die Augen und lässt es geschehen. Als die Massage beendet ist, streichelt sie dankbar Azmeras Hände. Dann hebt sie den Kopf und sagt zornig zu ihrer Schwiegertochter: »Warum habe ich keine solche Enkelin? Was ist mit deinem Schoß, dass er so unfruchtbar ist?«

Azmera zieht peinlich berührt den Kopf ein.

Als die Schwiegertochter nicht antwortet, fügt die Alte grimmig hinzu: »Aber du kannst ja gar nichts. Kannst mir nicht einmal die Beine massieren wie das Mädchen hier.« Azmera richtet ihren Blick starr auf den Boden und möchte vor Scham unsichtbar werden.

Stundenlang rumpelt der Wagen über Sand und Steine durchs Niemandsland. Sie folgen einer Spur, die andere

Jeeps vor ihnen durch das unwegsame Gelände gezogen haben. Es ist drückend heiß, Sand drängt sich durch alle Ritzen und verklebt ihnen die Augen. Benommen versuchen Azmera und die anderen, ein wenig zu dösen, um nicht an ihre Rückenschmerzen und die steifen Knie zu denken. Doch als der rechte Vorderreifen platzt, sind alle mit einem Schlag hellwach.

Vorne schlägt Tayeb wütend auf das Lenkrad ein. Irgendwann fliegt die Tür auf und Tayeb brüllt: »Der Reifen ist kaputt. Los, aussteigen!« Mit diesen Worten scheucht er sie fluchend von ihren Sitzen. Die alte Frau hat Azmeras Hand ergriffen und lässt nur zögernd los.

Sie alle müssen helfen, den Jeep an eine ebene Stelle zu manövrieren. Auch Azmera muss schieben, nur die alte Frau rastet auf einem Stein. Alle anderen werfen sich mit ihrem ganzen Körpergewicht gegen den Jeep. Die Sonne brennt erbarmungslos auf sie herab und es dauert nicht lang, bis ihnen der Schweiß in Bächen über den Körper fließt.

Als der Wagen endlich in der richtigen Position steht, sind die Schrauben so verrostet, dass Tayeb und die anderen Männer sie mit einem Hammer lockern müssen. Schwitzend und fluchend gelingt es ihnen nur mit größter Mühe, eine Schraube nach der anderen zu lösen.

Als Tayeb die letzte Schraube in der Hand hält, wirkt er gelöst und beinahe übermütig. Grinsend gießt er sich einen Strahl Wasser aus seiner Plastikflasche über das Gesicht. »Gut«, sagt er, »sehr gut. Das haben wir gleich geschafft.«

Azmera, die sich auf die Schattenseite des Jeeps gesetzt hat, betrachtet gedankenverloren den Hügelkamm, vor dem sie zum Stehen gekommen sind. Plötzlich nimmt sie eine Bewegung wahr. Ein, zwei, drei dunkle Flecken, die in der flirrenden Hitze wie Geister aussehen. *Eine Fata Morgana*, denkt Azmera, aber sie steht trotzdem auf und schirmt ihre Augen gegen die Sonne ab. Sie erkennt Männer, die auf Kamelen auf sie zukommen. Sie haben eine Hand in den Himmel gestreckt und schwenken etwas, das sie nicht ausmachen kann.

Azmeras Magen krampft sich vor Schock zusammen. Sie läuft zu Tayeb und ruft: »Tayeb! Sie sind da!«

Tayeb versteht sofort. Er erstarrt und lässt die Schraube, die er zwischen den Zähnen hielt, in den Sand fallen. Nun schauen auch die anderen in die Richtung, in die Azmera deutet, und erstarren ebenfalls.

Die Reiter sind inzwischen im vollen Galopp so nahe gekommen, dass Azmera erkennen kann, dass sie Gewehre schwenken. Plötzlich ist ein Dröhnen tief im Boden zu vernehmen, als würde sich das Geräusch der galoppierenden Hufe wie eine Welle unter der Erde ausbreiten.

Tayeb schreit: »Schnell, schnell, wir müssen hier weg! Wo ist die Schraube?« Er geht in die Knie und sucht mit hektischen Bewegungen.

Die Männer verstauen den kaputten Reifen im Wagen, während Azmera und die jüngere Frau der Alten helfen, in den Jeep zu steigen. Ein Auge ist immer bei den Reitern, die von Sekunde zu Sekunde näher kommen.

Wir werden es schaffen, betet Azmera, *bitte, lieber Gott, lass es uns schaffen.*

»Fertig!«, ruft Tayeb in diesem Augenblick. Die Männer lassen sich mit einem Hechtsprung in den Wagen fallen, als Tayeb den Motor schon angeworfen hat. Sie fahren, auch wenn die hintere Tür noch offen steht und hin und her schlägt.

Wir schaffen es, denkt Azmera.

Durch die offene Tür kann sie den ersten Reiter nun deutlich sehen. Die anderen folgen in kurzem Abstand. Es sind mehr als drei, mehr als sechs, vielleicht sogar neun oder zehn. Sie tragen Kaftane aus einem hellbraunen Stoff, fast wie Tayeb, und Turbane, ihre Füße stecken in Stiefeln.

»Wer ist das?«, flüstert der alte Mann tonlos mit weit aufgerissenen Augen. Als Azmera ihm sagt, was sie von Tayeb erfahren hat, springen ihm fast die Augen aus den Höhlen. »Willst du damit sagen, dass das Dschandschawid sind?«, fragt er. Seine Stimme ist nur noch ein Zittern. »Wir sind verloren!«

In der Steinwüste hat ein Jeep keine Chance gegen ein galoppierendes Kamel. Die Reiter kommen immer näher.

»Das sind AK 47«, sagt der alte Mann, als man den Schaft ihrer Gewehre erkennen kann. »Ich kenne die Gewehre aus dem Krieg. Die zielen genau.«

Azmera fragt nicht, welchen Krieg er meint. Es gab zu viele davon.

Tayeb fährt wie von Sinnen. Der Jeep fliegt über Schlaglöcher und Steinbrocken und schwankt gefährlich hin und her, aber es hilft nicht. Sie schaffen es nicht. Plötzlich ist einer der Reiter auf seinem Kamel so nah, dass er mit der Hand nach der offenen Tür greifen könnte. Er wirkt schmächtig, fast zart. Die untere Gesichtshälfte wird von einem Tuch verdeckt, aber Azmera kann erkennen, dass er noch jung ist. Er brüllt etwas, das sie nicht verstehen. Dann überholt der Reiter den Jeep. Mit einem harten Ruck kommt der Wagen zum Stehen.

Und da kommen schon die anderen. Azmera kann den schäumenden Schweiß zwischen den Flanken der Kamele sehen. Die Bäuche der Tiere pumpen vor Anstrengung, aber trotz der Erschöpfung lassen sie nicht die Köpfe hängen, sondern warten auf weitere Befehle wie gedrillte Soldaten.

Der erste Reiter ist von seinem Kamel abgestiegen. Er steht in der offenen Tür. Auch er atmet schwer. Er hat die hellen Augen eines Tuareg. Sein Blick heftet sich an Azmera. Sie sieht, wie seine Augen aufleuchten, und senkt schnell den Kopf. Unwillkürlich berührt ihre rechte Hand ihr Haar. Sie hat vergessen, den Hidschab anzulegen, wie Tayeb es ihr geraten hat. Ihre Hand beginnt zu zittern.

Der Reiter zeigt mit dem Finger auf Azmera. Er ruft Tayeb etwas zu, der sogleich zu ihm kommt und vehement den Kopf schüttelt. Er sagt etwas in einer Sprache, die Azmera noch nie gehört hat. Als der Reiter antwortet, versteht sie dennoch sofort, worum es geht: Der Mann will, dass sie aussteigt. Er will sie.

Tayeb kämpft mit dem Reiter, schreit ihn an, versucht, ihm das Gewehr aus der Hand zu schlagen, aber der schmächtige Junge entwickelt unfassbare Kräfte. Er stößt Tayeb den Gewehrkolben in den Bauch, sodass der sich winselnd vor Schmerz um die eigene Achse dreht und plötzlich wegtaucht.

Der Reiter schultert das Gewehr wieder, ohne einen Blick an Tayeb zu verschwenden, der mit schmerzverzerrtem Gesicht zu Boden geht. Dann ruft er Azmera etwas zu, stellt sich breitbeinig hin. »Komm her!«, ruft er auf Englisch. »Ja, du, los komm!«

Azmera, halb ohnmächtig vor Panik, schüttelt nur immer wieder den Kopf und flüstert: »Nein, bitte nicht, bitte, bitte nicht ...«

Der Reiter legt sein Gewehr auf Azmera an, erst auf ihren Kopf, dann auf ihre Brust. Sie hört, wie der alte Mann hinter ihr ein tiefes Brummen ausstößt wie ein verwundetes Tier. Die Schwiegertochter schlägt sich die Hände vors Gesicht.

Azmera hat ihren Hidschab inzwischen gefunden und zieht sich den Schleier über die Haare und die Stirn, sodass nur noch ihre Augen frei sind. Zögernd steht sie auf.

»Willst du Ärger?«, ruft der Reiter.

Azmeras Knie sind so weich geworden, dass sie sich kaum auf den Beinen halten kann. *Bitte, ich will nicht sterben,* denkt sie, *nicht heute. Nicht hier.* Nicht bevor sie ihren Vater wiedergesehen hat. Ganz fest denkt sie an ihn, an ihre Mutter und an Hawi. Sie stützt sich schwer atmend an der heißen Blechwand des Wagens ab und wünscht sich bei jedem Schritt, ohnmächtig zu werden.

Plötzlich beginnt die alte Frau zu schreien: »Nein! Nein!« Sie zieht Azmera zurück und kriecht auf allen vieren auf die Jeeptür zu. Sie spuckt den Reiter an und ruft: »Hier, nimm mich, du Bastard!« Dann lässt sie sich einfach aus dem Wagen fallen.

Verblüfft springt der Reiter zurück.

»Nimm mich!«, brüllt die Alte. »Lass das Mädchen in Ruhe.« Sie spricht tigrinisch, der Reiter versteht ihre Worte nicht, aber er erkennt, was sie meint, als sie auf ihn zustolpert.

Fassungslos und zornig kommt der Reiter mit großen Schritten auf sie zu und tritt ihr mit seinen schweren Stiefeln in den Bauch. Die alte Frau krümmt sich zusammen und sinkt zu Boden.

Die Schwiegertochter schreit auf. Sie will sich auch aus dem Jeep stürzen, aber plötzlich ist ein anderer Reiter da, ein älterer mit einem besseren Kaftan und einer verspiegelten Sonnenbrille. Er sieht noch gefährlicher aus, er brüllt wie ein wütendes Tier, während er sein Kamel direkt neben der alten Frau zum Stehen bringt. Im gleichen Augenblick zieht er eine Lederpeitsche aus der Satteltasche. Als Azmera die Augen schließt, weil sie nicht mit ansehen will, wie die Peitsche auf die alte Frau herniedergeht, ertönt ein Schrei. Die Peitsche hat den jungen Reiter im Gesicht getroffen.

Niemand sagt ein Wort. Alle beobachten angespannt, was als Nächstes passiert.

Der ältere Reiter steckt seine Peitsche zurück und steigt vom Kamel. Er streicht dem Tier beruhigend über den Hals und wischt sich die Hände an seinem Kaftan ab. Dann beugt er sich über die alte Frau.

Azmera hält den Atem an.

»Bitte, lieber Gott«, fleht der Ehemann der alten Frau. »Lass sie nicht leiden.«

Der Mann mit der Sonnenbrille, der wie der Anführer der Gruppe wirkt, streckt die Arme nach der alten Frau aus und hilft ihr behutsam auf die Beine. Er ruft den anderen etwas zu, die augenblicklich absteigen und ihm zu Hilfe kommen.

Gemeinsam tragen sie die leblose Frau zum Wagen und legen sie auf den Blechboden des Jeeps.

»Gebt ihr Wasser«, sagt der Anführer. »Sie muss trinken.«

»Ja«, murmelt einer ihrer Söhne, »ja, das machen wir.«

»Ich muss mich entschuldigen«, sagt der Reiter, »mein Bruder ist noch jung. Und unbesonnen.«

Die beiden Söhne nicken eifrig, als würde die Tatsache, dass dieser Mann jung ist, seine Brutalität entschuldigen.

»Alte Frauen sind wie unsere Mütter und unsere Mütter sind uns heilig«, sagt der Anführer.

Azmera starrt ihn fassungslos an. Er beachtet sie nicht, sondern wendet sich an Tayeb. Ein Wortwechsel in jener fremden Sprache dringt an Azmeras Ohr, während sie die Wasserflasche aus ihrem Beutel holt. Sie beugt sich über die alte Frau und träufelt ihr vorsichtig ein paar Tropfen auf die Lippen. Ihr Mann rollt seine Jacke zusammen und schiebt sie unter ihren Kopf. Die Schwiegertochter streckt anklagend die Hände gegen das Wagendach, Tränen laufen ihr über das Gesicht. Sie meidet Azmeras Blick. Alle in der Familie weichen ihr aus.

Die Reiter haben ihre Kamele mit Stricken zusammengebunden und warten in der gleißenden Sonne, was als Nächstes geschieht.

Irgendwann erscheint Tayebs Gesicht in der Türöffnung. Es sieht aus, als wäre seine linke Gesichtshälfte angeschwollen und leicht bläulich verfärbt. Er blickt unsicher auf die alte Frau. »Was ist mit ihr?«

Der Ehemann schaut auf. »Sie lebt.«

Tayeb wirkt erleichtert. »Es ist alles gut«, sagt er. »Diese Männer verlangen nur unser Wasser. Und unsere Lebensmittel. Dafür bringen sie uns auf einer sichereren Route über die Grenze nach el-Auenat.«

Azmera hat noch nie von diesem Ort gehört. Sie hat keine Ahnung, wo das ist oder ob es eine Stadt ist, eine Region oder gar ein Land.

»Warum tun sie das?«, fragt der alte Mann.

»Ich glaube«, antwortet Tayeb, »der Anführer will sich für das, was passiert ist, entschuldigen. Er möchte, dass sich die Nachricht von seinem Großmut bis nach Libyen und Ägypten verbreitet. Er sucht Verbündete, aber die Dschandschawid haben einen schlechten Ruf.«

Niemand kommentiert das.

»Wir werden etwas länger brauchen«, fährt Tayeb fort, »aber die Route ist sicher. Diese Männer kennen die Wüste wie ihr Haus. Versteht ihr? Wir sind ein wenig von der richtigen Strecke abgekommen. Also ist es auch ein Glück, dass wir ihnen begegnet sind und nicht der Grenzmiliz.«

Azmera beobachtet, wie die Hände der alten Frau zucken, aber sie richtet sich nicht auf, sie stöhnt nicht, kein Laut dringt aus ihrem Mund. Ob sie versteht, was Tayeb sagt?

Die Fahrt geht weiter, bis die Sonne als roter Ball hinter den Bergen verschwindet. Azmeras Kehle ist ausgetrocknet, die heißen Lippen aufgesprungen, der Kopf will bersten, ihr Körper ist zerschunden.

Tayeb fährt langsam, er folgt den Kamelspuren, bis es dämmert. Als die Nacht hereinbricht, halten sie. Tayeb verhandelt mit den Männern. Als er aussteigt und die Tür öffnet, schlägt Azmeras Herz wie wild.

»Sie haben es sich anders überlegt«, sagt Tayeb, »sie wollen jetzt doch Geld.«

»Ich dachte, sie wollen, dass man gut über sie spricht?«,

fragt der alte Mann bitter. Er hat die ganze Zeit über schweigend neben seiner Frau gekauert, die auf der Seite liegt, den Kopf auf ihren Händen.

»Sie haben es sich anders überlegt«, wiederholt Tayeb.

»Wie viel wollen sie?«, fragt der alte Mann.

»Zwanzig Dollar von jedem.«

Die Familie tauscht angstvolle Blicke. Azmeras Herz klopft ihr bis zum Hals. Die Männer mit ihren furchtbaren AK-47-Gewehren sind immer noch da. Sie können es sich immer noch überlegen. Sie können sie immer noch mitnehmen …

Sie greift vorsichtig unter ihre Tunika und zieht ein paar Scheine aus der Geldtasche. Sie kann nicht ertasten, welche Scheine das sind.

»Ich kann nichts sehen«, murmelt Azmera.

Tayeb knipst die Taschenlampe an und richtet den Lichtstrahl auf ihre Hände. Azmera hat zwei Fünfzig-Dollar-Scheine und zwei Zehn-Dollar-Scheine in der Hand. Erschrocken lässt sie die beiden Fünfziger in ihrem Ärmel verschwinden und rollt die beiden Zehner zusammen, um sie Tayeb zu geben. Die Familie diskutiert leise miteinander. Die Schwiegertochter weint. Schließlich sagt der alte Mann: »Wir haben nicht mehr so viel Geld.«

Tayeb flucht. »Das ist gar nicht gut, Mann.«

»Ich weiß«, erwidert der alte Mann müde, »aber ich kann es nicht ändern. Wir mussten schon die anderen Milizen bezahlen und wir sind fünf Personen. Das ist zu viel Geld.«

Die alte Frau wälzt sich stöhnend auf die andere Seite, der alte Mann beugt sich zu ihr und lauscht, ob sie etwas sagen will. Aber sie schweigt.

»Frag die Hurensöhne«, knurrt einer der beiden jüngeren Männer, »ob sie mit fünfzig zufrieden sind.«
»Fünfzig für alle?«, fragt Tayeb ungläubig. »Soll das ein Witz sein? Wir sind hier nicht auf dem Bazar.«
»Frag sie!«, herrscht der alte Mann Tayeb plötzlich an. »Sag ihnen, meine Frau stirbt, wenn wir länger in diesem Auto bleiben.«
Tayebs Kopf verschwindet aus der Tür. Sie hören das Knarzen seiner Stiefel im Sand. Undeutliches Gemurmel. Dann kommt Tayeb mit dem Anführer zurück.
Der Anführer macht ein ernstes Gesicht. Er schaut alle an außer Azmera. »Wir haben euch den richtigen Weg gezeigt«, sagt er zornig, »wir sind sehr weit weg von unserem Camp. Wir müssen den ganzen Weg zurückreiten. Meine Leute sind hungrig. Sie haben Familie. Die Kamele brauchen Futter.« Er streift dabei wie zur Warnung über den Schaft des Gewehrs, das er über der Schulter trägt. Erst jetzt sieht Azmera den Säbel an seinem Gürtel hängen. Er steckt in einer Scheide aus besticktem Leder.
Der alte Mann hebt den Kopf. »Ihr habt unser Wasser und unser Essen bekommen,« sagt er tapfer. »Wir sind auch hungrig und durstig. Wir haben nichts mehr. Ihr habt uns alles genommen.«
»Lass dir was einfallen. Hat deine Frau keinen Schmuck?«
»Nein.«
»Wir können nicht ohne Geld ins Camp zurückkommen«, beharrt der Anführer.
»Sind fünfzig Dollar etwa kein Geld?«, schreit die Schwiegertochter plötzlich wütend und fuchtelt wild mit fünf Zehn-Dollar-Noten vor ihm herum. »Was seid ihr für Menschen?«

In Azmeras Kopf ist ein Geräusch, als würde Geschirr auf einem Steinboden zerschlagen. Sie presst die Hände gegen die Ohren, aber es hilft nicht.

Der Anführer spuckt auf den Boden. »Nein«, entgegnet er zornig, »das ist nicht genug.«

Er wendet sich um und ruft seinen Leuten etwas in der fremden Sprache zu. Sie antworten mit lautem Brüllen.

Azmera wird panisch. Mit zitternden Fingern zieht sie einen der Fünfzig-Dollar-Scheine aus ihrem Ärmel und reicht ihn dem Anführer, ohne ihn dabei anzusehen. »Ich bezahle für sie«, sagt sie hastig, »hier sind die anderen fünfzig.«

Der Mann sagt kein Wort und würdigt Azmera keines Blickes. Er steckt nur das Geld ein und wendet sich zum Gehen.

»Ich möchte, dass das hier endlich vorbei ist«, flüstert Azmera. »Ich danke eurer Mutter für das, was sie für mich getan hat. Bitte nehmt das Geld als Dank für ihren Mut.«

Niemand sagt etwas. Das Schweigen im Jeep ist greifbar geworden.

Tayeb kommt zurück und ruft: »Es ist okay, sie reiten jetzt weg. Bald erreichen wir die Asphaltstraße nach el-Auenat. Sie sagen, es wird keine Probleme geben. Nachts wird dieser Teil der Route nicht kontrolliert. Nachts wagen sich keine Autos auf die Strecke. In einer Stunde können wir da sein.« Dann wendet er sich an den alten Mann. »Dann bringe ich euch direkt zu dem Haus, das ihr mir genannt habt.«

»Gut«, sagt der Mann. »Mein Sohn wird unsere Weiterfahrt nach Tunesien organisieren.«

Azmera will fragen: *Und ich?* Aber Tayeb hat die Tür

schon wieder zugeschlagen. Er startet den Motor und wenige Minuten später rollen sie tatsächlich über Asphalt. Es ist, als würde man schweben.

Mitten in der Nacht erreichen sie el-Auenat. Eine lehmfarbene Stadt mit lehmfarbenen Häusern und lehmfarbenem Staub. Hin und wieder irgendwo ein Licht. Ein vor Jahren schon verrotteter Bus, eine Mauer, hinter der Militärfahrzeuge parken, akkurat in Reih und Glied. Eine geschlossene Tankstelle. Ein leerer Platz. Eine schlichte Moschee, ein Minarett. Menschen am Straßenrand, die unter Wolldecken schlafen oder ihre Jacken als Schutz gegen die Kälte nutzen. Das Klima hier ist unerbittlich: mittags über vierzig Grad, nachts nur wenige Grade über dem Gefrierpunkt.

Als Tayeb anhält, schreckt der alte Mann hoch: »Sind wir endlich da?«

»Ja, ich glaube schon«, murmelt die Schwiegertochter, die immer wieder mit dem Ärmel über das schmutzige Fenster wischt, um besser sehen zu können.

Azmera ist nervös, doch schließlich fasst sie sich ein Herz und fragt: »Sind wir in Ägypten?«

»Was wollen wir in Ägypten«, erwidert die Schwiegertochter patzig, »wir sind in Libyen.«

In Libyen!, denkt Azmera entsetzt. Ihr Puls rast. »Aber ... ich habe ...« Niemand beachtet sie. »Ich bin davon ausgegangen, dass wir nach Wadi Halfa fahren, nach Ägypten!«

Der alte Mann hustet, die Frau fährt sich mit den Händen über das Gesicht. Die Männer zupfen ihre Bärte.

»Weißt du«, wendet sich die Schwiegertochter mit auf-

93

geregter Stimme an Azmera, »wir sind fünf Personen und du nur eine. Wie kommst du auf die Idee, dass fünf Personen in die Richtung fahren, in die nur eine Person will? Wir haben nie gesagt, dass wir nach Ägypten wollen. Oder haben wir das gesagt?«

»Leila«, murmelt der alte Mann beschwörend, »lass sie.«

»Aber sie ärgert mich!«, ruft die Schwiegertochter. »Sie ärgert mich die ganze Zeit!«

Azmera zieht ihren Kopf tiefer zwischen die Schultern, schließt die Augen und schweigt. Sie kann aber nicht verhindern, dass ihr Herz schneller schlägt und dass sich in ihrem Kopf Sätze bilden wie: *Aber mein Geld habt ihr gerne genommen. Habt ihr eine Ahnung, was ich mit fünfzig Dollar alles machen könnte? Wisst ihr, wie sehr mir diese fünfzig Dollar irgendwann fehlen werden?* Doch sie spricht nichts davon aus. Sie hat die Zähne so fest aufeinandergepresst, dass sie sich nicht mehr öffnen wollen. Ihre Kieferknochen schmerzen, als wären sie zusammengeschraubt.

Auf einmal wird ihr klar, wie alleine sie ist. Wie verloren. Niemand kennt sie, niemand interessiert sich für sie. Sie könnte hier sterben, man würde sie wie Müll aus dem Auto werfen, niemand würde eine Träne um sie weinen. Sie ist nur ein winziger Punkt auf der Landkarte, kleiner als ein Sandkorn in der Wüste, ein Nichts. Die Sterne am Himmel interessieren sich nicht für sie, und wo Gott jetzt ist, weiß sie nicht. Wut steigt in ihr auf. Wut auf diese Familie, die zusammen reist, obwohl sie sich alle hassen, Wut auf Tayeb, der sie hierhergebracht hat, Wut auf ihre Mutter, die zugelassen hat, dass sie ihr Zuhause verlässt, und sogar Wut auf Pater Umberto. Mit leeren Augen schaut sie zu, wie Tayeb und die beiden Söhne die alte Frau aus dem Jeep tragen, bevor der alte Mann und die Schwiegertochter aussteigen.

Draußen fliegt die Tür eines Hauses auf. Eine Frau in einem bunten wehenden Rock läuft auf die Straße. Mit ausgestreckten Armen nimmt sie die alte Frau in Empfang, reicht sie weiter und begrüßt die anderen. Alle lachen, gestikulieren. Jemand reicht ein Tablett herum, auf dem kleine Kaffeegläser stehen. Niemand beachtet Azmera. Schließlich setzt sie sich zurück auf die Sitzbank im Jeep und wartet.

Es dauert lange, bis Tayeb wieder seinen Kopf in die Tür steckt. »Ich musste mit den Leuten noch einen Kaffee trinken«, sagt er.

»Das habe ich gesehen«, erwidert Azmera. »Und man riecht es.«

Tayeb fragt nicht, ob sie auch durstig ist. Dabei ist ihr schwindlig vor Erschöpfung und Entkräftung.

»Willst du vorne neben mir sitzen?« Tayebs Frage klingt wie ein Friedensangebot, doch Azmera zögert.

Sie nimmt ihren ganzen Mut zusammen und sagt: »Ich bin nicht einverstanden mit dem, was hier passiert.«

Tayeb starrt sie fassungslos an. »Was sagst du?«

»Ich bin nicht einverstanden mit dem, was hier passiert«, wiederholt Azmera, allerdings einen Ton leiser.

»Ach ja?«, höhnt Tayeb. »Bist du nicht?« Er ballt die Hände zu Fäusten. »Weißt du denn überhaupt, wo wir sind?«

»Allerdings. In el-Auenat, aber das ist in Libyen und nicht in Ägypten. Das liegt nicht auf meiner Strecke.« Sie weiß selbst nicht, woher sie den Mut nimmt, so mit Tayeb zu sprechen.

»Genau«, faucht Tayeb. »Aber was du nicht weißt, ist, dass das hier das Paradies für Flüchtlinge ist. Ein Ort, wo die Regierung nichts zu sagen hat, wo jeder macht, was er will. Das weißt du nicht, oder? Ich will dir was sagen, Baby«, er sagt tatsächlich *Baby*. Er setzt sich auf das Trittbrett und beugt sich zu ihr vor. Sie kann seinen Kaffeeatem riechen, ganz nah. Und noch etwas anderes als Tabak. »Ich wollte von Anfang an nicht, dass du in mein Auto steigst. Ich habe keine Erfahrung damit, Kinder alleine durch die Welt zu kutschieren.«

»Ich bin kein Kind mehr.«

»Alle Weiber, die alleine auf diese Reise gehen, sind verrückt.« Tayebs Stimme überschlägt sich förmlich. »Sei froh, dass ich hier gut vernetzt bin. Niemand kennt die Stadt so gut wie Tayeb, verstehst du? Viele Leute hier arbeiten für mich. Hier bin ich jemand – einer, der gutes Geld für Arbeit bezahlt. Ich habe hier Leute, die Wohnungen an Flüchtlinge vermieten, und ich kenne Schleuser, die Flüchtlinge überall hinbringen. Sag mir, was du willst: Willst du über die Libyen-Route zum Mittelmeer?«

»Es heißt, das wäre zu gefährlich«, sagt Azmera kleinlaut. Ihre Rebellion sinkt in sich zusammen wie ein Ballon, in den jemand ein Loch gestochen hat. »Ich habe gehört, die Sinai-Route ist besser.«

»Ach ja?«, höhnt Tayeb. »Das hast du gehört? Und wer hat dir diese Weisheiten verkündet? Der Wahrsager aus einem Dorf?«

Pater Umberto, will Azmera sagen, aber irgendetwas hindert sie daran, seinen Namen zu nennen. Sie verschränkt die Arme vor der Brust, als wolle sie ihr wild pochendes Herz bremsen. »Also gut, bring mich, wohin du willst«, sagt sie schließlich.

»Siehst du, genau das werde ich tun. Aber erwarte keinen Luxus. Diese Zeiten sind vorbei, Prinzessin.« Tayeb schlägt die Tür zu.

4

Seit Tagen sitzt Azmera nun schon in einer Wohnung fest, in der es nichts gibt außer Plastikmatten auf dem Boden, Plastikflaschen, die überall herumliegen, einer zerschlissenen Gardine vor dem vergitterten Fenster und Müll, jede Menge Müll. Niemand fühlt sich hier für irgendetwas verantwortlich, denn keiner will hier bleiben.

Von dem Zimmer, das sie sich mit anderen Fremden teilt – täglich verschwinden welche, dafür kommen neue –, führt eine Tür in den Hof mit der Toilette und der Dusche, die für circa dreißig Leute reichen müssen. Die Wassertonne befindet sich auf dem Dach. Morgens ist das Wasser kühl, nachmittags ganz heiß. Jeder darf die Dusche einmal am Tag zwei Minuten lang benutzen, sonst reicht das Wasser nicht für alle.

Sie beobachten sich misstrauisch und reden nur das Nötigste. Alle sind angespannt. Die Menschen hier kommen aus Uganda, dem Kongo, Niger … Azmera verständigt sich, so gut es geht, auf Englisch, Französisch und mit den Brocken Arabisch, die sie von Fatima gelernt hat, aber die meiste Zeit hält sie sich von den anderen fern. Sie mischt sich in keinen Streit ein, beantwortet nur die nötigsten Fragen.

Es deprimiert sie, zu erfahren, dass jeden Tag Lastwagen voller Flüchtlinge aus dem schwarzen Herzen Afrikas hier landen und sie alle darauf hoffen, illegal über die Grenzen bis nach Europa zu kommen. All diese Menschen, das hat sie schnell gemerkt, eint nur ihr Ziel: Sie wollen alle nach Europa.

Jeder hat gute Gründe für seine Flucht, jeder ist sicher, dass er in Europa Asyl bekommt. Azmera hat noch nie wirklich darüber nachgedacht, was das überhaupt bedeutet. Sie verlässt sich darauf, dass sich ihr Vater in Stockholm darum kümmern wird. Er hat schon Asyl. Er darf arbeiten und sich frei in dem Land bewegen. Er hat auch einen Pass bekommen, den er immer am Körper trägt. Nachts legt er ihn unter das Kopfkissen. *Dieser Pass ist das Wichtigste in meinem Leben,* hat er ihr am Telefon gesagt, *nur ihr seid wichtiger.*

Zur Wohnung gehört eine fensterlose Kammer, die man nur vom Innenhof betreten kann, das ist die Küche. Ein Spirituskocher und zwei Töpfe, ein paar Teller und Schüsseln, aber keine richtigen Messer – das muss für alle reichen.

Das Wasser zum Kochen muss man sich aus der Dusche holen.

Jeder sorgt hier für sich selbst. Einmal am Tag kommt ein Mann und stellt Wasserkanister für sie in den Flur. Wenn er kommt, wird er sofort umringt und mit Fragen überschüttet. *Wann kommt mein Schlepper? Wann geht der nächste Lastwagenkonvoi? Wann werden die Sperren aufgehoben? Wie ist die Situation an der Grenze? Wieso hören wir nichts?* Aber der Wasserbringer ist offenbar taub, denn er beantwortet keine einzige Frage. Dafür ist ein Mann zuständig, der sich selbst als Juan vorstellt, aber von allen John genannt wird. John hat eine helle olivfarbene Haut und grüne Augen. Er ist gekleidet wie ein Tuareg, aber die Leute sagen, er gehört nicht zu dem Berberstamm. Sie sagen, er sei der Sohn eines Marokkaners und einer Spanierin. Er kann sich in vielen Sprachen verständigen und er trägt keine Waffe.

John ist hier der Boss, derjenige, der Papiere und Schlepper besorgt, der die Routen der Lastwagenfahrer kennt und der die richtigen Leute besticht. Azmera versucht, besonders nett zu John zu sein. Höflich, freundlich, sich nie zu beklagen. Ohne John wird sie aus diesem Loch niemals herauskommen.

Als Azmera ihm vor ein paar Tagen erklärt hat, dass sie nach Ägypten möchte, um in Alexandria auf ein Boot nach Europa zu steigen, schüttelte er nur resigniert den Kopf und sagte: »Die Zeiten haben sich geändert. In Alexandria durchsucht die Polizei jeden Tag verdächtige Wohnungen, und wenn sie Leute ohne gültige Papiere findet, wandern die sofort ins Gefängnis. Sie kooperieren mit den Europäern. Wahrscheinlich bekommen sie Waffen dafür.«

»Sie kooperieren mit den Europäern?«

»Ja, Europa scheißt auf euch. Weißt du das nicht? Europa macht seine Grenzen dicht. Die lassen keine Flüchtlinge mehr durch. Wenn sie euch erwischen, schicken sie euch sofort wieder zurück. Das ist das Problem.«

»Kannst du mir trotzdem helfen?«

»Ich kann jedem helfen.«

»Was schlägst du denn vor?«

»Du musst die Route durch Libyen nehmen. Da herrscht Chaos, da kooperiert die Polizei nicht mit den Behörden und die Behörden nicht mit Europa. Die Leute, die da an der Küste wohnen, verdienen ihr Geld damit, Schiffe zu bauen, auf denen sie die Flüchtlinge über das Meer schicken.«

Nach einer Weile fragte er sie, wo ihre Familie sei, und sie musste zugeben, dass sie ganz alleine reist.

»Hat Tayeb dir das nicht gesagt?«, fragte sie ihn.

John schüttelte den Kopf. »Tayeb sagt nie die unbequemen Dinge. Er denkt, die finde ich schon alleine raus. Ich muss immer die Drecksarbeit erledigen.« Er musterte sie. »Du hast niemanden?«

Azmera schüttelte stumm den Kopf.

»Das ist gefährlich«, murmelte er besorgt. »Ein hübsches junges Ding wie du. Es gibt zu viele Männer hier ohne Frauen, ohne Familie …«

»Ich weiß, aber ich habe keine Angst«, log sie, »ich weiß, warum ich das alles mache. Ich halte viel aus.« Sie holte tief Luft und Stolz und Trotz mischten sich in ihre Stimme, als sie hinzufügte: »Mein Ziel ist es, in Europa zu studieren.«

Sie konnte Johns Blick nicht so recht deuten, den er ihr zuwarf, bevor er nickte und lässig meinte: »Okay. Sobald mir etwas eingefallen ist, sage ich dir Bescheid. Warte einfach und mach keine Fehler.«

Dieses Gespräch liegt schon Tage zurück. Seither wartet sie. Ihre Sachen wäscht sie im Innenhof, wenn kein anderer da ist. Sie duscht schon in der Morgendämmerung, auch wenn das Wasser dann am kältesten ist. Aber es sieht ihr wenigstens niemand dabei zu. In dieser Nacht hat ihre Periode eingesetzt. Sie hat sich Papier in den Schlüpfer gestopft, um Binden zu sparen. Das blutige Papier kann sie heimlich wegwerfen, die Binden muss sie vor aller Augen waschen. *Wenn Mama mich so sähe*, denkt sie und das Heimweh wird unerträglich.

Alle Leute in el-Auenat warten auf irgendetwas. Niemand hat etwas Sinnvolles zu tun. Die Kreuzungen und die Schattenplätze sind schon frühmorgens besetzt von Männern, die dahocken, rauchen, reden, auf den Boden spucken und nichts tun als gucken. Sie lagern am Straßenrand und sehen die überladenen Lastwagen schon aus der Ferne, die sich der Stadt auf der schnurgeraden mit Sand bedeckten Asphaltstraße nähern. Jedes Auto kündigt sich mit einer Staubwolke an. Es hat hier seit zwei Jahren nicht geregnet. Wenn die Lastwagen näher kommen, erheben sich die Männer und laufen neben ihnen her, bis sie zum Stehen kommen. Dann bestürmen sie den Fahrer oder sie beginnen, Säcke, Kisten und Kanister vom Laster zu laden oder den Menschen herunterzuhelfen, die dicht gedrängt auf der Ladefläche hocken wie Staubgespenster.

Azmera zwingt sich, jeden Tag mindestens einmal die Wohnung zu verlassen, um nicht verrückt zu werden. Sie wandert herum und achtet darauf, dass ihre Wege nichts Zielloses haben, damit sie auf die Männer nicht wie Freiwild wirkt. Auf dem kleinen Markt kauft sie manchmal ein wenig für sich ein: eine Tomate, ein paar Bananen, Zwiebeln, Brot.

In el-Auenat gibt es auch ein paar Touristen. Abenteuerliche wettergegerbte junge Leute mit heller Haut, die sich wie Beduinen kleiden und bekifft durch die Straßen taumeln. Sie benehmen sich, als seien sie die neuen Eroberer, denen alles gefällt, sogar der Dreck auf den Straßen. Für die Touristen gibt es kleine Läden, in denen man Schmuck und Kleider kaufen kann. Jeden Tag sieht sie Frauen mit heller Haut und blauen Augen, die sich die Schleier dekorativ, aber unpraktisch um den Kopf legen oder eine Tunika über ihre Jeans ziehen und sich lachend fotografieren lassen. Dann beladen sie ihre Land Rover mit Wasser- und Benzinkanistern und prallvollen Lebensmitteltüten, verstauen ihre Fotoausrüstung und winken in die Menge, als wüssten sie, welches Schauspiel sie gerade geben. Am Ende brausen sie davon und blicken nicht mehr zurück.

Azmera bleibt nie lange in der Nähe der Touristen, um nicht aufzufallen. Meist geht sie schnell mit gesenktem Kopf weiter.

Heute zieht es sie zur Post, einem kleinen überhitzten Raum mit einem Ventilator an der Decke und einem grimmigen Mann mit Bart, der die Wünsche der Kunden ungnädig entgegennimmt.

Sie meldet ein Telefongespräch nach Hause an, die Verbindung kommt auch tatsächlich zustande, aber bei ihr zu Hause nimmt niemand ab. Unschlüssig vertreibt sie sich die Zeit im Schatten des Vordachs und kann sich nicht entscheiden, ob sie es noch mal versuchen soll. Vielleicht ist ihre Mutter einkaufen oder sie besucht Tante Ifeoma. Sie könnte auch in der Kirche sein und mit Pater Umberto sprechen. Immer wenn sie an Pater Umberto denkt, zieht sich ihr Bauch zusammen.

Azmera muss unbedingt hören, wie ihre Mutter ihren Namen sagt. Sie muss die Stimme ihrer Mutter hören, damit sie nicht verrückt wird. Sie erhebt sich träge und schiebt sich wieder durch die Tür des Postamts.

Dieses Mal hat sie Glück.

»Hallo Mama, ich bin's, Azmera.«

»Mein Kind! Mein Liebling!« Ihre Mutter schluchzt und ruft: »Gott hat meine Gebete erhört! Wo bist du?«

»In el-Auenat.«

Schweigen.

Azmera streicht sich eine Fliege von der Stirn. Frauen in bunten Kleidern kommen mit einer Kinderschar herein und belagern den Postbeamten. Aber er schaut weiter misstrauisch zu ihr hin. Ganz sicher belauscht er ihr Gespräch. Azmera will keine Fehler machen. Sie redet so wenig wie möglich.

»Mama?«

»In el-Auenat? Aber ... Wo soll das denn überhaupt sein?«

»In Libyen. Ich ...«

»In Libyen? Aber Azmera, Kind, wie kommst du denn nach Libyen?«

»Mama, das ist alles nicht so einfach. Das kann ich dir jetzt nicht sagen. Ich bin nicht allein.«

»Wieso? Wo bist du? Wer ist da noch?«

»Niemand, niemand, ich stehe in der Post.«

»Libyen liegt doch gar nicht auf deiner Route!«

»Mama! Ich wollte nur sagen: Es geht mir gut.«

»Hast du genug saubere Sachen?«

»Ja, Mama. Ich trage saubere Sachen und wasche regelmäßig.«

Wieder trifft sie ein misstrauischer Blick von dem Mann mit dem Bart.

»Erzähl von dir, Mama, und von Hawi. Wie geht es meinem Bruder?«

»Hawi war so traurig, weil du weggegangen bist, da haben ihm die Nachbarn Bobo geschenkt.«

»Oh.« Ein kleiner Stich durchfährt Azmera. Sie denkt daran, wie oft sie die Nachbarn angebettelt hat, ihr den

Kater zu schenken. Egal. Hauptsache, es geht Hawi gut.

»Hat Papa angerufen?«, schiebt sie schließlich hinterher.

Wieder entsteht eine Pause in der Leitung.

»Er hat lange nicht angerufen. Ich mache mir Sorgen um ihn.«

»Ich glaube, das musst du nicht, Mama. Er ist doch in Schweden!« So ganz will Azmera den eigenen Worten nicht glauben. Ihr Herz klopft schneller. Was soll sie tun, wenn ihrem Vater etwas zugestoßen ist?

»Wahrscheinlich hast du recht.« Pause. »Pater Umberto kommt oft vorbei und immer fragt er zuerst nach dir. Hast du ihm versprochen, ihm eine Postkarte zu schicken?«

Ein warmes Gefühl breitet sich in Azmeras Körper aus. *Ja, ich schicke dir eine Karte, Pater,* denkt sie, *ganz bestimmt! Es wird die schönste Postkarte sein, die es zu kaufen gibt.*

Die Frauen in den bunten Kleidern sind gegangen. Jetzt steht ein Kunde mit einem Formular vor dem bärtigen Beamten. Der kratzt sich am Hals und tut, als könne er das Papier nicht entziffern. Der Beamte lässt Azmera keine Sekunde aus den Augen.

»Geht es dir wirklich gut, meine Tochter? Bist du gesund?«

»Ja, Mama. Es geht mir gut.«

»Deine Stimme klingt so anders.«

»Auf der Reise wird man schnell älter, Mama.«

»Ich träume oft von dir, mein Mädchen.«

Der Postbeamte hebt warnend den Arm. Sie winkt zurück. »Ich muss Schluss machen, Mama. Ich hab dich …«

Doch da knackt es schon und die Leitung ist tot. Eine Weile starrt Azmera den Hörer an, dann legt sie wortlos die vereinbarten achtzig Piaster auf den Tresen und stürzt aus dem Raum.

In der Nacht zum neunten Tag rüttelt John Azmera wach. »Steh auf!«, flüstert er. »Ich muss mit dir reden!«

»Hör mir gut zu«, wispert er, nachdem sie über die Körper der Schlafenden in den Flur hinausgestiegen sind. »Dein Bruder ist hier.« Argwöhnisch behält John die Türen im Auge, aber alles ist ruhig.

Azmera schnappt nach Luft. »Hawi?«, keucht sie. »Wo? Wieso ist er hier?«

John presst einen Finger auf seine Lippen und gebietet ihr, leise zu sein. »Nicht Hawi, Petros, dein anderer Bruder. Du weißt schon. Der ältere. Er ist in der Stadt, bei mir. Petros ist gerade angekommen. Er hat auch deine Papiere mitgebracht, verstehst du?«, und dann sagt er noch einmal ganz langsam: »Dein Bruder hat die Papiere dabei, die du brauchst.«

Azmera schließt die Augen, weil sich plötzlich alles dreht.

»Ihr werdet zusammen durch Libyen reisen. Die Papiere sind gut. Er wird auf dich aufpassen. Ihr werdet immer zusammenbleiben, hörst du?«

Azmera nickt. Ihr Herz hüpft in ihrem Hals. Tausend Fragen schießen ihr durch den Kopf.

»Er kommt morgen früh mit mir hierher. Warte hier, bis Petros da ist, und verlasse das Haus nicht mehr. Und ganz wichtig: Du musst dich freuen, ihn wiederzusehen, sehr sogar. Am besten fällst du ihm vor lauter Freude um den Hals.«

Azmera nickt benommen.

»Petros wird sich ebenso freuen, dich wiederzusehen. Die Leute beobachten euch.«

Sie will endlich etwas erwidern, doch es gelingt ihr nicht.

»Morgen früh«, wispert John, »mach keinen Fehler.«

5

Helft ihnen«, ruft John, als er am nächsten Morgen zwei erbarmungswürdige Flüchtlinge aus dem Kongo durch die Haustür manövriert, »die haben Furchtbares hinter sich.«

Die Augen der beiden Männer mit der zerlumpten Kleidung liegen ganz tief in den Höhlen. Vor lauter Erschöpfung fallen sie einfach im Flur um.

Azmera beobachtet die Szene aufgeregt durch die offene Zimmertür. *Wo ist dieser Petros?* Mit einem mulmigen Gefühl im Magen wartet sie darauf, dass John ihr ein Zeichen gibt.

Ein paar der Männer aus dem Nebenraum kommen und helfen den Neuankömmlingen wortlos auf die Füße. Szenen wie diese spielen sich hier jeden Tag ab. Dann versperrt eine Familie aus Niger Azmera die Sicht, die aufgebracht auf John zustürmt. Ihr Schlepper hätte heute kommen sollen, aber er wurde von der Polizei aufgegriffen, weil er außerdem Drogen geschmuggelt habe soll. Die Familie muss weiter warten und die Frau bricht in wehleidiges Klagen aus. Die Männer beschimpfen John, doch er verzieht keine Miene.

Erst als sich der kleine Tumult auflöst, kann Azmera erkennen, dass hinter John noch jemand steht. Ihr Magen zieht sich zusammen. Das muss Petros sein. Die Sekunden dehnen sich aus. Azmera kommt es vor, als würde es eine Ewigkeit dauern, bis John sie endlich zu sich ruft. Er spricht laut, damit alle es hören können: »Azmera, dein Bruder ist hier!«

Sie erhebt sich zitternd, streift mit den Händen die Tunika glatt, die sie am Tag zuvor gewaschen und auf den glühenden Steinen im Innenhof zum Trocknen ausgelegt hat. Mit wackeligen Knien tritt sie in den Flur. Tausend Gedanken drehen sich in ihrem Kopf im Kreis. Azmera weiß nicht, was sie denken oder fühlen soll.

Petros ist ein langer, schlaksiger Kerl. Er ist älter als sie, aber nicht viel. Seine Augen sind von dunklem Samt und seine Zähne schimmern weiß, als er ihr zulächelt. Sein aufrichtiges, sanftes Lachen erinnert Azmera an Pater Umberto. Ihr Herz verwandelt sich in einen flatternden Schmetterling.

»Hallo Schwester, endlich sehen wir uns wieder«, sagt Petros in Azmeras Muttersprache und bei jedem Wort macht ihr Herz einen Satz.

Azmera versucht, etwas zu erwidern, doch sie ist so perplex, dass ihr kein Wort über die Lippen kommt. Sie räuspert sich und stottert: »Ich freue mich auch, Bruder.«

Er zieht sie an sich. Ihre Nase ist dicht an seinem Hemd, sie spürt seine Wärme und riecht seine Haut. Genau wie damals, als Pater Umberto sie zum Abschied umarmt hat. Ein warmes Gefühl von Geborgenheit durchströmt Azmera. Doch ist das richtig? Darf sie sich diesem Fremden so nah fühlen? Ein kalter Schauer läuft Azmeras Rücken herunter.

»Umarmt euch ruhig!«, sagt John fröhlich. »Ihr habt euch Monate nicht gesehen. Ich kann mir vorstellen, wie ihr euch fühlt.« Das sagt er wohl mehr zu den Mitbewohnern als zu ihnen beiden, damit sie nicht misstrauisch werden.

Langsam lösen sich Azmera und Petros wieder voneinander. Ihre Augen treffen sich. *Warmer schwarzer Samt.* Azmera errötet und senkt den Blick.

»Petros ist müde. Er hat viel erlebt«, sagt John, »aber das wird er dir später in Ruhe erzählen.«

In der schlaflosen Nacht hat sie sich überlegt, gleich auf ihren Bruder zuzulaufen, die Arme auszustrecken und Jubelschreie auszustoßen und immer wieder zu rufen: »Petros, mein Bruder!«

Erst jetzt erkennt Azmera, dass Petros nicht alleine gekommen ist. Auf seiner Schulter sitzt ein braunes Äffchen mit einem weißen Backenbart, das zu Azmeras Entsetzen die Zähne fletscht.

Wieso hatte John sie nicht vorgewarnt? Wusste er nicht, dass Petros mit so einem Tier kommt? Es hüpft aufgeregt auf und ab und schreit wie ein Baby. Azmera hat noch nie ein Äffchen aus der Nähe gesehen. Eigentlich ist ihr überhaupt noch nie ein lebendiger Affe begegnet. Die flinken Bewegungen des unberechenbaren Tiers machen ihr Angst.

Petros rettet die Situation, indem er das Äffchen am Brustfell krault und sagt: »Das ist Abu. Er bringt mir Glück.«

»Hallo Abu«, erwidert Azmera scheu.

Das Äffchen stellt sich auf die Hinterbeine und gackert wie ein Huhn. Sie weiß nicht, was sie tun soll.

Da packt Petros Abu mit sicherem Griff am Nackenfell und setzt ihn auf Johns Schulter. Der scheint das schon zu kennen und grinst das Äffchen an, das erneut die Zähne fletscht. Dann hockt sich Abu auf sein Hinterteil und beginnt, sich zu lausen.

Dies ist die beste Stunde des Tages – die Stunde nach der Zeit der großen Hitze. Die Sonne ist nur noch ein harmloser roter Ball am Horizont, sie tut nicht mehr weh. Die Luft bringt eine Ahnung von Frische und trocknet Azmeras Stirn.

Petros hat vorgeschlagen, in einem Restaurant zu essen. Es ist das erste Mal, dass Azmera neben einem fremden Mann durch eine Stadt geht. Sie trägt die neuen Flipflops, die sie im Souk von hundert Dinaren auf dreißig heruntergehandelt hat. Petros ist einen Kopf größer als sie und dabei ist sie doch schon groß. Jeden Tag muss sie ihre Pluderhose enger schnüren. Ihre nackten Füße sind von Staub bedeckt. Sie wünscht, sie hätte ihre Sachen noch, ihre Kleider, den grünen Rock ihrer Schuluniform, die weiße Bluse. Bestimmt würde Petros ihre langen Beine bewundern. Außerdem stammt er selbst aus Eritrea und würde sofort erkennen, was für ein gutes College sie besucht hat. Aber das war vor der Flucht ihres Vaters. Azmera seufzt leise und sieht, dass sich ein paar Fältchen auf Petros' Stirn kräuseln, doch er sagt nichts.

Plötzlich kann Azmera eine schmerzliche Erinnerung, die sie schon so lange verdrängt, nicht mehr unterdrücken: Wie die Direktorin ihrer Schule eines Tages überraschend auf einen Tee zu ihnen nach Hause kam. Wie ihre Mutter sie bediente. Wie sie ihren Ingwerkeks mit spitzen Fingern in den Tee tunkte und dabei von Azmeras guten Noten schwärmte, ihren Chancen auf eine bessere Zukunft. Sie sprach von einem Mädchencollege in der Hauptstadt und der Möglichkeit, später sogar einen Studienplatz zu bekommen. Vor Azmeras geistigem Auge entstanden damals sofort diese Bilder: wie sie als Studentin mit einem ganzen Stapel Bücher unter dem Arm in der schönen alten Stadt mit ihren palmengesäumten Alleen unterwegs war, den Kinos, den sauberen Plätzen, den Cafés. Sie war nie in der Hauptstadt gewesen.

Sie suchte gierig den Blick ihrer Mutter, doch die meinte nur: »Ich werde nie erlauben, dass man meine Tochter irgendwohin bringt.«

Am Abend hatten sie einen schlimmen Streit. Azmera konnte nicht verstehen, warum ihre Mutter ihr verbieten wollte, dieses wunderbare Leben zu führen, das die Direktorin ihr angeboten hatte. Doch ihre Mutter sah ihr tief in die Augen und sagte mit ruhiger Stimme: »In diesem Land gibt es keine Freiheit und keine Zukunft, mein Liebling. Die Direktorin lügt, wenn sie sagt, dass sie dir helfen will. Seit dein Vater geflohen ist, stehen wir unter Beobachtung und das ist auch für sie unbequem. Sie will dir nicht helfen, sie will dich loswerden.« Sorgenfalten bildeten sich auf ihrer Stirn. Sie atmete einmal tief durch, dann schob sie noch hinterher: »Es wäre gut, wenn du endlich lernen würdest, ehrliche Worte von Lügen zu unterscheiden.«

Wenige Tage später wurde Azmera mit einer lächerlichen Begründung aus dem Volleyballteam geworfen. Dann verwehrte man ihr den Zutritt zur Bibliothek, und als sie sich mittags in die Schlange der Schüler an der Essensausgabe einreihte, legte sich eine Hand auf ihre Schulter. Es war die Direktorin. »Ich teile dir mit«, sagte sie mit kalter Stimme, »dass man dich von der Liste gestrichen hat. Bring dir in Zukunft selbst etwas zu essen mit.«

Eine Woche später rief die Direktorin Azmera zu sich in ihr Büro. Sie bot ihr in dem kleinen kahlen Raum mit der Neonröhre an der Decke und dem Wischmopp in der Ecke noch nicht einmal einen Stuhl an. Azmera stand verloren vor dem Schreibtisch der Direktorin und fühlte sich unendlich klein, als diese sagte: »Es tut mir leid, Azmera, aber du kannst dieses College nicht länger besuchen.«
»Ich verstehe nicht«, flüsterte Azmera.
»Du musst unsere Schule verlassen.«
Azmera schüttelte heftig den Kopf. »Aber ich habe ein Stipendium!«
»Jetzt nicht mehr.«
Azmeras Kopf begann zu dröhnen und das Bild von der Direktorin an ihrem Schreibtisch verschwamm vor ihren Augen.
»Ich wünsche«, fuhr die Direktorin mit eisiger Stimme fort, »dass du gleich nach dieser Schulstunde deine Sachen zusammenpackst und das Schulgelände verlässt.«
Azmera starrte die Direktorin immer noch wortlos an. Es rauschte in ihren Ohren.
Die Direktorin begann, seelenruhig in einer Akte zu blättern. Sie blickte noch einmal kurz auf und sagte: »Du weißt jetzt Bescheid, du kannst gehen.«
Ein Schwindelgefühl überkam Azmera. Nur wenige Worte, doch sie brachten ihre ganze Welt zum Einstürzen. Taumelnd machte sie sich auf den Weg zur Tür.
»Ach ja«, rief ihr die Direktorin noch nach, »und rede mit niemandem darüber. Ich will hier keine Unruhe.«

Als Petros verkündet, dass sie in ein Restaurant gehen, von dem aus man die Berge sehen kann, und dass sogar manchmal Touristen dorthin kommen, fühlt sich Azmera, als würde sie aus einem Traum erwachen. Sie richtet sich ein wenig auf und versucht sich an einem Lächeln.

Petros erzählt ihr, dass er schon einmal mit John in dem Restaurant war, bei seinem ersten Aufenthalt in el-Auenat. »Am Anfang unserer Beziehung«, sagt er. Er betont das Wort *Beziehung* so merkwürdig, dass Azmera nicht weiß, was er von John hält. Sie glaubt nicht, dass er ihm vertraut.

Heimlich blickt sie Petros von der Seite an. Sie mustert seine langen schmalen Füße, die feingliedrigen Hände und wie immer bleibt ihr Blick an seinen warmen Samtaugen hängen. Sie will, dass Petros ihr vertraut. Sie will schön für ihn sein. Sie will, dass er sie mag – aber nicht nur wie eine Schwester … In diesem Moment beschließt sie, dass sie Petros vertraut. So wie sie früher, in einem anderen Leben, Pater Umberto vertraut hat. Sie kennt diesen Jungen nicht, doch seine sanften schwarzen Augen machen ihr Mut.

Ein unbekanntes Glücksgefühl steigt in Azmera auf. Einfach nur, weil sie an Petros' Seite durch die Stadt geht. Am liebsten würde sie den Leuten von el-Auenat zurufen: »Seht nur her, ich bin nicht allein! Das ist Petros und er wird mich von nun an beschützen. Niemand kann mir etwas tun!«

Petros macht lange, weit ausholende Schritte. Azmera muss für jeden seiner Schritte zwei machen, aber sie bleibt im Takt. Das macht ihr irgendwie Spaß, es ist wie ein Spiel. Es ist das erste Mal seit ihrer Flucht, dass sie an ein Wort wie *Spiel* denken kann. Es ist, als würde tief in ihr eine Verkrustung aufbrechen. Als wäre es möglich, dass sie irgendwann wieder ein ganz normales junges Mädchen sein kann.

»Du warst also schon einmal hier in el-Auenat?«, fragt sie nach einer Weile.

»Ja, war ich.«

»Warum?«

»Aus dem gleichen Grund wie jetzt: weil ich über Libyen nach Europa will. Das ist die beste Fluchtroute.«

»Ja, das hat man mir auch erzählt.«

»Aber leider hat es bei mir im ersten Anlauf nicht geklappt«, sagt Petros. Er berichtet, dass John einen Transport für ihn und zwölf andere Flüchtlinge ans Mittelmeer organisiert hat, doch der Bus wurde überfallen. Eine Nacht lang wurden sie von Partisanen in einem ausgebrannten Haus festgehalten und wussten nicht, warum. Eine schwangere Frau aus ihrer Gruppe verschwand in der Nacht und blieb verschwunden. Als sie am nächsten Morgen freigelassen wurden, wollte der Busfahrer einfach weiter, aber der Ehemann der verschwundenen Frau ging ihm an die Gurgel und zwang ihn zum Warten. Aber die Frau kam auch am zweiten Tag nicht wieder.

Der Ehemann der schwangeren Frau blieb zurück, der Bus fuhr weiter und geriet in einen Hinterhalt von Beduinen. Die kaperten den Bus, raubten ihnen alles, was sie noch besaßen. Da standen sie also mitten in der Wüste, unter der erbarmungslosen Sonne, und hatten keine Vorräte mehr, kein Wasser und noch nicht mal eine Landkarte oder einen Kompass.

»Glücklicherweise waren wir nicht weit von einem Ölfeld entfernt«, erzählt Petros. »Ein Werkbus hat uns am nächsten Morgen gesehen und in die nächste Siedlung mitgenommen. Doch in diesem Ort hatten die Dschihadisten das Sagen. Die ließen uns nicht weiter. Wir hatten

Angst, dass sie uns alle töten. Eine Woche hausten wir da, angekettet wie die Tiere. Sie gaben uns schmutziges Wasser und altes Fladenbrot. Eines Nachts hörten wir Schüsse. Wir dachten schon, jetzt ist alles aus, aber am nächsten Morgen ließen sie uns frei.« Er hebt die Schultern und blickt Azmera ein wenig ratlos an. »Und nun bin ich wieder hier und alles geht von vorne los.«

Mit Schaudern denkt Azmera an den jungen Reiter mit den hellen Augen in der Wüste vor el-Auenat. Sie hatte Glück und ist unbeschadet davongekommen. Petros hat noch Schlimmeres hinter sich und auch er hat überlebt, aber was steht ihnen noch bevor? Werden sie wieder Glück haben? Es sieht nicht so aus, als habe Petros Angst. Er macht große, selbstbewusste Schritte und lacht, wenn das Äffchen auf seinen Schultern herumturnt. Manchmal hebt er die Hand und krault es. Dann stößt Abu sein meckerndes Lachen aus und Petros' schwarze Samtaugen werden noch weicher.

Petros strahlt Zuversicht aus und das gibt Azmera Kraft.

Egal, was als Nächstes passiert, sie ist ab sofort nicht mehr allein. Die Männer, die in den Hauseingängen hocken, beachten sie nicht mehr, rufen ihr nichts nach, tuscheln nicht mehr über sie. Azmera muss den Kopf nicht mehr einziehen, wenn sie mit Petros durch die staubigen Straßen von el-Auenat geht. Mit einem Mal fühlt sie sich zehn Zentimeter größer.

»Da ist das Restaurant«, sagt Petros und deutet mit ausgestrecktem Arm auf die andere Straßenseite. Das Gebäude sieht genauso schäbig aus wie die Häuser rechts und links davon: unverputzte Mauern, Stacheldraht statt Balkongeländer, magere Hunde wühlen im Müll. Eine Frau in Mali-Tracht mit einem Baby an der Brust streckt ihnen bettelnd die Hand entgegen. Azmera kann unmöglich mitten auf der Straße in ihrem Geldbeutel herumkramen, sie lächelt und hebt entschuldigend die Schultern. Die Frau spuckt vor ihr aus. Vor Scham treten Azmera Tränen in die Augen. Petros tut, als sehe er es nicht. Dafür ist sie ihm dankbar.

Sie treten ein und durchqueren einen vollkommen leeren Raum. Wahrscheinlich stehen dort normalerweise die Tische, die jetzt im Innenhof verteilt sind. Im Hof ist es frischer als auf der Straße, es sieht aus, als habe jemand den Boden mit einer Gießkanne besprenkelt. Überall glitzern kleine Wassertropfen. Petros führt Azmera zu einem Tisch. Von ihrem Platz aus kann sie die Berge jenseits der Mauer sehen.

»Das Restaurant heißt Rosengarten, aber hier gibt es gar keine Rosen«, sagt Azmera, als sie sich umschaut und außer einem staubigen Ölbaum, der in einem alten Benzinfass vor sich hin kümmert, keinen Blumenschmuck entdecken kann.

Petros lacht. »Früher vielleicht, als es hier noch manchmal geregnet hat. Es heißt, die Sahara erobert sich alle Gärten zurück. Aber das macht nichts: Heute bist du hier die Rose.«

Azmera senkt den Kopf, damit Petros ihr Erröten nicht bemerkt.

»Es ist noch früh«, sagt Petros, um sie nicht in Verlegenheit zu bringen, und schaut sich um. »Vielleicht ist der Koch noch gar nicht da. Ich denke, wir müssen warten.«

»Erzähl von deiner Familie«, Azmera wechselt hastig das Thema, »vermisst du sie manchmal?«

In Petros' Gesicht zeichnet sich eine Veränderung ab, die Azmera nicht so recht deuten kann. »Oft«, sagt er mit einem leisen Seufzen. »Besonders meine Schwester Delina. Sie war …« Petros bricht ab und Azmera weiß nicht recht, wie sie reagieren soll.

»Ich habe einen Bruder, weißt du. Meinen Hawi. Ihn vermisse ich am allermeisten. Mein Vater ist in Schweden. Er wird sich um mich kümmern, wenn ich erst einmal in Europa angekommen bin.«

»Delina ist die schönste Frau, die ich kenne«, fährt Petros schließlich fort und Azmera zuckt ein wenig zusammen. »Willst du sie sehen? Ich hab ein Foto von ihr. In ihrem Pass.«

Azmera spürt einen Stich der Eifersucht. Sie möchte so gerne schön sein für Petros, doch sie kennt ihre körperlichen Makel zu gut: den dummen Leberfleck auf der Schulter, die etwas kurz geratenen Wimpern, die sich nicht biegen lassen, und die großen Ohren. Es hat ihr nie viel ausgemacht. Bis jetzt.

Andere Gäste betreten den Hof, drei Männer in weißen Djellabas setzen sich an den Tisch, der am weitesten entfernt ist. Und noch bevor Azmera auf Petros' Frage antworten kann, erscheint der Koch und nimmt ihre Bestellung auf: Mbattan Kusha, Hackfleisch, Kartoffelscheiben, Eier. Petros hat das schon einmal hier gegessen, als er mit John da war. Er sagt, es war köstlich, und er behält recht. Als das Essen aufgetragen wird, duftet es herrlich nach Zimt und Kardamom. Azmera genießt jeden Bissen.

Petros isst gierig, aber man sieht, dass er in seinem Elternhaus gutes Benehmen gelernt hat. Das gefällt ihr. Er schaut sie an, weil sie das Besteck zur Seite gelegt hat.

»Isst du nichts mehr?«, fragt er.

Schnell nimmt sie die Gabel wieder in die Hand. »Doch, ich musste nur an etwas denken.«

»An was?«

Sie will sagen: *An dich,* aber sie schluckt die Worte schnell hinunter. Sie lächelt. Petros lächelt zurück.

Es ist dunkel geworden und im Hof flackern die Petroleumlampen, in der Küche klappert Geschirr, der Duft der köstlichen Speisen erfüllt die Luft und über ihnen funkeln die Sterne wie Diamanten. Alles ist so friedlich.

»Cool, oder?«, sagt Petros.

Er sagt tatsächlich *cool!* Azmera muss kichern. Das Wort kennt sie sonst nur aus dem Fernsehen.

»Wir beide, Petros und Azmera aus Eritrea, speisen in einem libyschen Restaurant.«

So wie er das sagt, klingt es wirklich fantastisch. Azmera lacht und Petros freut sich über ihr Lachen.

»So wird unser Leben von nun an sein: Wir werden alles zusammen tun, gut essen, miteinander reden und uns gut fühlen. Ja, ich glaube, so wird es sein.«

Azmera hört ihm atemlos zu. Fasziniert beobachtet sie jede Bewegung seiner Lippen. Petros hat einen schönen Mund, das fällt ihr erst jetzt auf, weil sie ihm gegenübersitzt und weil es nicht mehr peinlich ist, ihn anzusehen. Lächelnd greift sie nach der Gabel und spießt einen Bissen auf, der wie Kürbis schmeckt, aber ganz anders aussieht.

Extra für Abu bestellt Petros ein Tellerchen mit Datteln. Von Zeit zu Zeit reicht er eine Frucht nach oben, die Abu wieselflink ergreift und genüsslich verspeist. Er lutscht den Kern ab und gibt ihn Petros zurück, der ihn auf den Teller zu den anderen legt. Dann wartet Abu auf die nächste Dattel, ruhig und ohne zu zetern. Ein wohlerzogenes Äffchen.

Nach dem Essen holt Petros Delinas Pass hervor. Er hält ihn einen Moment lang in den Händen, als wäre er ein verletztes Vögelchen. Dann überreicht er ihn Azmera mit einer beinahe feierlichen Geste. Azmera betrachtet das ebenmäßige Gesicht einer jungen Frau, die nicht älter sein kann als sie selbst. *Delina* steht neben dem Bild. Nachname *Adeye*. Sogar das kleine Passbild lässt erahnen, was für eine Schönheit sie ist.

»Delinas Pass ist jetzt dein Pass«, sagt Petros nach einer Weile, »zumindest bis wir in Europa sind. Aber ich behalte ihn bei mir. Das ist sicherer. Ihr seht euch ähnlich, ist dir das aufgefallen? Und wir beide haben die gleichen Nasen. John hat es sofort bemerkt. Da kam ihm die Idee, dass wir als Geschwister reisen könnten. Ihm fällt immer etwas ein.«

»Was ist passiert?«, fragt Azmera vorsichtig. »Ich meine, warum reist Delina nicht mit dir nach Europa?«

Als Petros fordernd die Hand danach ausstreckt, gibt Azmera den Pass zurück. Fast zärtlich streichen seine schmalen Finger über den harten Einband. Seine sanften Augen glitzern verdächtig und Azmera meint plötzlich so etwas wie Bitterkeit in seinen Zügen lesen zu können. Mit sorgfältig gewählten Worten erzählt er Azmera, dass Delina nur siebzehn Jahre alt geworden ist. Von ihrem Tod will er nicht sprechen. Und tut es dann doch.

Wahrscheinlich war es Delinas Tragödie, dass sie nach Amerika wollte. Sie hat einen Pass beantragt und ein Visum, nachdem sie in Asmara, der Hauptstadt von Eritrea, einen Fotografen kennengelernt hatte, der ihr von einer

Modelkarriere in New York vorschwärmte. Er sagte, mit ihrem Gesicht könnte sie sofort auf die Titelseiten von Vogue und Elle kommen und ein Vermögen verdienen.

»Der Fotograf hat gesagt, in New York seien alle Agenturen ganz verrückt auf die schönen Mädchen aus Eritrea«, sagt Petros. Azmera sieht ihm an, wie schwer es ihm fällt, Delinas Geschichte zu erzählen. Die Schatten der Vergangenheit legen sich über Petros' Gesicht. »Als der Antrag auf ihr Visum lief, erhielt meine Schwester eine Einladung zu einer Regierungsparty. Es war ein vornehmer Brief, der plötzlich vor unserer Haustür lag. Sie war ganz aufgeregt und wollte unbedingt hingehen, obwohl unsere Eltern es nicht erlaubten.«

Auf dieser Party ist etwas geschehen, wovon Petros nicht sprechen will – oder nicht kann. Es gab wohl Drogen und Alkohol. Dann kam die Miliz. Und die wusste genau, wen sie mitnehmen musste und wen nicht.

»Drei Tage haben wir auf meine Schwester gewartet. Drei Tage lang haben wir nicht gewusst, was mit ihr passiert ist. Delina war so spontan, weißt du, sie machte oft verrückte Sachen und meine Mutter hat gehofft, dass sie sich verliebt hat und mit jemandem durchgebrannt ist.«

»Und? Hat es gestimmt?«, fragt Azmera mit dünner Stimme.

Petros schüttelt den Kopf. »Am vierten Tag ... haben sie ihren ... ihren ...«, er stockt und spricht flüsternd weiter, »toten Körper ... von einem Lastwagen in den ... in unseren Garten geworfen.«

Azmera reißt die Augen auf. Bestürzt sieht sie, wie sich eine Träne aus seinem Auge löst. Ohne Petros' Wange zu berühren, fällt sie auf den Tisch. Petros wischt sie rasch mit dem Ärmel weg und spricht weiter: »Mittags rief die Botschaft an und teilte uns mit, dass Delinas Pass zum Abholen bereit sei. Kein Wort des Mitleids, keine Spur von Bedauern. Ein Menschenleben zählt in Eritrea nichts mehr. Meine Eltern haben es nicht über sich gebracht, den Pass abzuholen. Aber ich bin hingefahren.« Petros nickt. Er holt tief Luft. »Ich wollte die Gesichter dieser Männer sehen, wenn sie mir den Pass geben. Aber sie haben ihn nur durch einen Briefschlitz gesteckt.«

Petros sitzt mit hängendem Kopf da, nachdem er Delinas Geschichte beendet hat. Da nimmt Azmera all ihren Mut zusammen und ergreift seine Hände. Sie drückt sie ganz fest. So sitzen sie sich eine Weile stumm gegenüber.

»Und?«, fragt Azmera schließlich schüchtern. »Wie findest du die Idee, dass ich jetzt als deine Schwester reisen soll?«

Petros zögert. »Nun, ich weiß nicht … John sagt, es wird für dich einfacher, wenn du mit einem Beschützer auftrittst.«

Azmera senkt den Kopf.

»Wir beschützen uns gegenseitig«, sagt Petros mit einem schiefen Lächeln. »Wir kommen aus dem gleichen Land, wir sprechen die gleiche Sprache, gemeinsam sind wir stark.«

Gemeinsam sind wir stark. Azmeras Puls schnellt in die Höhe.

»Wie alt bist du?«, fragt sie scheu.

Er reckt sich. »Siebzehn. Und du?«

»Ich auch«, sagt Azmera überrascht, »ich bin auch siebzehn. Ich dachte, du wärst schon älter«

Sie ist ein bisschen enttäuscht, will es aber nicht zeigen.

Wenn er doch schon zwanzig wäre! Plötzlich denkt sie: *Warum sollte er mich besser beschützen können als ich mich selbst?*

»John traut mir also nicht zu, dass ich es alleine schaffe.« Petros wird verlegen. »John will nicht die Verantwortung dafür übernehmen, wenn du alleine durch Libyen reist und dir etwas passiert.«

»Aber was ist mit dir?«, fragt Azmera. »Warum tust du das für mich?«

Unsicher dreht Petros Delinas Pass in seiner Hand. »Weil er mich dafür bezahlt«, sagt er nach einigem Zögern. »Weil es seine Schuld ist, dass der Schlepper uns in diesen Hinterhalt gefahren hat und wir ausgeraubt wurden und umkehren mussten. Weil er seinen guten Ruf als Organisator von Flüchtlingsrouten nicht verlieren will. Es spricht sich schnell herum, wenn jemand Mist gebaut hat.« Nachdenklich schiebt er den Pass wieder in seinen Hosenbund.

Azmera schaut weg. Sie will ihn plötzlich nicht mehr ansehen. *Er tut es nur, weil er dafür bezahlt wird.* Dieser Gedanke hämmert schmerzlich in ihrem Kopf. *Er tut es nicht, weil er mich mag. Wie dumm bist du, Azmera, dass du so etwas auch nur denken konntest? Abgesehen davon hat er dich erst heute kennengelernt.*

Das Äffchen verspeist mit Behagen eine weitere Dattel, spitzt die Lippen und spuckt den Kern in hohem Bogen über den Tisch. Dann fletscht es vor Vergnügen die Zähne und trommelt mit den Fäusten gegen die Brust. Trotz der angespannten Stimmung kann sich Petros das Lachen nicht verkneifen und Azmera versteht. Jetzt weiß sie, warum er Abu bei sich hat. Abu bringt ihn zum Lachen. Er lässt ihn alles andere vergessen. Auch wenn es nur für einen Augenblick ist. Er bringt ihm Glück. Azmera fängt an, Abu zu mögen.

»Was isst er sonst noch gerne?«, fragt sie.

»Süße Früchte«, sagt Petros. »Am liebsten Feigen und Trauben, aber die gibt es gerade nicht.«

Azmera erinnert sich, dass sie an einem der Gemüsestände schöne Früchte gesehen hat. Sie hat plötzlich das Bedürfnis, von Abu akzeptiert zu werden. Sie hat den Wunsch, Abu etwas zu schenken. Sie möchte, dass er sie gernhat.

»Abu ist ein verrückter kleiner Affe«, meint Petros zärtlich. »Es ging mir sehr schlecht, aber seit er bei mir ist, fühle ich mich besser. Abu ist mir ans Herz gewachsen.«

Inzwischen ist es so finster geworden, dass der Wirt Windlichter auf die Tische stellt, die warmes Licht spenden. In der Ferne bellen Hunde den Mond an.

»Ich denke, wir sollten zahlen«, sagt Petros, »wir müssen zurück. Vielleicht hat John eine Nachricht für uns.«

»Was für eine Nachricht?«

»Wann es losgeht«, erwidert er, »und welche Route er für uns ausgesucht hat. Unser Schicksal liegt in seinen Händen. Zumindest auf dieser Etappe der Reise.«

Petros sagt dem Wirt, dass sie zahlen wollen, doch als der einen Betrag nennt, macht Petros keine Anstalten, Geld herauszuholen. Er wartet einfach, die Hände vor der Brust verschränkt. Azmera errötet. *Petros hat kein Geld.* Verstohlen holt sie ihre Geldbörse unter der Tunika hervor. Eine merkwürdige Situation, aber Azmera konzentriert sich nur auf die Scheine.

Petros wartet, bis der Wirt das Wechselgeld gebracht und sie es verstaut hat, dann sagte er ruhig: »Danke.«

Azmera lächelt, als sei es für sie die normalste Sache der Welt, einen Mann zum Essen einzuladen. »Es hat mir gefallen«, sagt sie, »du musst dich nicht bedanken.«

Als sie wortlos im Dunkeln zu ihrer Wohnung zurückgehen, fragt sich Azmera jedoch heimlich, ob Petros das Essen im Restaurant nur vorgeschlagen hat, weil er nicht kochen kann und jemanden brauchte, der für ihn bezahlt.

6

Am nächsten Morgen rüttelt jemand an Azmeras Schulter.

»Steh auf!«

Sie hat von zu Hause geträumt, und als sie die Stimme hört, denkt sie, es sei ihre Mutter, die sie für die Schule weckt.

Sie reißt die Augen auf und weiß im nächsten Augenblick wieder, wo sie ist. Sie schießt hoch. Reibt sich das Gesicht. »Was ist?«, fragt sie.

»Dein Bruder ist im Flur«, sagt die Frau, »er will dich sprechen.«

Vor dem Zimmer drängen sich ein paar neugierige Frauen zusammen, die keine Anstalten machen, Azmera und Petros in Ruhe miteinander reden zu lassen.

»Was ist denn hier so interessant«, ruft Petros ungehalten, »habt ihr nichts anderes zu tun?«

»Nein!«, gibt eine Stimme zurück. »Haben wir nicht. Leider.«

Dann knallen Türen und sie sind alleine.

Petros blickt sich trotzdem in alle Richtungen um, bevor er mit gedämpfter Stimme sagt: »Azmera, wir haben einen Transport. Bis zum Golf von Sirte! Von dort fahren Schiffe nach Europa.«

»Oh!« Azmeras Augen leuchten. »Wirklich?« Sie sieht

sich für einen Augenblick schon in Italien. Dort heißen die Polizisten Carabinieri. Es heißt, sie sind gut zu Flüchtlingen. Das hat sie von Pater Umberto erfahren.

»Du musst erst bezahlen, wenn wir die Küste erreicht haben.«

»Wie viel?«

»Dreihundert Dollar«, flüstert Petros.

Azmera reißt die Augen auf. *Dreihundert Dollar!*

»Ja, ich weiß. Es ist viel, aber es wird jeden Tag teurer. Und gefährlicher. Wir haben keine andere Wahl.«

Azmera zögert, doch dann nickt sie und sagt mit fester Stimme: »Ist gut.« Aber beim Gedanken an das viele Geld breitet sich ein Flattern in ihrer Magengrube aus.

»Morgen früh geht es los. Vor Sonnenaufgang, sobald sich der erste Lichtstreifen am Horizont zeigt. Du musst unbedingt pünktlich sein. John sagt, der Wagen hat keine Scheinwerfer. Wir können nur bei Tageslicht reisen. Nimm genug Proviant für dich mit. Nichts, was schnell verdirbt.«

»Was ist mit dir?«, fragt Azmera. »Soll ich nicht für uns beide einkaufen?«

Petros lächelt. Sanfte Wärme breitet sich in seinen schwarzen Augen aus. »Ja, das wäre gut. Danke. Für Abu hab ich genug.«

Erst jetzt fällt Azmera auf, dass der Affe nicht bei ihm ist. »Was ist mit Abu?«, fragt sie.

»Es geht ihm gut. Keine Angst. Hast du verstanden, was ich gesagt hab?«

Azmera nickt.

»Gut. Pack deine Sachen sehr sorgfältig. Versteck dein Geld gut. Du musst dein Geld besser verstecken als gestern Abend im Restaurant, hörst du? Und wenn du es herausholst, mach es so, dass dir keiner dabei zusieht.«

Azmera errötet. Sie ärgert sich über Petros' Kritik. *Ich bin kein kleines Mädchen mehr!*

»Es wird ein langer, beschwerlicher Weg. Überall gibt es Partisanen, die unser Geld wollen. Oder das Auto kapern oder die Benzinkanister. Die haben alle paar Kilometer Straßensperren errichtet«, sagt John, »und sie sind bewaffnet.«

Unser Geld?, denkt Azmera, aber sie sagt nichts.

»Wir durchqueren die Wüste, von Oase zu Oase. Der Weg führt über Sandpisten. Hast du eine Sonnenbrille?«

»Meine Augen sind nicht empfindlich«, erwidert sie stolz, »ich brauche so etwas nicht.«

»Aber hast du ein großes Tuch, mit dem du dein Gesicht schützen kannst?«

»Ich hatte eine Tasche, aber die habe ich in Eritrea verloren. Alle meine Sachen …«

Petros unterbricht sie ungeduldig: »Dann geh los und kauf dir ein Tuch. Lass dir von einem Tuareg zeigen, wie man es knotet, ja?« Sorgenvoll richtet Petros seinen Blick auf Azmera. Er ergreift ihre Hände und sagt beschwörend: »Es ist unglaublich wichtig, dass wir heute Nacht hier wegkommen. Wer weiß, was morgen ist …« Dann nähern sich seine Lippen ihrem Ohr. Er wispert: »Die Miliz hat John abgeholt.«

Alles Blut weicht aus Azmeras Wangen. Ihre Lippen zittern. Sie hält die Augen panisch auf Petros gerichtet.

»Du musst unten vor der Tür stehen, wenn wir kommen«, sagt Petros. Er spricht leise und eindringlich. »Hast du eine Uhr?«

Azmera nickt.

»Um fünf Uhr!«

Wieder nickt Azmera folgsam und endlich gelingt es ihr, eine der Tausend Fragen auszusprechen, die durch ihren Kopf rasen: »Wie ist dein Nachname?«

Petros ist sichtlich irritiert. »Das weißt du doch!«

»Ich hab's vergessen«, flüstert Azmera. Tränen sammeln sich in ihren Augen.

Petros umfasst sanft ihre Schultern, als wolle er sie mit der Berührung beruhigen. »Petros Adeye, ich heiße Petros Adeye und du bist Delina Adeye, meine Schwester …« Er stockt und schließt kurz die Augen. »Vergiss das nie mehr.«

»Danke«, presst Azmera mit tonloser Stimme hervor. Sie würde ihm am liebsten die Trauer um seine Schwester vom Gesicht küssen, ihn umarmen, ihm etwas Tröstliches sagen – aber ihr fällt nichts ein. Sie legt ihren Kopf an seine Brust. »Ich weiß, dass ich nicht so schön bin wie sie«, murmelt sie. »Es tut mir so leid.«

Petros stützt seinen Kopf auf ihren. »Red keinen Unsinn.« Seine Stimme ist ganz sanft, beinahe zärtlich.

Azmera schließt die Augen. Atmet seinen Geruch ein. *Morgen früh um fünf. Ich werde bereit sein.*

Lange vor der Dämmerung verlässt Azmera ihr Lager. Schlafen konnte sie vor Sorge und Aufregung kaum. Sorgfältig verstaut sie ihre Geldbörse am Körper. Im Schlaf ist das Kopftuch verrutscht, das ihr der Händler im Souk um den Kopf gebunden hat, gewissenhaft wie ein Arzt. Sie kleidet sich vorsichtig an, immer darauf bedacht, die anderen Frauen nicht zu stören, die auf ihren Matten schlafen.

Endlich nimmt sie ihr Gepäck, steigt im Dunkeln über die schlafenden Körper. Im Flur tastet sie nach dem Treppengeländer und geht auf Zehenspitzen die Treppe hinunter. Öffnet die Tür. Tritt auf die Straße.

Wieder steht sie im Zwielicht mit ihrem Kleiderbündel irgendwo an einer Straße und wartet. Wieder hofft sie darauf, dass jemand, den sie nicht kennt, seine Verabredung einhält, dass ein Wagen kommt und sie mitnimmt. Ins Ungewisse. *Werde ich mich später an diese Straße erinnern? An diesen Ort?* Sie dreht sich um und betrachtet das Haus, dem sie vorher keine Beachtung geschenkt hatte. Es ist ein einfaches weiß getünchtes Haus mit kleinen Fenstern, die alle geschlossen sind. Niemand steht am Fenster und winkt. Für einen Augenblick ist es ihr, als sähe sie ihre Mutter mit dem kleinen Bruder an der Hand, wie sie zaghaft den Arm hebt. Aber es ist nichts. Ihre Mutter ist weit weg. Vielleicht hat auch sie gerade einen unruhigen Traum. Azmera zieht ihr Kopftuch fester und atmet tief durch. Jetzt nicht an zu Hause denken!

Ein Esel ruft, ein früher Hahn kräht, am Himmel zeigen sich die ersten hellrosa Schlieren. Eine Frau in einer schwarzen Burka hastet vorbei, ohne Azmera zu beachten. Sie trägt Absatzschuhe. Ihr Gang ist der eines sehr jungen Mädchens. Azmera schaut ihr nach.

Da nähert sich von der anderen Seite ein Lastwagen. Er fährt langsam. Wie ein dunkles Ungetüm, wie ein Dinosaurier kriecht er auf sie zu. Azmera drückt sich gegen die Wand.

Der Lastwagen hält und eine Gestalt springt von der Ladefläche. Es ist Petros. »Komm«, ruft er, »steig auf. Gib mir deine Sachen. Ich helfe dir.«

Sie klettert auf die Ladefläche. Eine Taschenlampe flammt auf, Männerhände strecken sich ihr entgegen, Stimmen heißen sie willkommen. Sie antwortet mit *marhaba*. Das ist Arabisch und heißt Hallo.

Die Ladefläche ist voller Menschen, doch Azmera kann im Dämmerlicht kaum etwas erkennen. Angsterfüllt dreht sie sich um. »Petros?«, ruft sie leise.

Da hört sie das Äffchen. Abus meckerndes Lachen macht sie so froh, dass sie vor Erleichterung weinen könnte.

»Abu! Wo bist du?«

Plötzlich greift jemand nach ihrer Hand. Es ist Petros. Er zieht sie in eine Ecke. »Da ist eine Decke«, sagt er, »setz dich hin.«

Gehorsam tut sie, was Petros sagt. Sie setzt sich im Schneidersitz auf die Wolldecke, die zu einem Quadrat gefaltet ist. Nimmt ihr Kleiderbündel auf die Knie. Sie kann die anderen Männer riechen, die auf der Ladefläche sitzen. Ein Geruch von Knoblauch und Kautabak, von Ziegenleder und Umhängen aus Kamelhaarwolle. Ein eigenartig harziger Geruch, der allem anhaftet: ihren Bärten und ihren Kleidern.

Vorn ruft jemand: »In Ordnung?«

»Ja, sie ist da«, antwortet Petros.

Der Motor des Lastwagens springt schwerfällig an. Der Auspuff direkt unter ihnen stößt beißenden Qualm aus und dann fährt der Wagen los. Man sieht die Häuser wie dunkle Schatten gegen das Licht, die schemenhaften Gesichter der Männer auf der Ladefläche, rechts wie ein Scherenschnitt das Bergmassiv, letzte Sterne verblassen im Dämmerlicht.

Petros sitzt Azmera gegenüber. Er ist so weit weg. Abu

hat sich wie ein Kätzchen um seinen Hals gerollt, die Augen geschlossen, während Petros ihn krault.

Er spricht nicht, also sagt sie auch nichts.

Azmera ist das einzige weibliche Wesen auf der Ladefläche. Es ist ihr unangenehm, von ungefähr zwölf Männern umringt zu sein. Immer wieder blickt sie Hilfe suchend und verunsichert zu Petros, während der Lastwagen über die Piste rumpelt. Doch Petros fallen vor Erschöpfung die Augen zu.

Obwohl sie sich krampfhaft wach halten will, schläfert das Dröhnen des Motors sie schließlich auch ein. Sie wacht auf, weil ihr der Kopf auf die Brust gesunken ist. Schuldbewusst reißt sie die Augen wieder auf. Ihr erster Blick gilt Petros, der jedoch immer noch schläft.

Über einer Bergspitze geht die Sonne auf und flutet das sanftgrüne Tal, das sie gerade durchqueren, mit gleißendem Licht. Sie biegen ab und fahren auf eine Siedlung aus nackten Lehmhäusern zu. Unweit der Häuser sitzen Männer auf dem Boden, die sich aber erheben und auf den Laster zulaufen, als sie näher kommen. Sie haben Taschen bei sich, Schlafsäcke, Wasserflaschen. Azmera zählt neun Männer. Der Wagen hält, sie starren fassungslos auf die überfüllte Ladefläche. Der Fahrer, ein Mann in einer weißen Djellaba und einem rot-weißen Turban, steigt aus und wird sofort von den Neuen umringt. Sie reden wütend auf ihn ein, einer boxt ihm in die Seite, ein anderer macht eine obszöne Geste. Der Lastwagenfahrer hebt beschwichtigend beide Hände und redet geduldig auf die Männer ein. Auch auf dem Lastwagen entsteht Unruhe. Einige mischen sich in das Gespräch ein, das auf Arabisch geführt wird.

Petros nutzt die Unruhe und kriecht auf allen vieren zu ihr herüber.

»Hast du noch etwas Platz für mich?«, fragt er. Er spricht tigrinisch, Azmeras Muttersprache. Der Satz ist nur für sie bestimmt.

Ein warmes Gefühl durchläuft ihren Körper und sie strahlt ihn mit lächelnden Augen an. »Ja, komm. Wir können die Decke ausbreiten.« Sie rückt eilig zur Seite.

Petros setzt sich neben Azmera. So nah, dass ihre Hüften und Oberschenkel sich berühren.

»Es wird sehr eng werden«, sagt er, »da können wir auch gleich zusammenrücken.«

Immer mehr Männer steigen jetzt nacheinander von der Ladefläche und mischen sich in das Gespräch mit dem Lastwagenfahrer. Die Stimmung heizt sich auf, der Fahrer hebt die Arme und schreit.

»Wir sind kaum unterwegs und schon gibt es Ärger«, meint Petros kopfschüttelnd. »Die Männer sind wütend, weil sie auf einer offenen Ladefläche sitzen müssen. Sie sagen, sie haben für ein Busticket gezahlt. Manche warten hier schon seit gestern Morgen.«

»Oh! Seit gestern Morgen?«

»Ja, ein anderes Auto hat sie hier rausgelassen und im Dorf wollte ihnen niemand einen Schlafplatz geben. Sie sind Arbeiter, die zur Ölraffinerie wollen. Sie sagen außerdem, dass ein Sandsturm angekündigt ist. Einer von ihnen hat ein Handy.«

»Ein Sandsturm?«, fragt sie.

»Ja. Und es gibt wohl noch andere Probleme.« Petros hebt die Schultern. »Ich weiß nicht. Ich bin jedenfalls froh, dass du hier bist.«

»Ich bin auch froh«, sagt Azmera.

Abu streckt seine langen dünnen Finger aus und berührt vorsichtig ihr Haar. Er stößt glucksende Laute aus.

»Er mag dich«, wirft Petros ein. »Abu kann gute Menschen von bösen unterscheiden. Er hat mich gewarnt, in jener Nacht, als die Miliz kam und John mitgenommen hat.«

Azmera reicht Abu ihre rechte Hand. Vorsichtig tastet er die Innenfläche ihrer Hand ab. Die Haut seiner Finger ist warm und hart.

»Hallo Abu«, sagt Azmera, »danke, dass du Petros gerettet hast.«

Auf einmal können die Männer nicht schnell genug zurück auf die Ladefläche klettern. Sie werfen sich hin, um so viel Platz wie möglich herauszuschinden. Am Ende ist es so voll, dass einige auf der Seitenwand sitzen müssen. Der Fahrtwind ist dort besonders stark und die Gefahr groß, dass sie über Bord kippen.

Zum ersten Mal wendet sich der Fahrer an Azmera. Er spricht englisch mit ihr. »Du bist also seine Schwester, ja?«, fragt er argwöhnisch. »Wie heißt du?«

Bevor sie etwas sagen kann, hat Petros für sie geantwortet: »Meine Schwester heißt Delina.« Das ist nicht einmal gelogen.

»Delina Adeye«, sagt Azmera. Die ganze Nacht hat sie den Namen vor sich hin gesummt, um ihn nie wieder zu vergessen. »Mein Name ist Delina Adeye. Petros ist mein Bruder.«

Der Fahrer nickt. »Gut. Wir fahren. Bleib da sitzen und pass auf dich auf.«

»Das werde ich«, antwortet Azmera.

Als sie wieder unterwegs sind, hat die Sonne an Kraft gewonnen. Azmera reckt den Kopf, damit ihr die Sonne auf die Nase scheinen kann. Alles andere ist verhüllt. Petros schlägt vor, dass sie sich an ihn lehnen kann, um etwas mehr Halt zu haben. Beschützend legt er seinen Arm um Azmeras Schulter, sie schmiegt ihren Kopf an seine Jacke, während der Laster weiter stundenlang über Bodenwellen rumpelt.

»Ich habe Wasser«, sagt Azmera nach vielen Fahrtstunden mit trockener Kehle und Sandkörnern in der Nase. »Wollen wir etwas trinken?«

»Gerne! Gute Idee.«

Azmera kramt das Wasser aus ihrem Bündel und reicht es Petros. Er schüttelt den Kopf. »Du zuerst.«

Sie spürt, wie Abu sie fasziniert beim Trinken beobachtet. Das ist ihr peinlich. Sie setzt die Flasche ab. »Hat Abu auch Durst?«

»Bestimmt, aber hast du genug getrunken?«, sagt Petros.

Azmera nickt.

Petros nimmt die Flasche, gießt etwas in seine Handfläche, die er zu einer Schale geformt hat, und lässt Abu trinken. Das sieht so manierlich aus, dass Azmera lachen muss. Abu hebt den Kopf, Wasser läuft aus seinem Schnäuzchen und er stößt ebenfalls sein meckerndes Lachen aus.

»Ihr versteht euch ja inzwischen richtig gut«, bemerkt Petros zufrieden. Dann setzt er die Flasche an und trinkt mit geschlossenen Augen.

»Wie viele Kilometer sind es wohl noch?«, fragt Azmera, als Petros die Flasche wieder absetzt. »Mehr als hundert?«

»Hundert?« Petros seufzt. »Oje, frag lieber, ob es mehr als tausend sind!«

Tausend Kilometer, das ist ein Schlag für Azmera. Aber in ihrem Innersten meldet sich eine kleine Stimme voller Zuversicht zu Wort: *Wir werden das schaffen. Petros, Abu und ich.*

Petros schaut sie an. »Woran denkst du?«

»An gar nichts«, erwidert Azmera versonnen. »Ich bin einfach nur froh, dass ich nicht mehr alleine bin.«

Petros beugt sich über ihr Gesicht. Seine Augen sind so nah, dass sie jede einzelne Wimper zählen könnte. Sie hebt zitternd die Hand, um ihn zu berühren – sein ebenmäßiges Gesicht, das Kinn, die Lippen, die Wange …

Da sagt er eindringlich: »Du bist meine Schwester. Ich bin dein Bruder. Das dürfen wir nie vergessen.«

Die Sonne brennt unbarmherzig und die Luft flirrt vor Hitze. Heißer Wind bläst ihnen wie aus einem Glutofen entgegen. Azmera wünscht, sie hätte Petros' Ratschlag befolgt und sich eine Sonnenbrille gekauft. Ihre Lider brennen, die Lippen platzen auf. Es gibt keinen Zentimeter Schatten auf der Ladefläche. Der Motor des Lasters speit schwarze Dämpfe aus. Azmera fühlt sich schwindlig, weil der Laster immer wieder in den Sanddünen die Kontrolle verliert und sie schlingern und rutschen, bis sie plötzlich ruckartig mitten im Nichts zum Stehen kommen. Der Himmel ist so gelb wie der Sand.

Immer öfter bleibt der Laster jetzt stecken. Mal mit den Hinterreifen, mal mit den Vorderreifen, mal liegt der Lastwagen so schief, dass sie auf der Ladefläche übereinanderfallen. Wenn das passiert, müssen alle absteigen und die festgefahrenen Reifen wieder ausgraben.

Beim ersten Mal wollte Azmera helfen, aber die Männer haben es nicht zugelassen. »Wieso lässt du deine Frau so schwere Arbeit machen?«, herrschte einer der Männer Petros barsch an.

»Sie ist nicht meine Frau«, erwiderte er kühl, »sie ist meine Schwester.«

»In meinem Land ist es üblich, dass man seine Schwestern so ehrfürchtig behandelt wie alle anderen Frauen auch«, meinte ein anderer.

Das reizte einen Dritten, der rief: »In deinem beschissenen Land gibt es doch überhaupt keine Regeln mehr.«

Wilde Blicke fliegen auch jetzt wieder zwischen den Männern hin und her. Azmera bleibt untätig auf dem Laster, versucht, sich unsichtbar zu machen. Ihretwegen soll es keinen Streit geben. Die Situation droht zu eskalieren, doch der Fahrer kann sie besänftigen, indem er verspricht, in der nächsten Oase eine Pause zu machen.

»Nur noch ein paar Kilometer«, verspricht er, »da könnt ihr eure Wasserflaschen auffüllen, euch waschen und etwas essen.«

Einer der Männer hat einen Rollkoffer und ein Smartphone bei sich. Er hält sich von den anderen fern, beteiligt sich nicht an deren Gesprächen. Bei jedem Halt versucht er, eine Verbindung zu bekommen, aber mitten in der Wüste gibt es kein Netz. Während der Fahrt sitzt er ruhig da, hält die Augen geschlossen und spricht mit niemandem. Azmera muss ihn immer anschauen, weil er ihr genau gegenübersitzt. Sein schwarzes T-Shirt zeichnet sich kaum von seiner Haut ab. Azmera überlegt, aus welchem Land er kommen könnte. Uganda? Niger? Kongo? Einmal, als sie ihn so mustert, öffnet er seine Lider, aber nur halb, und Azmera erschrickt vor seinem Blick.

Ungefähr eine Stunde später erreichen sie die Oase. Zuerst zeichnen sich Palmenkronen vor dem gelblichen Himmel ab, dann ein Minarett, dessen Turm mit blauen Kacheln verziert ist. Immer mehr Menschen bevölkern die Straße. Händler mit Eselskarren, an den Vorderbeinen zusammengebundene Kamele, die dem Laster keinen Blick schenken, eine Schule. Plötzlich laufen barfüßige Kinder neben ihnen her, flinke Füße trommeln auf dem Boden, kleine Hände recken sich dem Laster entgegen. Lachend rufen die Kinder: »Money, money, money!«

Sie halten schließlich an einem lehmfarbenen Gebäude mit prächtigen Malereien an der Hausmauer. Azmera klettert steifbeinig vom Laster. Petros reicht ihr die Hand.

»Warte hier«, sagt er, »ich gucke mir das erst einmal an.«

Sie verfolgt, wie er den Platz überquert, Abu auf der Schulter, dann verschwindet er in dem Gebäude.

Kinder in Schuluniformen spielen auf einem umzäunten Hof Fußball.

»Lasst nichts auf dem Wagen zurück!«, ruft der Fahrer. »Passt auf eure Sachen auf.«

Petros kommt zurück und hebt den Daumen, aber Azmera hat keine Ahnung, was das bedeutet. Sie wartet, bis er bei ihr ist.

»Sieht gut aus«, sagt er. »Dort arbeiten Frauen in der Küche und es gibt getrennte Toiletten.«

Azmera lacht erleichtert. »Oh, danke, dass du das für mich herausgefunden hast.«

»Ich kann fragen, was es zu essen gibt«, schlägt Petros vor. »Hast du Hunger?«

»Ich weiß nicht.« Azmera presst ihre Hände in die Magengrube. »Eigentlich müsste ich Hunger haben, aber diese Fahrt ... dieser Motorgestank ... – ich glaube, ich möchte nur einen Minztee.«

Als Azmera die Toilette verlässt – sie musste sich, während sie über der Grube hockte, die Nase zuhalten – und sich nach einer Waschgelegenheit umschaut, kommt eine Frau mit wehenden Kleidern und ausgebreiteten Armen auf sie zu. »*Vite, vite!*«, ruft sie.
 Azmera versteht nicht. Ist das Französisch?
 Die Frau zeigt nach draußen. »*Vite!*«, ruft sie wieder, zerrt und schiebt Azmera. Sie begreift, dass irgendetwas passiert sein muss. Ihr Herz klopft in Panik, sie nimmt ihr Bündel und rennt.
 Draußen steht der Laster. Der Motor läuft schon und spuckt blauen Qualm aus. Die Männer drängen sich auf der Ladefläche und Petros gestikuliert wild neben dem Fahrer. Als er sie sieht, reißt er beide Hände in die Luft. »Schnell!«, schreit er. »Schnell!«
 Azmera rennt, so schnell sie kann. Die Männer beugen sich über die Laderampe und strecken ihr die Arme entgegen. Jemand packt sie an den Oberarmen und zieht sie hoch – es ist der Mann mit dem Smartphone. Einen Augenblick spürt sie seine Hände an ihrer Brust und dann zwischen ihren Beinen. Das muss ein Versehen gewesen sein, ein Zufall. Der Mann reicht sie weiter, Petros klettert über die Seitenwand und lässt sich fallen, als der Fahrer Gas gibt. Niemand sagt etwas. Alle schauen nach hinten. Der Mann mit dem Smartphone blickt zur anderen Seite.
 »Was ist passiert?«, fragt Azmera.
 »Ich weiß es nicht genau. Die Polizei war da und wollte Papiere sehen, aber der Fahrer hatte keine. Dann wollten

sie Geld. Der Fahrer hat eine Pistole aus dem Handschuhfach geholt und wir dachten, jetzt ist es aus. Aber der da«, er zeigt auf den Mann mit dem Smartphone, »hat dem Fahrer die Pistole aus der Hand geschlagen. Und die Polizisten waren auf einmal weg.« Er schaut Azmera tief in die Augen. »Ich hatte solche Angst, er würde ohne dich losfahren. O mein Gott.« Petros lässt den Kopf gegen die Wand knallen, wieder und wieder, und murmelt: »Ich schwöre, ich hätte ihn umgebracht.«

Als er sich wieder gefasst hat, senkt Petros die Stimme und flüstert Azmera zu: »Vielleicht kommen die Polizisten mit Verstärkung zurück. Vielleicht verfolgen sie uns. Keine Ahnung ...« Er holt tief Luft, starrt auf seine Hände. »Der Fahrer hat Angst. Und das ist nicht gut.«

In diesem Moment hüpft Abu auf Azmeras Schulter und beginnt, mit ihren Haaren zu spielen. Er krümmt seine Finger zu einem Kamm und fährt damit durch ihre festen Locken. Es kitzelt und Azmera muss lachen, doch ein Blick in Petros' ernstes Gesicht und sie verstummt.

»Der Fahrer macht mir Sorgen«, murmelt er nachdenklich. »Ein Fahrer, der Angst hat, ist nicht gut ...«

Einer der Männer springt plötzlich auf und deutet mit ausgestreckten Armen nach Westen. »Harmattan!«, ruft er.

»Was heißt das?«, fragt Azmera.

Petros ist schlagartig ganz blass geworden. »Da bildet sich ein Sandsturm.«

Auf der Ladefläche starren jetzt alle wie gebannt auf eine helle Wolke, die sich ausbreitet und in alle Richtungen vergrößert. Man sieht noch nicht, wohin sie zieht, doch die Wolke wird größer und größer.

»Hast du eine Schutzbrille?«, fragt Petros.

Azmera schüttelt beschämt den Kopf.

»Noch irgendein anderes Tuch?«, fragt Petros.

Azmera wühlt in ihren Sachen. Sie findet kein anderes Tuch, nur eine Bluse. Aber Petros sagt, das sei okay.

Er holt eine Dose aus seiner Tasche und schraubt den Deckel ab. »Da ist noch ein bisschen Vaseline drin«, sagt er, als er ihr die Dose reicht. »Damit musst du deine Nasenlöcher eincremen, damit die Schleimhäute nicht austrocknen.«

Azmera lacht. »Witzig. Damit hab ich meinem kleinen Bruder den Po eingecremt, wenn er wund war.«

»Das ist nicht lustig«, schnaubt Petros. Er blickt alle paar Sekunden zu der Wolke hin, die sich inzwischen über den ganzen Horizont ausgebreitet hat und wie eine undurchsichtige gelbe Wand allmählich näher kommt. »Sei gründlich, aber sparsam«, herrscht er Azmera an. »Für mich muss es auch noch reichen.«

Petros nimmt Azmeras Bluse, schraubt eine Wasserflasche auf und beträufelt den Stoff damit, dann bindet er sie ihr über Nase, Ohren und Mund. Sie spürt jede Berührung seiner Finger, seine Fingerrücken auf ihrer Wange, als er prüft, ob ihre Ohren bedeckt sind, die Fingerkuppe, die ihre Lippen streift, als er das Tuch von der Nase über ihren Mund zum Kinn zieht. Seine Wimpern. So nah.

»Du machst das gut«, sagt Azmera zärtlich.

Petros zuckt zusammen und rückt etwas von ihr weg. Der Mann mit dem Smartphone beobachtet sie die ganze Zeit unter halb geschlossenen Lidern. Sie fühlt seinen Blick, als wäre sie nackt. Immer wenn Azmera wieder zu ihm hinschaut, begegnen ihre Augen seinen.

Was willst du von mir?, denkt Azmera. Sie erwidert seinen Blick trotzig. Neben Petros fühlt sie sich sicher.

Der Mann schaut weg.

Die Sandsturmwolke kommt immer näher, erste Windhosen wirbeln den Wüstensand auf. Der Mann wickelt sein Smartphone sorgfältig in eine Plastiktüte und verschnürt sie mit einem Gummiband. Dann dreht er am Schloss seines Koffers, bis es aufschnappt, und verstaut das Smartphone. Der Trolley sieht sehr neu und sehr teuer aus. Unwillkürlich fragt sich Azmera, was er wohl darin transportiert.

Die Sandwolke breitet sich nach oben aus, kommt aber nicht näher.

Azmera schließt die Augen, döst ein wenig ein, schreckt aber immer wieder hoch, wenn ihr Kopf gegen die Ladeklappe knallt. Der Laster kippt von einer Seite zur anderen. Man kann kaum die Spur erkennen, auf der er sich bewegt. Alles sieht gleich aus. Der halbe Himmel hat inzwischen die Farbe der Wüste angenommen. Der halbe Himmel ist kein Himmel mehr, sondern eine Wand aus Sand.

Der Wagen müht sich einen Hang hinauf. Die Räder greifen jetzt besser. Oben auf der Hügelkuppe würgt der Fahrer den Motor ab. Er steigt aus und ruft ihnen zu, dass sie auf dem Wagen sitzen bleiben und sich auf keinen Fall vom Laster entfernen sollen.

Er holt Säcke aus einer Kiste hinter dem Fahrersitz und wirft sie ihnen zu. Gierige Hände greifen danach.

Petros ergattert zwei davon. »Das ist gut«, sagt er. »Damit können wir uns zudecken.«

»Hast du schon einmal einen Sandsturm erlebt?«, möchte Azmera wissen.

Petros nickt. Doch etwas in seinem Blick hindert sie daran, weitere Fragen zu stellen. Petros wirkt extrem angespannt und Abu hüpft aufgeregt schnatternd auf seiner Schulter herum. Auch er starrt immer wieder auf diese Wand, die sich mitten in der Wüste auftut. Seine Pupillen sind so klein wie Stecknadeln geworden.

Petros zieht den Reißverschluss seiner Jacke auf und stopft Abu so weit hinein, dass nur noch sein Näschen herausschaut. Der Affe verhält sich mustergültig, als würde er verstehen, warum das geschehen muss. *Er hat Augen wie ein Mensch,* denkt Azmera.

Sie sitzen dicht aneinandergedrängt und warten auf das Unheil.

Es ist merkwürdig still.

Der Wind verursacht kein Geräusch. Es gibt auch keine Baumkronen, in denen er rauschen könnte, nicht einmal Sträucher. Die Wüste ist leer. Dennoch nähert sich der Sturm unaufhaltsam, er wirbelt den Sand in der Senke auf, er fegt den Staub über den Felsen zusammen, er verdichtet sich zu Windhosen.

Azmera hält ihr Tuch mit den Händen fest, aber Petros sagt sofort: »Du musst deine Hände schützen. Die Sandkörner sind wie Dornen, die reißen deine Haut auf. Alles muss bedeckt sein.«

»Ist gut. Ich hab's verstanden. Du musst mich nicht immer kritisieren.«

»Ich bin für dich verantwortlich.«

»Ja, aber ich bin kein kleines Mädchen mehr.«

Sie sitzen und warten.

Azmera weiß nicht, was sie denken, was sie fühlen soll. Die Wand scheint jetzt auf sie zuzurollen, wird höher, heißer, bedrohlicher. Die Luft ist so trocken, dass das Wasser, mit dem Petros ihren Mundschutz benetzt hat, im Nu trocknet.

Die Sturmwand ist schon auf dem Nachbarhügel angelangt. Und plötzlich ist sie da, mit einem Brausen und Rauschen und Röhren. Azmera sieht nichts mehr. Nicht einmal Petros, der neben ihr sitzt, kann sie erkennen. Der wirbelnde Staub verschluckt alles. Unerträgliche Hitze droht, sie zu verschlingen.

Azmera macht sich ganz klein und schließt die Augen, dreht sich weg vom Sturm, presst die Knie gegen die Ladeklappe, damit sie irgendetwas fühlt.

Dann heißt es warten

Warten.

Und warten.

Der Sturm wütet.

Die Hitze nimmt immer noch zu. Es wird finster.

Von Minute zu Minute verdunkelt sich die Umgebung immer mehr. Azmera hat jedes Zeitgefühl verloren. Sie fragt sich, wo die Sonne jetzt wohl am Himmel steht.

Irgendwann wird das Brausen leiser und hört schließlich ganz auf.

Als Azmera ihre sandverklebten Lider mühsam öffnet, ist der Himmel blutrot.

Sie erkennt die Rücken der Männer, Wölbungen, Sand. Bis einer sich bewegt und ein Kopf sichtbar wird. Ein Arm. Ein Fuß.

»Ist es vorbei?«, fragt jemand.

Ein anderer sagt: »Ja. *Inschallah.*«

Einige Muslime knien sich hin, legen ihre Stirn auf den Boden. Jemand betet eine Koransure. Ein Mann steht auf, klopft sich den Sand von den Kleidern und sagt: »Ich muss pinkeln. Kann ich runter?«

Ein anderer nickt.

Der Mann beugt sich über die Ladeklappe und flucht. Als sie seinem Blick folgt, erkennt Azmera, dass der Laster halbhoch in einer Sandwehe steckt.

»Ich schätze, wir werden das verdammte Auto mit den Händen ausgraben müssen. Ich glaube nicht, dass Rachid genug Schaufeln im Auto hat.«

»Wer ist Rachid?«, fragt Azmera Petros.

»Weißt du das nicht?«

Sie schüttelt den Kopf. »Die Männer reden nicht mit mir.«

Wieder muss sie zu dem Mann mit dem Koffer und dem Smartphone schauen und schon wieder ruht sein Blick auf ihr. Schnell dreht sie sich weg. Petros hat nichts gemerkt.

Er sagt: »Rachid hat angeblich zur Leibgarde von Gaddafi gehört. Danach hat er keinen Job mehr gefunden und arbeitet deshalb als Schleuser.«

»Wer ist Gaddafi?«, fragt sie. Es ärgert sie, dass sie sich immerzu die Blöße geben und Fragen stellen muss, aber es lässt sich nicht ändern. Sie wusste nicht, dass ihr Fahrer Rachid heißt, und sie weiß auch nicht, wer dieser Gaddafi ist.

Petros starrt sie an. »Das weißt du auch nicht?«

Sie wird plötzlich wütend. »Nein! Das weiß ich nicht, sonst würde ich ja nicht so dumm fragen!«, schreit sie.

Petros hebt beschwichtigend die Arme. »Okay, okay, ist ja schon gut. Gaddafi war jahrzehntelang der Herrscher von Libyen. Er war verrückt. Sein Volk hat gegen ihn rebelliert und ihn getötet. Aber seither ist trotzdem nichts besser geworden, das Land versinkt in Chaos und Korruption. Dabei hat das Land Öl und könnte wohlhabend sein.«

Azmera ist beeindruckt, dass Petros das alles weiß. Dabei ist er nicht einmal älter als sie. »Du warst bestimmt sehr gut in der Schule«, sagt sie anerkennend.

Petros lacht. Er macht seine Brust breit und sagt in einem spöttischen Ton: »Natürlich war ich gut in der Schule. Natürlich bin ich schlau. Was denkst du? Ich bin schließlich dein Bruder!«

Azmera errötet. Sie kann Petros' Reaktion nicht deuten. Macht er sich über sie lustig? Sie ahnt nicht, dass er nur aus Übermut so redet, weil er erleichtert ist, dass der Sturm sie nicht umgebracht hat. Weil ihn die Angst vor diesem Sturm beinahe zermürbt hätte. Sie weiß nicht, dass Petros schon einmal so einen Sturm überlebt hat, dass dabei zwei Männer vom Lastwagen gefallen sind, die sie nicht wiedergefunden haben. Verschluckt vom Sand, vom endlos weiten Nichts …

Abu richtet sich auf und trommelt auf seinen flachen Bauch.

»Warum macht er das?«, fragt Azmera interessiert.

»Er will mir sagen, dass ich ein schlechter Chef bin«, meint Petros. »Er hat Hunger.«

Petros öffnet umständlich den gut verschlossenen Beutel mit den Datteln. Abu will ihm am liebsten gleich den ganzen Beutel aus der Hand nehmen. Aber er bekommt nur eine einzige.

»Kau langsam«, warnt Petros.

Rachid hat nur zwei kleine Schaufeln.

»Zwei Schaufeln! Für einen Truck!« Petros verdreht die Augen. »Wie lange sollen wir graben? Einen Monat? Ein Jahr?«

»Ich hab ein Abschleppseil«, knurrt Rachid. »Das ist gut.«

»Und wann kommt der Panzer, der uns abschleppt?«, ruft einer der Männer. Azmera glaubt, dass er aus Mali kommt. Auf seinem Rucksack ist ein kleines Wappen mit den Farben des Landes aufgedruckt. Er scheint auch Christ zu sein. Sie hat während des Sandsturms gesehen, wie er sich bekreuzigt hat.

»Wenn wir auf der normalen Route gefahren wären, ihr Arschlöcher, dann hätten wir andere Autos getroffen«, faucht Rachid. Ihm gehen die Nerven durch. »Aber mit Typen wie euch geht das eben nicht.«

Petros und der Mann aus Mali schnappen sich die Schaufeln und beginnen mit der Arbeit. Die Männer wechseln sich immer wieder mit dem Graben ab und bearbeiten die Sandwehe auch mit Händen und Füßen.

Wenn einer erschöpft ist, lässt er sich einfach in den Sand fallen und vergräbt das Gesicht in den Händen. Immer wieder kreist eine Wasserflasche. Rachid steht breitbeinig da, die Hände in den Hosentaschen vergraben. Er spielt den Boss. Azmera merkt, dass sie ihn immer mehr verachtet. Aber er ist der Einzige, der sie durch diese Wüste bringen kann. Er bellt Befehle, deutet mit der Fußspitze hierhin und dahin. Ab und zu startet er den Motor, um zu sehen, ob die Räder schon greifen. Ohne Erfolg.

Die Sonne versinkt glutrot hinter einem Meer aus Sand. Es sieht aus, als würde irgendwo hinter dem Horizont eine große Stadt in Flammen stehen. Aber da gibt es keine Stadt.

»Macht weiter!«, ruft Rachid wütend, als die Männer für einen Augenblick nur dastehen und das Naturschauspiel betrachten. »Habt ihr noch nie einen Sonnenuntergang gesehen?«

Die Männer machen weiter, aber sie werden immer langsamer. Ihre Kräfte schwinden. Dafür kommen sie ins Gespräch, nennen ihre Namen, erzählen, woher sie stammen und wohin sie wollen.

Drei Männer, die aus Niger kommen, wollen zur libyschen Küste und dort im Hafen Arbeit suchen. Sie waren früher schon einmal dort, sind dann aber vor dem Bürgerkrieg geflohen. Sie sagen, dass man früher in Libyen sehr gut leben und viel Geld verdienen konnte.

Die anderen wollen alle nach Europa. Mit dem Schiff über das Mittelmeer und dann weiter nach Holland oder Deutschland. Zwei Männer aus Mali möchten versuchen, über Frankreich nach England zu kommen. Sie haben Verwandte, die dort leben und gute Arbeit gefunden haben. Auch der schlagfertige Typ aus Mali will nach Europa. »In Frankreich«, sagt er, »soll es am besten sein.«

»Hast du da Verwandte?«, fragt Azmera.

Er schüttelt den Kopf. Seine Augen werden ernst. »Ich habe überhaupt keine Verwandten.«

»Wieso nicht?«

Er schaut Azmera kurz an, dann hebt er die Schultern und blickt zu Boden. »Sie sind tot«, murmelt er und arbeitet wortlos weiter.

Als Petros wieder an der Reihe ist, sagt er: »Meine Schwester und ich wollen auch nach Europa.«

Für einen Augenblick fühlt Azmera alle Blicke auf sich. Sie streckt sich, hebt den Kopf und schaut jedem ins Gesicht, der Augenkontakt sucht. *Seht mich nur an,* sagt dieser Blick, *ich habe nichts zu verbergen.*

Da mischt sich auf einmal der Mann mit dem Smartphone ein, der bislang geschwiegen hat. Er wendet sich direkt an Petros. »Wie heißt deine Schwester?«

Azmeras Kopf beginnt zu glühen. Der Mann ist ihr unangenehm, sie fühlt immer noch seine Hände an ihrer Brust. Es wäre ihr lieber, Petros würde nicht mit ihm reden. Aber Petros ist ahnungslos.

»Sie heißt Delina«, erwidert Petros freundlich. »Wir kommen aus Eritrea.«

»Und warum seid ihr geflohen?«

Petros zögert. Azmera, die neben ihm steht, verkriecht sich tiefer in ihre Jacke.

»Wir … wir … ha… haben uns …« Er stockt, beginnt von vorn. »Ich sollte zum Militär eingezogen werden. Der Militärdienst ist bei uns unbegrenzt. Es kann sein, dass ich immer noch für den Staat arbeiten muss, wenn ich dreißig bin. Aber ich muss Geld verdienen, für die Familie.«

»Und deine Schwester?«, fragt der Mann. Er blickt Azmera jetzt direkt an.

»Meine Schwester …«, beginnt Petros zögernd. Er schaut sich zu ihr um. Azmera senkt den Blick.

»Lass sie doch selber sprechen. Sie ist alt genug, oder?«

In Azmeras Kopf beginnt es zu prickeln. *Was, wenn der Kerl ein Spitzel ist? Jemand von der Polizei … Immerhin hat er ein Smartphone. Vielleicht hat er heimlich Fotos von uns gemacht.* Ihr wird ganz heiß.

Jetzt schauen alle Männer sie an.

»Sag etwas«, ermuntert Petros sie. Er wirkt ganz arglos, als würde er die Gefahr gar nicht spüren.

Azmera schluckt. Leise sagt sie: »Es gibt ein Problem in der Familie. Petros ist der Einzige, der zu mir gehalten hat. Deshalb gehe ich mit ihm.«

»Ein Problem?«, fragt einer der Männer. »Hast du was mit einem Kerl gehabt? Und die Eltern sind dir auf die Schliche gekommen?«

Azmera schüttelt den Kopf. »Nein, es ist etwas anderes. Aber ich möchte nicht darüber sprechen.«

»Sie ist krank«, sagt Petros plötzlich, »bei uns gibt es keine Ärzte, die ihre Krankheit heilen können.«

»Was ist das für eine Krankheit?«, fragt der Mann mit dem Smartphone.

Azmera sieht auf. Sie blickt dem Mann ins Gesicht und sagt: »Sind Sie Arzt?«

Er schüttelt den Kopf.

»Warum interessiert Sie das dann?«, fragt Azmera weiter. Sie wird mutiger. »Erzählen Sie doch etwas von sich. Wo kommen Sie her? Wo wollen Sie hin?«

Er scheint überrascht. Azmeras selbstbewusster Ton bringt ihn aus dem Konzept. »Ich bin ein Geschäftsmann aus Kampala«, sagt er schließlich.

Uganda also, denkt Azmera. Das war ihr erster Gedanke und sie hatte sich tatsächlich nicht getäuscht. Sie holt tief Luft. Wenigstens scheint er kein Spitzel aus Eritrea zu sein.

Petros, dem es unangenehm ist, dass der Ugander Azmera in ein Zwiegespräch verwickelt hat, unterbricht: »Das ist komisch«, sagt er, »ein Geschäftsmann auf der

Ladefläche eines Lasters. Unter lauter Habenichtsen. Unter Flüchtlingen. Reist du immer so?«

Bevor der Mann etwas entgegnen kann, ruft Rachid, dass es zu dunkel ist und dass sie morgen weitermachen sollen.

»In der Dunkelheit können wir sowieso nicht fahren«, meint er. »Zu gefährlich.«

»Weil deine Scheinwerfer nicht funktionieren«, erwidert der Ugander verächtlich. »Weil dein Wagen eine Schrottkarre ist.«

Für einen Augenblick sieht es aus, als wolle Rachid sich auf ihn stürzen. Aber Petros und ein anderer Mann halten Rachid zurück. Sie reden auf ihn ein, bis er sich wieder beruhigt hat.

»Okay«, sagt Rachid schließlich, »wir könnten ein Feuer machen, aber hier finden wir kein Brennholz. Hier gibt es gar nichts.« Er schaut sich um. »Aber ich habe für jeden von euch noch eine Flasche Wasser. Seid sparsam.«

Azmera wartet mit zwei Wasserflaschen auf Petros, der das Gelände erkundet. Als er zurückkommt, deutet er in Richtung einer Sanddüne und sagt: »Ich habe einen guten Platz für uns gefunden. Ich bring unsere Sachen dahin.«

»Geht nicht zu weit weg!«, ruft Rachid ihm warnend zu. »Und passt auf die Skorpione auf!«

»Gibt es hier auch Schlangen?« Azmera hat Angst vor Schlangen, seit eine Frau in ihrem Dorf von einer Mamba gebissen wurde. Eine halbe Stunde später war sie tot.

»Klar gibt es hier Schlangen«, fährt Rachid sie barsch an. Als er sieht, wie sich Azmeras Augen verengen, wird sein Ton milder: »Aber bei dem Sandsturm haben die sich bestimmt irgendwo verkrochen. Die kommen so schnell nicht raus. Trotzdem: Die Skorpione sind wirklich gefährlich, pass auf dich auf.«

Azmera war noch nie in einer Wüste wie dieser. Wo nichts ist. Wo man nachts kein Licht sieht, keinen Laut hört, gar nichts. Wo der Himmel so schwarz ist wie Tinte und die Sterne aussehen, als würden sie um die schmale Sichel des Mondes kreisen.

Hinter der Düne klopfen Azmera und Petros den Sand aus den Säcken und breiten sie auf dem Boden aus. Petros schiebt mit den Füßen weichen Sand unter die Säcke. »Das sind unsere Kopfkissen«, sagt er und lächelt Azmera aufmunternd zu.

Abu ist von seiner Schulter gesprungen und turnt auf den Dünen herum. Sie können ihn in der Dunkelheit kaum sehen, aber sie hören seine aufgeregten Laute und spüren Bewegungen im Sand. Offenbar hat er eine Eidechse entdeckt, mit der er jetzt sein Spiel treibt. Er springt um das kleine Tier herum, hüpft aus dem Stand einen Meter in die Luft, um es zu beeindrucken, und macht dabei ganz neue schrille Geräusche.

»Glaubst du, dass er dem Tier etwas tut?« Azmera hat sofort Mitleid mit der Eidechse. Sie leidet immer mit allen Opfern.

»Ach was, Abu ist Vegetarier«, beruhigt sie Petros. »Der spielt nur. Er braucht Bewegung. Siehst du, wie er springt? Und wie er sich gegen die Brust klopft?« Petros lacht. »Jetzt spielt er Orang-Utan.«

Alle paar Minuten kommt das Äffchen aber wieder zu ihnen zurück, als wolle es sich vergewissern, dass sie sich nicht plötzlich in Luft aufgelöst haben.

»Alles gut, Abu«, sagt Petros dann jedes Mal. »Spiel

weiter.« Und Abu springt wieder los, als habe er alles verstanden.

»Ich hatte eine gute Taschenlampe«, sagt Petros in die Dunkelheit, »aber die haben sie mir geklaut. So viele Sterne da oben, aber sie machen kein Licht. Wenn wenigstens Vollmond wäre. Kannst du was erkennen?«

»Ich sehe genug«, erwidert Azmera. Sie öffnen ihre Proviantdosen und Petros entzündet ein Streichholz, um seine Schätze zu zeigen. Petros hat kalte Hühnerbeine! Und kleine süße Tomaten!

»Wo hast du das her?«, fragt Azmera fassungslos.

Petros legt bedeutungsvoll einen Finger an die Lippen. »Mein Geheimnis.«

»Weil du doch kein Geld hast, meine ich.«

»Ja, aber für einen Hungrigen gibt es immer Wege, an Essen zu kommen. Bitte, bedien dich.«

Unter normalen Umständen wäre Azmera entsetzt. Petros muss diese Köstlichkeiten einem Straßenhändler gestohlen haben … Aber dies hier sind keine normalen Umstände. Sie fragt vorsichtshalber nicht weiter nach. Beim Anblick des leckeren Essens läuft ihr das Wasser im Mund zusammen. Sie schämt sich fast, dass in ihrer Dose nur Hirse und gekochte Auberginen sind, aber zusammen mit den Tomaten und dem Hühnerfleisch haben sie eine köstliche Mahlzeit. Dazu sauberes Wasser.

»So könnte das Leben bleiben!« Nach dem guten Essen lehnt sich Azmera zufrieden zurück und leckt genüsslich ihre Finger ab.

»Es wird so bleiben«, sagt Petros mit ernster Stimme.

»Das klingt, als würdest du fest daran glauben.«

»Das tue ich auch. Jedenfalls, was mein Leben betrifft.«

Was sein *Leben betrifft.* Azmera versucht, ihre Stimme ganz beiläufig klingen zu lassen, als sie fragt: »Wie lange bleiben wir beide eigentlich zusammen?«

Abu kommt in großen Sprüngen heran und stoppt vor ihren Füßen. Er stellt sich auf die Hinterbeine, schnuppert und macht schmatzende Geräusche.

»Ich gebe ihm etwas von deiner Hirse, okay?«

Azmera nickt. »Ja, gut.« Sie bekommt kaum Luft. Lauernd wartet sie darauf, dass Petros auf ihre Frage antwortet.

»Also«, sagt Petros endlich, nachdem er Abu gefüttert hat, »also ich denke, wir müssen so lange zusammenbleiben, bis wir über die Grenze sind.«

Müssen, hallt es in Azmeras Kopf nach. Ihr Herz rast. »Welche Grenze?«

Petros schaut sie aufmerksam an. »Die nach Europa natürlich. Wenn alles gut geht, sind wir in zwei Tagen schon auf einem Schiff nach Italien. Das wäre am besten, das ist der kürzeste Weg. Aber auf so einem Schiff kann viel schiefgehen, weißt du? Vielleicht geht der Motor kaputt und wir werden irgendwo an Land gespült. Oder wir müssen eine andere Route nehmen, weil es Patrouillen gibt, und landen auf einer griechischen Insel oder in der Türkei. Ich habe gehört, dass viele Flüchtlinge gar nicht wissen, wo sie sind, wenn sie ans Ufer steigen. Auf jeden Fall habe ich John versprochen, dass ich mich um dich kümmere, bis wir wirklich in Europa sind. Bis wir registriert sind. Papiere sind wichtig. Die Europäer wollen immer Papiere sehen ... Aber wieso fragst du das?«

»Nur so«, murmelt Azmera. Sie schaut auf den Boden. »Ich wollte einfach nur mal fragen.«

»Mit einem Bruder an deiner Seite bist du sicherer.«
Azmera nickt. »Ich weiß, ja.«
Sie schweigen.
»Gehe ich dir auf die Nerven?«, fragt Petros nach einer Weile.
»Was?« Azmera blickt ihn verwirrt an. »Wieso denn? Nein!«
»Das wäre nämlich wirklich schlecht! Möglicherweise müssen wir es noch eine ganze Weile zusammen aushalten.«
»So habe ich das nicht gemeint«, flüstert Azmera.
»Weißt du«, sagt Petros, »ich dachte immer, ich würde mit Delina auf diese Reise gehen. Sie wollte aber immer nach Amerika, nicht nach Europa ... Sie hat einmal aus Spaß gesagt: ›Vielleicht heirate ich den nächsten amerikanischen Präsidenten.‹ Sie war so, weißt du? Sie hat gedacht, Mond und Erde ändern ihre Umlaufbahn extra für sie.« Er schlägt mit der Faust in den Sand. Wieder und wieder. »Ich hasse Gott dafür, dass er Delina nicht beschützt hat ... Dass ich zu jung war, um sie zu beschützen ... Ich vermisse sie so sehr.«
Er wendet sich ab, aber Azmera spürt, wie sein Körper von Schluchzern geschüttelt wird. Auf einmal bricht die Trauer auf, die er so lange tief in seinem Innersten verborgen hat, und droht, ihn zu zerreißen.
Azmera kriecht noch näher an Petros heran und umschlingt ihn mit ihren Armen. Sein Körper zuckt jetzt schwächer. Er hat aufgehört zu weinen. Vielleicht beißt er die Zähne zusammen, weil er vor ihr nicht schwach wirken will. *Aber vielleicht,* denkt Azmera, *tröstet ihn meine Wärme, meine Nähe.*

Plötzlich sieht sie das ernste Gesicht ihres Vaters vor sich, der in Stockholm auf sie wartet. Wäre er wütend, wenn er sie beide hier so sähe?

Und wenn sie dann bei ihm ist, in diesem fremden Land, wird sie dann nicht Bauchschmerzen vor Sehnsucht bekommen, wenn sie an diesen Moment hier denkt?

Wird sie sich nicht ein Leben lang nach Petros verzehren?

Schon seit einer Weile dringen die Stimmen ihrer Mitfahrer nicht mehr bis zu ihnen. Vielleicht schlafen sie schon. *Bestimmt haben sie es nicht so gut wie wir beide,* denkt Azmera und dreht sich auf ihrem Lager zu Petros um, der neben ihr auf seiner Decke im Sand liegt. Sie merkt, dass sie lächelt.

Petros seufzt. »Ach, ich werde die Wüste vermissen, wenn ich in Europa bin. Diese Sterne. Du auch?« Nun dreht auch er sich zu Azmera um.

»Ja, ich auch.«

Es ist so dunkel, dass sie nur seine Umrisse erkennt. Und seine weißen Zähne, wenn er spricht.

»Stimmt es, dass du zu Hause Probleme hast?«, fragt Petros plötzlich.

Azmera schüttelt den Kopf. »Nein, das habe ich mir nur ausgedacht. Ich … wusste nicht, was ich sagen soll.«

»Es tut mir leid, dass ich das mit der Krankheit erlogen habe, aber auf die Schnelle ist mir nichts Besseres eingefallen.«

»Das ist doch gut«, erwidert sie, »damit haben wir ihnen das Maul gestopft.« Sie lacht, aber Petros nicht.

»Es wäre schrecklich, wenn du wirklich krank wärst.«

»Bin ich aber nicht, Petros.«

»Ja, aber als ich das gesagt habe, da habe ich hier ...«, er legt die Hand auf sein Herz, »einen richtigen Stich gespürt. Man darf sich nicht mit Worten versündigen.«

Azmera ist so gerührt, dass sie ihn am liebsten wieder in den Arm nehmen würde. »Ich bin gesund, Petros«, flüstert sie, »sehr gesund. Ich war noch nie wirklich krank, ich kann viel aushalten. Ich bin kräftiger, als du denkst ...«

Was redest du da, Azmera, denkt sie plötzlich, *hast du vergessen, wie krank du warst? Dass Fatima dich gepflegt hat?* Schuldbewusst senkt sie den Kopf.

Sie lauscht auf Petros' Atem. Sie glaubt zu spüren, dass er an seine Schwester denkt. An ihren leblosen Körper, den man einfach über die Gartenmauer geworfen hat. Sie möchte die Hand ausstrecken, ihn berühren und trösten. Aber sie wagt es nicht. Ganz steif liegt sie da und starrt auf die dünne Sichel des Mondes.

»Wenn man ganz genau hinsieht«, sagt sie nach einer Weile, »kann man den Rest des Mondes sehen. Den Rest der Kugel. Schau mal.«

Petros kommt noch näher, sodass sich ihre Köpfe leicht berühren. Gemeinsam schauen sie auf den Mond. Ein goldener Streifen saust über den Himmel, der plötzlich wieder verglüht.

»Hast du das gesehen?«, flüstert Azmera. Sie spricht leise, weil sie ganz ehrfürchtig geworden ist unter dem nächtlichen Wüstenhimmel.

»Das war eine Sternschnuppe.«

Azmera spürt, wie sich Petros' warme Finger vorsichtig um ihre Hand schließen. Ihr Herz klopft schneller. Bestimmt wird alles gut.

Lange liegen sie schweigend nebeneinander, bis Azmera hört, dass Petros' Atemzüge immer gleichmäßiger werden. *Er ist eingeschlafen,* denkt sie. Wärme breitet sich in ihr aus, doch sie selbst ist noch viel zu aufgewühlt, um Ruhe zu finden.

So soll es immer bleiben. Aber Petros will nach England. Unwillkürlich beginnt sie, sich zu fragen, wie weit das wohl von Stockholm entfernt ist. Azmeras Herz beginnt zu rasen. Schließlich kann sie sich nicht mehr beherrschen und fragt leise: »Petros?«

Er brummt schläfrig. Abu hat sich in seinen Arm gekuschelt.

»Willst du wirklich nach England?«

Petros murrt etwas Unverständliches und dreht sich auf die andere Seite.

Azmera bettet ihren Kopf vorsichtig auf das Sandkissen und starrt unruhig in den Sternenhimmel.

Bitte, lieber Gott, betet sie lautlos, *finde einen Weg, dass Petros und ich uns nie mehr trennen müssen.*

Mitten in der Nacht wacht Azmera plötzlich auf. Der Mond steht in einem anderen Sternbild. Sie wünschte, sie wüsste den Namen des Sternbilds. Ihre Nasenspitze ist eisig kalt und die Finger, die auf dem schützenden Sack lagen, ganz steif. In Eritrea war es niemals so kalt, dass man klamme Finger bekam. Abu hat sich neben Petros' Kopf eingerollt. Petros macht im Schlaf nicht das geringste Geräusch – ganz anders als Azmeras Vater. Sie muss daran denken, dass er oft geschnarcht hat und ihre Mutter sich morgens lachend darüber beklagte.

Sie richtet sich vorsichtig auf und betrachtet den

schlafenden Petros. Eine Welle zärtlicher Wärme überschwemmt sie. Noch nie hat sie so dicht bei einem Mann geschlafen und dennoch fühlt es sich so vertraut an, als hätte das Schicksal sie beide schon viel früher füreinander bestimmt. Sie könnte sich jetzt über ihn beugen und ihn küssen.

»Ich bin gleich wieder zurück«, haucht sie in die Nachtluft. Petros zeigt keine Reaktion.

Sie stapft die kleine Mulde hinauf. Der weiche Sand unter ihren Füßen gibt bei jedem Schritt nach und löst eine winzige Lawine von Sandkörnern aus, die den Hang hinabrutschen. Manchmal glitzert ein Sandkorn im Mondlicht wie ein kleiner Diamant, nachdem man sich bücken möchte.

Die Umrisse ihres Trucks wirken wie ein Weltraumfahrzeug auf dem anderen Hügel. Von den schlafenden Männern sieht sie nichts.

Sie rutscht die Sanddüne hinab, hockt sich hin und schiebt ihre Hose herunter, um zu pinkeln. Ihre Gedanken wandern zurück nach Eritrea. Auf einmal kann sie sich wieder vorstellen, ihre Straße hinunterzulaufen, vorbei an dem blühenden Hibiskus. Wie gerne würde sie sich noch einmal eine der zarten Blüten ins Haar stecken, um schön zu sein für Petros.

Plötzlich krallt sich eine Hand in ihre Schulter. Eine Stimme wispert: »Steh auf.«

Azmeras Magen krampft sich zusammen. Langsam wendet sie den Kopf. Der Ugander steht hinter ihr. Sie kann ihn nur schemenhaft erkennen, auch seine Stimme ist ihr nicht vertraut, aber sie weiß sofort, dass er es ist.

Es ist, als habe sie auf diesen Moment gewartet, seit sie seinen Blick bemerkt hat. Die Art, wie er sie ansah.

»Nein«, flüstert Azmera, »nein, lass mich.«

»Steh auf«, wiederholt er. Nicht herrisch, nicht befehlend, sondern ruhig und beinahe sanft, als wüsste er, dass ihr gar nichts anderes übrig bleibt, als zu gehorchen.

»Ich will nicht«, flüstert sie, »bitte, lass mich.« Den Kopf zwischen den Knien hockt sie da. Ihre Beine fühlen sich taub an. Es ist so ein erbärmliches, hilfloses Gefühl, dass sie weinen könnte.

»Er ist nicht dein Bruder«, sagt der Ugander.

»Was?«

»Ich weiß, dass er nicht dein Bruder ist.«

»Meinst du Petros?«, flüstert Azmera.

»Wen sonst. Der Typ ist doch ein Loser, das sieht man sofort. Du hast was Besseres verdient. Eine Frau wie du braucht einen anderen Kerl.«

Azmera schüttelt heftig den Kopf. Tränen rollen ihr über das Gesicht. Sie kann nicht vernünftig denken, Panik schnürt ihr die Kehle zu. »Aber ich bin Delina, seine Schwester«, stammelt sie.

»Steh auf«, sagt er, dieses Mal ist sein Ton schärfer.

Sie gehorcht und zieht hastig ihren Schlüpfer und die Hose hoch. Dann macht sie zwei Schritte zur Seite, schaut zurück. Irgendwo dahinten ist Petros und schläft ahnungslos. Sie reißt den Mund auf, um zu schreien, bringt aber keinen Ton heraus.

»Komm mit«, fordert der Mann und greift nach ihr.

Sie weicht zurück und schlägt wie wild nach seiner Hand. »Nein, nein!«, keucht sie.

Er packt sie hart am Ellenbogen. Sie holt mit dem Arm

zum Schlag aus, boxt mit der anderen Hand gegen seine Brust, seinen Bauch, weiß aber, dass er das nicht einmal spürt.

»Komm mit mir«, drängt er, »verlasse diesen Versager. Ich kann dir alles geben, was du brauchst.« Sein Mund ist jetzt an ihrem Ohr und es kommt ihr vor, als wäre sein Atem mit Essig getränkt.

Azmera reißt sich los, rennt, stürzt, springt wieder auf, doch der Mann ist sofort hinter ihr. Sie fällt, er umklammert ihre Beine, zieht sie zu sich hin.

»Pee-tross!«

Der Ugander presst seine Hand auf ihren Mund, legt sich auf sie, bis sie keine Luft mehr bekommt.

Ich werde ersticken, denkt sie, *meine Brust wird zerspringen.*

Da rollt er sich auf die Seite, fummelt an seinen Kleidern.

»Nein«, keucht sie, »nein, nein!« Dann holt sie wieder Luft und ruft nach Petros.

Ein Schlag unterbricht ihren Schrei. Hart trifft seine Hand sie ins Gesicht.

Sie windet sich, sie kämpft. Sie möchte ihm ins Gesicht spucken, ihn kratzen, beißen, die Hände sind wie Krallen, und plötzlich spürt sie ihre Kraft. Sie bäumt sich auf und drückt ihre Finger in seine Augenhöhlen. So hat sie es als Kind gelernt. So muss man sich wehren, wenn ein Krokodil angreift. Die Augenhöhlen muss man treffen, dann lässt es vielleicht los.

Azmera schließt selbst die Augen. Sie wartet und hofft.

Auf einmal bebt der Sand unter ihr und jemand ruft heiser: »Delina? Wo bist du?«

Sie drückt fester zu. Aber nicht fest genug.

Er wird mich töten, denkt sie, *und Petros eine Lüge erzählen.*

Mit dem Schrei eines wilden Tieres wirft sich Petros in diesem Moment auf den Ugander. Hinter ihm hüpft der zeternde Abu mit vor Angst und Aufregung gefletschten Zähnen.

Azmera zieht ihre Beine vorsichtig zurück und rollt sich von den kämpfenden Männern weg. Sie hört, wie sie keuchen, hört den trocknen Knall ihrer Schläge. Schließlich rappelt sie sich auf, wirft sich auf den Ugander und schlägt ihre festen weißen Zähne in seinen Nacken, bis er brüllt wie ein Ochse, der nicht geschlachtet werden will.

Und plötzlich ist es vorbei.

Die beiden Männer liegen erschöpft vom Kampf weit voneinander entfernt am Boden. Petros liegt auf dem Rücken, Abu hüpft um ihn herum. Der Ugander ist mit dem Gesicht im Sand gelandet und Azmera hat ihren Fuß in seinem Nacken. Die Arme weit erhoben, bereit, sofort zuzuschlagen, wenn er sich rühren sollte.

Petros hustet, spuckt Sand und Schleim aus. »Hat er dir etwas angetan?«

»Noch nicht.«

»Ich bring dich um, du Hurensohn«, keucht Petros. Er schiebt Azmera vorsichtig beiseite und stellt nun seinen eigenen Fuß in den Nacken des Mannes. »Das ist die Strafe, die du verdient hast.«

Azmeras Puls rast immer noch, als wäre er außer Kontrolle. Ein dumpfes Dröhnen hat sich in ihrem Kopf ausgebreitet. Bei Petros' Worten durchströmt sie ein Gefühl der Genugtuung. Für einen kurzen Moment überlegt sie, ob sie zum Laster laufen und eine Schaufel für Petros holen soll, doch sie kommt zur Besinnung. »So etwas darfst du noch nicht einmal denken«, flüstert sie.

»Warum nicht? Er hat nichts Besseres verdient.«

»Wir sind Christen, Petros.«

Der Ugander bewegt sich, als habe er bei Azmeras Worten Hoffnung geschöpft.

»Wage es nicht, auch nur einen Mucks zu machen!«, zischt Petros. Der Körper unter seinem Fuß erschlafft. »Also: Was sollen wir mit ihm tun?«, fragt Petros widerwillig.

»Lass ihn los«, sagt Azmera eindringlich. »Lass ihn einfach los. Er wird mir nichts mehr tun. Er existiert nicht mehr für mich. Ich sehe ihn gar nicht. Er ist ein Nichts. Ein Staubkorn. Er ist nichts vor Gott.«

Petros steht einem Moment bewegungslos in der Dunkelheit. Azmera ahnt, dass er sie anstarrt, doch sie weiß, dass er im Licht des Mondes ihr Gesicht nicht lesen kann. Schließlich nimmt er den Fuß weg.

»Gut«, sagt er. »Wie du willst.«

Wortlos kehren sie zu ihrem Lager zurück und holen ihre Sachen. Wortlos überqueren sie die Sanddünen und gehen zum Lastwagen.

Rachid sitzt im Fahrerhaus. »Was ist passiert?«, fragt er, als sie sich nähern.

»Wir schlafen lieber auf dem Wagen «, entgegnet Petros.

»Gut, aber was ist da draußen passiert? Ich habe Stimmen gehört.«

»Frag den Ugander«, sagt Petros, »aber wenn du ihn zu uns auf den Laster lässt, gibt es Krieg. Er ist eine Ratte. Er ist schlimmer als ein eitriges Geschwür.«

Azmera spürt, wie Rachid sie mustert, wie es in ihm arbeitet. Sie gibt ihm einen trotzigen Blick zurück.

»Verstehe«, brummt er schließlich. »Ich lasse ihn nicht zu euch rauf. Seht zu, dass ihr noch ein bisschen Schlaf abbekommt. Und der Affe soll nicht so ein Gezeter machen. Das geht mir auf die Nerven. Morgen wird es wieder heiß.«

Sie nicken.

Azmeras Beine sind wie Gummi. Ohne Petros' Hilfe schafft sie es nicht auf die Ladefläche. Petros setzt Abu auf das Fahrerhäuschen. »Pass auf«, flüstert er, »pass gut auf uns auf, ja?«

Außer ihnen sind noch vier Männer auf der Ladefläche, sie haben sich die bequemsten Plätze gesucht. Sie schlafen fest und merken gar nicht, dass Petros und Azmera über ihre Beine krabbeln und sich ein Lager bereiten.

»Wir hätten hier oben bleiben sollen«, murmelt Petros, »ich bin ein Idiot.«

»Nein, bist du nicht«, wispert Azmera.

Sie rollt sich ein, ihr Kopf an seiner Schulter.

Ich will nicht weinen, denkt sie. *Bloß nicht weinen. Nicht jetzt.*

»Du bist so stark«, sagt Petros nach einer Weile leise.

Azmera schüttelt lächelnd den Kopf. »Nein, das ist nicht wahr.«

»Oh, doch. Du bist stark und du hast einen Willen, den man nicht brechen kann. Das finde ich gut.«

»Danke, dass du mich gerettet hast«, flüstert Azmera.

»Ich hätte ihn da sterben lassen«, knurrt Petros wiederum nach einem langen Schweigen.

»Nein, das hättest du nicht.«

»Woher willst du das wissen?«

Azmera schaut mit wachen Augen in den Nachthimmel und atmet tief durch. »Weil du mein Bruder bist.« Sie zögert und fügt ganz leise hinzu: »Und weil ich dich sonst nicht lieben könnte.«

Petros rührt sich nicht. Sehr lange, unerträglich lange, liegt er einfach nur so da und atmet flach. Azmera kann spüren, wie sich sein Brustkorb hebt und senkt. Ihr Herz zieht sich zusammen. *Ich hätte das nicht sagen dürfen,* denkt sie verzweifelt, *ich hätte mir auf die Zunge beißen sollen, mir auf den Mund hauen, irgendwas.*

Aber da richtet sich Petros vorsichtig auf, wirft einen Blick auf die schlafenden Männer und beugt sich über Azmera. Seine Lippen finden wie selbstverständlich ihren Mund. Warm und weich verschmelzen ihre Lippen miteinander. Azmera wagt es nicht zu atmen.

Dann löst sich sein Mund wieder von ihrem. Er wirft erneut einen prüfenden Blick auf die Schlafenden und flüstert: »Das ist nie passiert. Das haben wir nur geträumt. Lass uns jetzt schlafen.«

Sekunden später ist Petros eingeschlafen. Er hat sich von Azmera abgewandt, die Mütze tief ins Gesicht gezogen.

Wie schafft er das, denkt sie, während ihr Herz immer noch übermütig in ihrer Brust auf und ab springt. Wieder und wieder erlebt sie den Kuss in Gedanken. Wie sein Gesicht immer näher kam, sodass sie seine Wärme fühlen konnte, und wie sich ihre Lippen automatisch öffneten, als sein weicher Mund den ihren berührte. Und dann seine Zunge. Bei der Erinnerung durchflutet erneut Wärme ihren Körper. Sie muss daran denken, wie ihre Beine plötzlich begannen zu zucken, aber er hat es nicht gemerkt. Jetzt zittern sie immer noch ein wenig.

Wieder jagt eine Sternschnuppe über den Himmel und verglüht. Nicht länger als ein Wimpernschlag.

Eines Tages könnten wir eine Familie sein, Petros, denkt Azmera plötzlich. *Du und ich und vielleicht hätten wir sogar ein Kind. Eines Tages. Irgendwo in Europa. Wie würden wir unser Kind nennen?*

Da, noch eine Schnuppe.

Sie hätte die Meteoriten zählen sollen, die aus dem All auf sie zurasen und verglühen. Sie hätte die Tage zählen sollen, die sie schon unterwegs ist, die Nächte, in denen sie vor Angst nicht schlafen konnte. Sie hätte alles aufschreiben sollen. Doch das alles ist auf einmal nicht mehr so wichtig, denn nun ist etwas passiert, was noch entscheidender ist als ihre Flucht: Sie ist verliebt. Und der Mann, den sie liebt, ist kein Traum. Er liegt hier neben ihr und sein Körper hebt und senkt sich bei jedem Atemzug. Wenn sie die Hand ausstreckte, könnte sie ihn berühren, aber das tut sie nicht. Natürlich nicht. Ihr reicht die Gewissheit, dass sie es könnte.

Irgendwann schläft auch sie ein.

Als sie aufwacht, ist der Laster wieder rumpelnd auf der Sandpiste unterwegs. Azmera kann nicht fassen, dass sie so fest geschlafen hat. Immerhin müssen die Männer die Räder am Morgen aus dem Sand befreit haben. Sie reckt sich und blinzelt dem neuen Tag entgegen. Der Himmel ist klar und der Sandsturm ist in so weite Ferne gerückt, als wäre er nur ein böser Traum gewesen.

Petros schläft noch. Es sieht aus, als habe er sich die ganze Nacht nicht bewegt. Immer noch liegt er eingerollt da, die Mütze tief ins Gesicht gezogen. Die Männer gegenüber frühstücken. Im Fahrerhaus hält Rachid das Steuer fest mit beiden Händen umfasst. Da bemerkt Azmera den Ugander, der neben Rachid sitzt und reglos geradeaus starrt. Sie spürt einen Stich, als sie ihn da sitzen sieht. Wenigstens liegt er nicht mehr hinten auf der Ladefläche und beobachtet sie immerzu.

Azmera richtet sich auf und hält ihr Gesicht in den kalten Wüstenwind. Die Sonne ist nur ein heller Strich am Horizont, der aber von Sekunde zu Sekunde immer breiter wird, bis ihm in der Mitte ein Feuerball entsteigt und den Himmel in Brand setzt. Geblendet wendet sie den Kopf ab. Blinde Flecken tanzen vor ihren Augen.

Einer der Männer deutet einladend auf einen Kasten mit Wasserflaschen. Der war vorher nicht da. Vielleicht hatte Rachid noch eine Notration im Fahrerhäuschen. Sie kriecht zu dem Kasten, nimmt eine Flasche und trinkt lange und gierig.

Als sie die Flasche absetzt, spürt sie, dass Petros sie anschaut. Sie kann ihn nicht sehen, aber sie spürt seinen Blick in ihrem Rücken. Lächelnd dreht sie sich um.

»Wasser«, sagt sie.

Petros streckt die Hand danach aus.

»Hast du gut geschlafen?«, fragt er, ohne sie anzusehen.

»Ja, danke«, antwortet sie, »sehr gut. Und du?«

»Ich auch«, sagt Petros.

Er trinkt, sie schweigen. Nach einer Weile wischt er den Flaschenhals ab und reicht ihr die Flasche.

»Du musst die Flasche nicht abwischen, bevor du sie mir gibst«, sagt Azmera.

Sie schauen sich an. In diesem Augenblick teilen sie einen Gedanken, das sieht sie in seinen Augen.

Gegen Mittag, als die Sonne so hell geworden ist, dass Azmeras Augen tränen, erreichen sie die Oase Al Fuqaha.
Rachid bremst und sie sieht, wie er an dem Ugander vorbei die Beifahrertür öffnet und etwas zu dem Mann sagt. Sie haben einen Disput, aber Azmera kann nicht verstehen, was sie sagen. Schließlich holt der Ugander eine Sonnenbrille aus seiner Hemdtasche, setzt sie auf und steigt aus dem Wagen. Er greift nach seinem Rollkoffer und geht, ohne sich ein einziges Mal umzudrehen.
Alle schauen ihm schweigend nach, nur Azmera durchbricht die drückende Stille: »Wo geht er hin?«
»Keine Ahnung«, knurrt Petros, »ich hoffe, direkt in die Hölle.«
»Wahrscheinlich ist Al Fuqaha die Hölle«, sagt plötzlich einer der Männer. Die anderen lachen.
Die Straßen, durch die sie fahren, sind menschenleer, bis sie ins Zentrum kommen, wo die Gassen von schmutzigen Planen gegen die Sonne geschützt sind. Da gibt es Geschäfte, in denen man alles Mögliche kaufen kann: Betten, Matratzen, Sofas, Goldschmuck, Kochgeschirr, Lebensmittel in Dosen, frisches Gemüse und einen Ochsenkopf, der an einem Haken hängt und von Fliegen übersät ist. Es gibt auch eine Art Café, in dem Männer mit glasigem Blick an ihren Wasserpfeifen ziehen, und einen Brunnen, aus dem verschleierte Frauen und Mädchen in Blümchenkleidern Wasser in bunte Plastikeimer schöpfen.
Hier in den Gassen, hat Rachid gesagt, sollen sie ihren Proviant aufstocken. Azmera und Petros kaufen Datteln,

getrocknetes Rindfleisch in Streifen, ein Fladenbrot und Tomaten. Sie hätten auch gerne noch Bananen, aber es gibt keine. Um ihre schmerzenden Glieder ein wenig zu entfalten, gehen sie noch ein Stück spazieren, bis sie zu einem kleinen Palmenhain kommen. Dort steht Gras kniehoch im Wasser. Magere weiße Ochsen grasen und trinken gierig.

Einem Flamingo gleich stakst Azmera mit bis zu den Knien hochgekrempelter Hose durch das Wasser. Eine Familie mit sechs kleinen Kindern beobachtet sie andächtig. Keiner hindert sie, aber obwohl sie immerzu lächelt und winkt, sagt auch keiner ein Wort. Azmera sieht, dass die Menschen blaue Augen und eine viel hellere Haut haben. Die Frau und ihre älteren Töchter sind nicht verschleiert und tragen weite bunte Röcke, die bei jedem Schritt um die Beine schwingen.

Azmera könnte ewig hierbleiben, spüren, wie das schlammige Wasser zwischen ihren Zehen hindurchrinnt und die Hitze aus ihrem Körper zieht. Sie könnte den ganzen Tag den Kopf zurücklehnen und den tiefblauen Himmel zwischen den sanft im Wind schaukelnden Palmkronen bewundern.

Petros, der seine Schuhe anbehalten hat, hockt am Rand, bewacht die Einkäufe und schaut ihr zu. Schließlich trauen sich die Kinder näher. Das putzige Äffchen zieht sie magisch an, doch als alle gleichzeitig die Hände nach Abu ausstrecken, springt er erschrocken von Petros' Schulter und rennt davon. Panisch flüchten die Kinder in die andere Richtung. Petros beruhigt sie und lockt Abu mit merkwürdigen hohen Brummtönen an. Der Affe reagiert sofort darauf, hebt den Kopf, klatscht in die Hände und galoppiert auf allen vieren zu der kleinen Gruppe zurück. Die Kinder kreischen vor Vergnügen, als er aus dem Stand auf Petros' Kopf springt. Nun werden sie zutraulicher. Aber Petros und Azmera können sich mit ihnen nicht verständigen.

»Ich glaube, das sind Berber«, sagt Petros zu Azmera.

Zum ersten Mal kommt es ihr vor, als würde sie eine Art Ferienreise unternehmen. Alles ist so schön, so friedlich – die lachenden Kinder, die grüne Oase, die bunten Kleider der Frauen, das schmatzende Geräusch, das die Ochsen mit ihren Hufen im Wasser machen. Doch es dauert nicht lange, bis Rachid sie zurück zum Laster scheucht.

Azmeras Füße sind noch nass, sie läuft barfuß und bald sind ihre Füße mit einer Staubkruste bedeckt. Sie bleibt stehen, um ihre Füße zu säubern, damit sie ihre Schuhe wieder anziehen kann, aber Rachid reagiert gereizt. »Hier wird nicht stehen geblieben!«, keift er. »Wir haben keine Zeit!«

Petros mustert Rachid. »Was ist dein Problem, Mann?«, fragt er.

»Ich habe kein Problem«, knurrt Rachid.

»Warum müssen wir dann rennen, als wären wir Diebe?«

Rachid erwidert, dass sie das Tageslicht nutzen müssen. Natürlich wäre es angenehmer, hier irgendwo im Schatten auf die Abendkühle zu warten, klar.

»Aber dein bescheuerter Truck hat ja kein Licht«, schnappt Petros.

Rachid baut sich bedrohlich vor ihm auf. »Ganz genau, mein bescheuerter Laster hat kein Licht. Aber das ist nicht dein Problem!«

»Ich denke schon. Immerhin bezahle ich für die Fahrt auf dieser Kiste«, erwidert Petros heftig.

Azmera würde gern nach seiner Hand greifen, um ihn zu beruhigen. Aber sie weiß, dass diese Geste auch missverstanden werden könnte. Also läuft sie schweigend neben den Männern her. Der Boden prägt sich schmerzhaft in ihre Fußsohlen, aber sie versucht, nicht daran zu denken. Sie versucht, sich im Laufen leicht zu machen.

»Was ist mit dem Kerl aus Uganda passiert?«, fragt Petros plötzlich.

Rachid schweigt.

»Hey Mann, sag schon, wo ist er hin?«

»Er hat einen anderen Wagen genommen«, brummt Rachid.

»Ah, gut.« Petros nickt.

Nach einer Weile fragt er weiter: »Der Typ hat gesagt, er ist Geschäftsmann. Weißt du, was er macht?«

»Nein, das weiß ich nicht«, erwidert Rachid knapp, »und ich will es auch gar nicht wissen. Da ist der Laster. Steigt auf.« Er fügt etwas in einer anderen Sprache hinzu, die Azmera wieder nicht versteht.

Die Männer machen automatisch Platz, damit Petros und Azmera nebeneinandersitzen können. Das hat sich eingespielt. Sie sind freundlich, aber desinteressiert. Am ehestens stellen sie noch Fragen nach Abu, weil sie nicht verstehen können, warum jemand einen Affen mit auf so eine Reise nimmt. Aber Petros hat ihnen erklärt, dass Abu sein Freund ist und dass er es nicht übers Herz gebracht hat, ihn zu Hause zu lassen. Abu würde ohne ihn sterben. Er hat ihnen auch gesagt, dass Abu ihn liebt wie einen Bruder. Da haben sie ungläubig gelacht, aber sie lassen Abu und Petros in Ruhe und seine Schwester auch.

Am nächsten Morgen sind Azmeras Füße bis zu den Fesseln geschwollen. Als Petros aufwacht, sieht er, wie sie aus der Trinkflasche Wasser auf ein Tuch träufelt und damit ihre Wunden reinigt. Erschrocken richtet er sich auf. »Woher ist das?«, fragt er.

Azmera lächelt tapfer. »Ach. Das ist nichts. Das ist von gestern. Weil ich doch barfuß gelaufen bin.«

»Oh, shit!«, ruft Petros erschrocken. »Warum hast du nichts gesagt? Das sieht schlimm aus.«

Azmera beruhigt ihn. »Die Wunden sind nicht tief. Ich habe alles gesäubert, das heilt bestimmt schnell.«

Petros starrt sie an. »Du würdest es mir doch sagen, wenn du Schmerzen hast, oder?«

»Natürlich«, lügt Azmera, »mach dir keine Sorgen.«

Petros zaubert wieder die Dose mit der Vaseline hervor. Er will ihre Wunden damit behandeln, aber Azmera zuckt beim bloßen Gedanken an die Berührung und den Schmerz zusammen und macht es lieber selbst. Lächelnd, aber mit zusammengebissenen Zähnen tupft sie die zähe Paste auf die schlimmsten Stellen. Den rechten Fuß hat es schlimmer erwischt als den linken. Ein spitzer Stein hat eine richtig tiefe Wunde in ihren rechten Fuß geschnitten. Ganz glatt, aber doch sehr tief. Sie zieht die Socken, die ihr Fatima in Kassala im Souk gekauft hat, ganz vorsichtig über ihre Füße. »Jetzt ist es besser«, sagt sie tapfer. Petros guckt skeptisch.

»Ich weiß nicht.«

»Doch, Petros, alles gut.«

Azmera versucht an diesem Tag, sich so wenig wie möglich zu bewegen, aber bei einer der Pausen kann sie den Druck auf ihre Blase nicht mehr ignorieren. Sie muss vom Laster klettern. So vorsichtig wie möglich schält sie sich aus den Säcken auf der Ladefläche, aber als ihr rechter Fuß den Tritt berührt, den sie beim Auf- und Absteigen benutzen, durchzuckt sie ein heftiger Schmerz. Sie schreit auf und lässt sich einfach in den Sand fallen. Dabei stürzt sie ungeschickt auf ihr Handgelenk und würde am liebsten laut losheulen, aber sie bezwingt diesen Wunsch. Sie richtet sich vorsichtig auf und wischt sich mit dem Ärmel den Sand vom Gesicht.

»Schwester? Was ist passiert?«, ruft Petros vom Laster.

»Mir geht's gut«, presst sie zwischen den Zähnen hervor. »Ich muss nur kurz ...«

»Okay, bleib dicht beim Laster, ja? Ich steh hier oben und halte Wache.«

»Das brauchst du nicht.«

»Hast du schon vergessen, was neulich in der Nacht passiert ist?«, fragt Petros.

Azmera schüttelt den Kopf. Sie schleppt sich humpelnd am Laster entlang und hockt sich neben das hinterste Rad.

Niemand spricht. Es kommt ihr vor, als würden alle Männer jetzt angespannt lauschen, ob sie es plätschern hören können. Tränen der Scham und des Schmerzes schießen Azmera in die Augen. Gut, dass es niemand sieht.

Als sie zu Petros zurückkehrt, kann sie schon wieder lächeln.

»Geht es besser?«, fragt er mitfühlend.

»Alles halb so wild, danke«, sagt sie, »ich versuche einfach, noch ein wenig zu schlafen.«

Den restlichen Tag und eine weitere Nacht verbringt Azmera in unruhigem Halbschlaf auf der Ladefläche. Mal rumpelt das Gefährt durch flirrende Hitze, mal senkt sich die Kühle der Nacht auf sie herab. Für Azmera macht es keinen rechten Unterschied. Doch dann, am nächsten Tag gegen vier Uhr am Nachmittag, erreichen sie tatsächlich das Meer.

7

Mama? Kannst du mich hören?«

Außer ein paar Wortfetzen und lautem Rauschen dringt nichts aus dem Telefonhörer.

»Ich bin es, Azmera«, versucht sie es noch einmal.

»Oh, lieber Gott! Kind! Ich warte schon …«

Azmeras Herz wird schwer, als die Stimme ihrer Mutter wie aus einer anderen Welt an ihr Ohr dringt. »Es tut mir leid, ich konnte nicht telefonieren. Wir waren in der Sahara.«

»War es schlimm?«

Du machst dir ja keine Vorstellung, denkt Azmera. Aber ihre Mutter macht sich schon genug Sorgen um sie. Besser, wenn sie nicht erfährt, was ihr alles widerfahren ist, seit sie das letzte Mal telefoniert haben. Sie räuspert sich, dann sagt sie: »Nein, es war nicht schlimm. Mir geht es gut«

Auf der Küstenstraße nach Misrata waren ständig Kontrollen und Checkpoints. Sie wurden mal von Soldaten untersucht, mal von Menschen, die wie Wegelagerer aussahen und drohten, sie zu erschießen, wenn sie ihnen kein Geld gaben. Und sie gaben das Geld. Azmera zahlte auch für Petros.

Überall waren Militärfahrzeuge und abenteuerlich gekleidete Kämpfer mit selbst gemalten Flaggen, die sie im Wind flattern ließen. Manche hatten Lautsprecher aufs

Autodach geschraubt und ließen Parolen erklingen. Überall schwer bewaffnete Milizen, den Finger immer am Abzug ihrer Kalaschnikow. Noch nie hatte Azmera so viel Angst gehabt und sie spürte, dass auch bei Petros die Panik wuchs, je mehr sie sich Misrata näherten.

»Oh, mein tapferes Mädchen. Wo bist du jetzt?« Die Stimme ihrer Mutter klingt immer noch ganz aufgeregt, so voller Mitgefühl, als ahne sie, dass Azmera ihr nicht alles sagt. Azmera lächelt unter Tränen. Wie gut es tut, diese liebe Stimme zu hören.

Sie steht in einem Telefonshop im Erdgeschoss eines Hauses, das fast völlig zerstört ist. Die Balkone in den oberen Stockwerken gibt es nicht mehr, und manche Wände haben so große Löcher, dass man sie nicht mit einem Betttuch zuhängen kann. Überall in Misrata gibt es diese zerstörten Häuser, von denen nur noch die Außenwände stehen. Die Verwüstung ist allgegenwärtig, aber das alles kann und will sie ihrer Mutter nicht erzählen. Stattdessen sagt sie: »An der Küste, Mama. Ich bin in Misrata, das ist am Mittelmeer. Jetzt müssen wir ein Schiff suchen, das uns nach Europa bringt.«

»Also hast du eine nette Familie gefunden, bei der du dich geborgen fühlst, ja?«

Azmera zögert. Kann sie ihrer Mutter wirklich von Petros erzählen?

»Azmera! Kind! Bist du noch da? Kannst du mich hören?«

»Mama, ich ...«

»Hast du eine nette Familie gefunden, mit der du reisen kannst und die dich beschützt?«

»Ja, Mama, das kann man so sagen«, erwidert sie schließlich ausweichend und es ist noch nicht einmal eine Lüge. Petros und Abu sind wirklich wie eine Familie für sie. Dass sie auf einem offenen Laster durch die Wüste gefahren ist, auf dem außer ihr nur Männer waren, und sie beinahe vergewaltigt worden wäre, verschweigt sie lieber.

Ob ihre Mutter sich vorstellen kann, wie man sich fühlt, als Mädchen, in so einer Stadt, die vom Bürgerkrieg total verwüstet ist? Selbst hier werden sie behandelt wie Vieh. Viele der Männer hier im Telefonshop haben eine hellere Haut als sie. Wahrscheinlich sind es Libyer und sie beäugen die dunkelhäutigen Flüchtlinge misstrauisch, schubsen sie herum, schreien sie grundlos an. Petros hat sie gewarnt, dass die Libyer alle Menschen aus Schwarzafrika verachten. Aber den Grund dafür kannte er auch nicht.

»Das ist schön, mein Schatz«, sagt die Mutter, »das beruhigt mich ein bisschen.«

Azmera schweigt. Der Schweiß läuft in einem Rinnsal an ihrer Wirbelsäule herunter. Sie konnte sich noch kein einziges Mal waschen, seit sie aus der Sahara gekommen sind. Sie schämt sich vor Petros und meidet seine Nähe, weil sie ihren Geruch so schrecklich findet. Ihre Augen sind entzündet von der Helligkeit in der Wüste und dem Sand, den ihnen der Wind immerzu in die Augen trieb. Beim Atmen schmerzt ihre Lunge. Petros sagt, das kommt von den Dieselabgasen, die sie einatmen mussten. Aber wie könnte sie das ihrer Mutter erzählen?

»Dein Vater ruft sehr oft an, er macht sich große Sorgen«, fährt ihre Mutter schließlich fort. »Was soll ich ihm sagen, wenn er wieder anruft?«

»Sag ihm, dass ich ihn lieb habe. Ich habe euch alle lieb und vermisse euch.«

Azmera schließt die Augen, sie hat nicht gedacht, dass es so schwierig sein würde, mit ihrer Mutter zu reden, dass die Stimme ihrer Mutter sie derart aufwühlen würde. Sie merkt erst jetzt, wie müde und erschöpft sie ist.

»Was denkst du, wie lange es noch dauern wird?«, fragt ihre Mutter wieder.

Azmera stöhnt auf. »Mama, hier in der Stadt gibt es sehr viele Flüchtlinge. Alle warten darauf, dass sie hier wegkommen, aber ...« Ihr versagt die Stimme.

»Und? Warst du schon am Meer?« Ihre Mutter lenkt das Gespräch behutsam in eine andere Richtung. Sie scheint zu spüren, dass sie sanft mit ihrer Tochter sprechen muss. »Hast du deine Füße schon ins Meer gehalten?«

»Ja, Mama, ich war schon am Meer.«

»Und? Wie ist es?«

»Ich ... ich weiß nicht ... man sieht kein Ende. Es ist groß.«

Soll sie ihrer Mutter erzählen, dass sie am Strand Leichen gesehen haben? Dass die anderen Flüchtlinge, mit denen sie geredet haben, davon sprechen, dass viele Boote kentern und viele Menschen in diesen endlosen Fluten ertrinken? Soll sie ihrer Mutter erzählen, dass es Patrouillen gibt, Razzien, dass die Libyer Geld von den Europäern bekommen, wenn sie die Flüchtlinge zurückhalten? Soll sie ihrer Mutter sagen, dass man sich erzählt, von zehn Flüchtlingen schaffen es immer nur neun bis an die Küste von Europa?

»Mein Liebling, ich spüre, dass du erschöpft bist.«

Azmera fühlt, wie Tränen aufsteigen. Sie holt tief Luft. Sie dreht sich um und blickt auf die andere Straßenseite, wo Petros auf sie wartet. Er lehnt an einer Mauer, das Gepäck zu seinen Füßen, Abu auf der Schulter. Noch nie in ihrem Leben war ein Anblick so beruhigend wie dieser.

Sie hebt den Arm und winkt. Petros hebt beide Arme und erwidert die Geste. Abu denkt, es beginnt ein Spiel, und tanzt auf seinen Schultern.

»Ich muss jetzt aufhören, Mama …«

»Warte, Liebling! Was wollte ich dir noch …« Ihre Mutter spricht jetzt hektisch. »Hast du noch genug Geld?«

»Ja, danke.«

»Vergisst du auch die Gebete nicht?«

»Ich denke viel an Pater Umberto, Mama«, sagt sie ausweichend. »Sag ihm schöne Grüße, ja? Und Hawi, wie geht es ihm?«

»Er lässt dich auch grüßen, mein Schatz, er spricht jeden Tag von dir.«

Sie kann nicht mehr mit ihrer Mutter sprechen. Sie haucht nur noch: »Ich hab euch auch sehr lieb«, in den Hörer und legt schnell auf.

»Alles gut?«, fragt Petros besorgt, als sie wieder bei ihm ist.

Azmera nickt. Sie wischt mit dem Handrücken die Tränen von der Wange. »Meine Augen sind entzündet, deshalb tränen sie immer.«

»Wie geht es deiner Mutter?«

»Ich habe vergessen, sie zu fragen.«

Petros nickt.

»Und du?«, fragt sie. »Willst du deine Eltern nicht anrufen?«

»Nein«, entgegnet Petros knapp.

»Warum nicht?«

»Ich weiß nicht.« Petros stößt mit der Fußspitze einen Stein vor sich her. »Ich glaube, ich ... ich würde es nicht ertragen.«

Azmera ist dankbar, dass Petros sich ihren kleinen Schritten anpasst. Ihre Füße sind immer noch verletzt und es fällt ihr schwer, auf Strümpfen über die schlechten Straßen zu gehen. Aber sie will nicht mehr darüber nachdenken, was ihr alles wehtut.

»Wenn ich mit dir zusammen bin, dann fühle ich mich reif und erwachsen«, sagt Azmera unvermittelt, »aber wenn ich mit meiner Mutter rede, fühl ich mich plötzlich wie ein Kind. Das ist unangenehm«, sie zögert, »aber gleichzeitig auch irgendwie schön.«

Petros nickt. »Ich verstehe, was du meinst. Hast du ihr erzählt, wie unsere Chancen stehen?«

»Nein.«

»Dass die Schlepper hier alle Verbrecher sind? Dass sie mit der Polizei zusammenarbeiten und dass sie die Menschen in Boote stopfen, die nicht seetüchtig sind?«

Azmera schüttelt den Kopf.

»Ich habe mit einem Mann gesprochen, der arbeitet für eine Hilfsorganisation ...«

»Wann hast du mit ihm gesprochen?«

»Vorhin, heute Morgen, irgendwann. Er sagte, dass schon achtzehntausend Menschen auf der Flucht über das Mittelmeer ertrunken sind. Achtzehntausend!«

Azmera starrt ihn an.

»Wenn ich zurückkönnte«, sagt Petros, »dann würde ich gehen.«

Azmera bleibt stehen. Sie starrt ihn fassungslos an. »Nein!«, ruft sie. »Sag das nicht. Sag das bitte nicht! So etwas darfst du noch nicht einmal denken! Wir haben es doch fast geschafft. Wir ertrinken nicht.«

»Kannst du schwimmen?«, möchte Petros wissen.

»Nein, aber wir sind doch dann in einem Boot.«

»Und wenn das Boot kentert?«

»Petros, wieso hast du plötzlich Angst? Wieso redest du auf einmal davon, dass du zurückwillst?«

»Weil das alles keinen Sinn hat. Schau dich doch mal um. Überall sind Menschen, die nach Europa wollen. Die halbe Stadt ist voller Afrikaner, die nach Italien wollen! Wie soll das denn gehen? Das ist Wahnsinn!«

»Ich weiß, dass es gehen wird«, sagt Azmera eindringlich. Sie fasst Petros' Hände, zwingt ihn, sie anzusehen. »Denk nicht an das, was du gesehen hast. An die …« Sie kann das Wort *Leichen* nicht aussprechen, aber sie ahnt, dass es für Petros noch viel schlimmer war, dieses ertrunkene Mädchen am Strand zu sehen.

»Es geht ja auch gar nicht«, erwidert Petros bitter. »Wir können gar nicht nach Eritrea zurück. An der Grenze zum Sudan würden sie uns in ein Lager stecken und uns dort verrecken lassen. Für uns gibt es nur eine Richtung: nach Norden. Wer Eritrea einmal ohne Erlaubnis verlassen hat, darf das Land nie wieder betreten.«

»Warum sagst du mir das?«, ruft Azmera wütend. »Das weiß ich doch selbst. Aber ich habe mich trotzdem entschlossen zu gehen. Was ist denn das für eine Heimat, in der Menschen über Nacht verschwinden und nicht mehr oder völlig gebrochen wieder auftauchen, wo sie einen ohne Grund nicht mehr zur Schule gehen lassen und man nicht leben kann, wie man möchte. Hast du vergessen, was sie mit deiner Schwester gemacht haben? Oder dass sie dich zum Militär einziehen wollen? Hast du vergessen, dass du vielleicht dein halbes Leben lang Soldat sein musst, ohne Bezahlung, ohne je einen anderen Beruf zu lernen? Hast du vergessen, in was für einem Staat wir gelebt haben? Petros! Was ist mit dir los?«

Petros bleibt stehen, schaut sie an und nickt ganz langsam. »Danke«, sagt er, »danke. Das habe ich gebraucht.« Er legt den Kopf in den Nacken. »Europa, wir kommen!«, ruft er und reißt die Arme hoch. Als Azmera seinen Blick einfängt, ist da wieder ein Lächeln in seinen schwarzen Samtaugen.

Sie sind am Hafen und warten, dass etwas passiert, dass es irgendwie weitergeht. Es kommt Azmera vor, als steckten sie hier fest – zusammen mit all den anderen Flüchtlingen und ihren Hoffnungen und ihren Sorgen. Sie ist voller Unruhe, versucht aber, ruhig zu wirken. Ruhig und stark.

Es ist kurz nach Sonnenuntergang. Hier am Meer wird es nachts nicht ganz so kalt wie in der Wüste. Das Wasser ist warm, und wenn der Wind von der Küste her weht, kann man es aushalten. Dennoch ist Azmera froh um die dicke warme Decke, die Petros besorgt hat. Sie sitzt ganz eng an Petros gepresst auf einer Hafenmauer. Dicht an dicht drängen sich die Flüchtlinge dort, aber die anderen Männer halten ein bisschen Abstand. Azmera hat keine Ahnung, wer sie sind, aber es sind alles Schwarzafrikaner. Die Nacht verschluckt ihre Gesichter, nur ihre Kleidung leuchtet manchmal. *Auch mein Gesicht sieht man nachts nicht,* denkt Azmera. Erst seit sie hier an der Küste sind, wo die Menschen eine viel hellere Haut haben, ist ihr bewusst geworden, wie schwarz ihre eigene Haut ist – und die von Petros und den anderen Männern auf der Hafenmauer. Früher hat das nie eine Rolle gespielt, aber hier in Libyen gibt es Menschen, die andere wegen ihrer dunkleren Hautfarbe verachten. Azmera ist aufgefallen, dass die Menschen mit der dunkelsten Haut die schwerste und dreckigste Arbeit machen müssen. Sie versteht es nicht. Ob Petros das auch bemerkt hat?

Hinter der Mauer beginnt der Hafen oder das, was nach dem Bürgerkrieg davon übrig geblieben ist. Der Pier ist zerschossen, überall liegen Lumpen, Abfall und Dreck. Hier legen keine Handels- oder Passagierschiffe mehr an und es werden schon lange keine Container mehr verladen. Gleich hinter ihnen ist ein Schuppen ohne Dach, etwas weiter entfernt die Ruine der ehemaligen Hafenmeisterei. Es gibt noch Kräne, aber sie bewegen sich auch tagsüber nicht. Die meisten sind umgestürzt. Ein paar Laster ohne Räder sind hier gestrandet und ein ausgebrannter Panzer. Es stinkt nach Abfall. Ratten huschen vorbei.

Was für ein gottverlassener Scheißplatz, denkt Azmera. Inzwischen hat sie sich die Sprache der Männer angeeignet, zumindest in Gedanken. Sie kann nicht fassen, wie heruntergekommen und kaputt hier alles ist. Unwillkürlich beginnt sie sich zu fragen, warum Menschen alles zerstören müssen, was sie einmal aufgebaut haben. Fröstelnd wickelt sie die Wolldecke fester um ihren Körper.

Auch Petros neben ihr hat sich unter seiner Decke verkrochen. Ohne ihn wären sie jetzt schutzlos der Nachtluft ausgeliefert. Er hat herausgefunden, dass eine Hilfsorganisation in einem anderen Stadtviertel Wolldecken an Flüchtlinge verteilt. Sie waren mit einem ganzen Lastwagen voll Decken aus Tunesien gekommen, doch Petros war einer der Letzten, die noch welche bekamen. Er musste stundenlang anstehen und sogar Delinas Pass vorzeigen, um zu beweisen, dass er wirklich eine Schwester hat, für die er die zweite Decke braucht.

Die Leute von der Hilfsorganisation hatten Petros auch gesagt, dass es irgendwo kostenloses Essen gäbe, falls der Vorrat reicht, aber sie haben den Platz nicht gefunden. Überall waren Straßensperren von verfeindeten Milizen, überall wurde geschossen.

Jetzt sind sie hier, weil jemand erzählt hat, die Schlepper würden abends hierherkommen und Leute ansprechen, ob sie über das Meer wollen.

Petros wirkt angespannt. Immer ist er auf dem Sprung, immer nervös. Seine Augen liegen tief in den Höhlen. Azmera spürt, dass er sich Sorgen macht, auch wenn er das Gegenteil behauptet. Manchmal, wenn er sagt, dass er mit jemandem gesprochen habe, hat sie das Gefühl, er erzähle ihr nicht die ganze Wahrheit, weil sie zu schlimm ist. Aber wenn sie nachhakt, lächelt er nur und sagt: »Mach dir keine Sorgen, wir kriegen das hin. Wäre doch gelacht.« Und dann lacht er, aber da ist nicht viel Zuversicht in seiner Stimme.

Jetzt sagt er, während er Abu am Brustfell krault: »Dieser Platz ist nicht schlecht, oder? Ein Wunder, dass die Beleuchtung am Hafen noch funktioniert.«

»Das ist bestimmt wegen der Sicherheit«, sagt Azmera.

»Ja, du hast recht.« Petros nickt.

Im Hafengelände patrouillieren Soldaten und Polizeistreifen. Sie gehen immer zu zweit oder zu dritt und haben ihre Kalaschnikows im Anschlag. Immer wenn sie auf eine Menschengruppe stoßen, die dort übernachtet, verlangen sie Papiere oder Geld oder irgendetwas anderes. Petros und Azmera versuchen, sich von diesen Patrouillen fernzuhalten, deshalb sitzen sie außen auf der Mauer.

Etwas weiter entfernt im Schutz der Hafenmauer lagert eine Gruppe von vier Frauen, jungen und alten Männern und kleinen Kindern, die nicht spielen, nicht lachen, nicht herumlaufen. Nur hin und wieder hört man ein leises Wimmern von ihnen. Die Leute haben fast kein Gepäck dabei und sie haben wohl auch keine der Decken mehr abbekommen. Die Kinder sind barfuß. Als Azmera an der Gruppe vorbeigegangen ist, hat sie beobachtet, wie eine sehr junge Frau kurz stehen blieb und sich stöhnend an den hochschwangeren Bauch fasste. Für einen kurzen Moment kreuzten sich ihre Blicke. Azmera schenkte der Frau ein Lächeln, aber die Schwangere senkte nur den Kopf und ging weiter. Schwerfällig und breitbeinig. Seither wandert Azmeras Blick immer wieder zu der kleinen Gruppe. Schemenhaft kann sie erkennen, dass die Leute ein Fladenbrot teilen, dass die Kinder ihr Stück gierig verschlingen. *Sie haben Hunger,* denkt Azmera, *deshalb dieses Wimmern.* Sie fragt sich, wer diese Leute wohl sind.

Plötzlich hören sie einen unterdrückten Schrei, dann einen lang gezogenen Schmerzenston. Sofort umringen die anderen Frauen die Schwangere, beugen sich über sie und bilden mit ihren langen Gewändern eine Art Schutzwall.

Wenig später überquert eine alte Frau mit einem sehr krummen Rücken mit einem Wasserkanister und einer Plastikschüssel die Straße. Sie kommt aus einer der Häuserruinen auf der anderen Straßenseite, aus denen Azmera manchmal Kindergeschrei gehört hat. Wieder stöhnt die Gebärende laut auf.

Die Vorstellung, irgendwo in der Fremde, auf dreckigem Straßenpflaster, unter freiem Himmel ein Kind zur Welt zu bringen, bestürzt Azmera. Sie zuckt bei jedem Schrei der Gebärenden zusammen, als fühlte sie selber den Schmerz. Ihre Mutter hat im Dorf oft Schwangeren bei den Wehen beigestanden, aber Azmera hat noch nie gesehen, wie ein Baby geboren wird. Sie wünscht, sie könnte der Frau helfen.

Die Männer haben ein eigenes Grüppchen gebildet. Ab und zu sieht Azmera, dass sich einer eine Zigarette anzündet. Sie hört die Männer reden. Manchmal entfernen sie sich ein paar Schritte, werden aber von den hohen, aufgeregten Stimmen der Frauen zurückgerufen. Dann passiert lange nichts, doch plötzlich zerreißt ein markerschütternder Schrei die Stille. Die Männer laufen zu den Frauen zurück. Und dann hört man das Baby. Das kleine zarte Wimmern.

Auf der Mauer schauen nun alle zu der Gruppe. Keiner sagt etwas.

Azmera bricht schließlich das Schweigen. Sie ist eine Frau, sie darf in so einer Sache etwas sagen. »*A new baby is born*«, sagt sie, weil sie alle englisch miteinander sprechen, so gut es eben geht.

»Ja, so ein Mist«, murmelt einer der Männer ebenfalls auf Englisch.

Petros fährt den Mann wütend an. »Warum sagst du das? Dass ein Baby geboren wurde, das ist doch kein Mist!«

»Ich weiß, ich weiß«, giftet der Mann zurück, »aber glaubst du denn wirklich, dass dieses Baby ein besseres Leben haben wird? Fällt in den Dreck wie das Fohlen von einem Kamel! Was ist das für ein Start? He?«

Blicke fliegen wie Giftpfeile zwischen Petros und dem Mann hin und her.

»Ja, ich weiß nicht«, sagt Petros schließlich achselzuckend, »wer kann dazu schon etwas sagen.«

Azmera ist von der Mauer geklettert. Sie versucht, nicht an die Schmerzen in ihren Füßen zu denken. Sie legt ihre Decke sorgfältig zusammen und schaut Petros auffordernd an. »Kommst du mit?«

»Wohin?«

Azmera deutet auf die Gruppe. »Zu der Frau und ihrem Baby.«

»Was willst du da? Du kennst diese Leute doch gar nicht.«

Azmera spürt, dass Petros zögert.

Es sind keine hundert Schritte, denkt sie. »Ich bin gleich zurück«, sagt sie dann entschlossen und geht los. Vorsichtig setzte sie einen wunden Fuß vor den anderen.

»Delina!«, ruft er ihr hinterher. »Lass das doch! Komm wieder her!«

Aber sie hört nicht auf ihn. Sie will nicht hören. Sie weiß, was sie zu tun hat. *Wir sind Christen,* sagt sie sich, *wir lieben unseren Nächsten wie uns selbst. Wir haben Mitleid und sind barmherzig.*

Als sie auf die Gruppe zugeht, drehen sich die Männer zu ihr um.

Vielleicht sehe ich komisch aus, denkt sie, *mit meinen Pluderhosen, der Tunika und den Socken. Nicht wie eine anständige arabische Frau.*

Sie kann die Gesichter der Männer nicht sehen und weiß nicht, ob sie abweisend oder sogar feindselig sind. Sie lächelt tapfer und geht weiter. Schließlich kommt einer der

Männer auf sie zu. Er ist noch sehr jung, trägt aber einen Bart. Er wirkt nervös, misstrauisch.

»Englisch?«, fragt Azmera.

Der Mann schüttelt den Kopf. »*No english.*«

»*Bébé?*«, versucht sie es erneut. »*Baby? Bambino?*«

Da hellt sich sein Gesicht auf. »*Oui. Un bébé. Là.*« Er deutet auf die Frauengruppe.

Azmera kann das Baby hören, seine glucksenden Laute. Auch der Mann hört es. Er lacht.

Azmera streckt ihm ihre Wolldecke entgegen. »*For the baby*«, sagt sie. »*Pour le bébé.*«

Der Mann blickt sie an, fassungslos, doch voller Freude. Er nimmt das Geschenk mit beiden Händen. Verneigt sich tief und sagt: »*Merci.*« Dann dreht er sich um, ruft etwas auf Arabisch und die krummen Rücken der Frauen werden grade. Sie drehen sich um und für einen Augenblick sieht Azmera die junge Mutter mit dem schweißnassen Gesicht und den nackten blutigen Beinen. Dann schließt sich die Mauer wieder.

Als Azmera sich umdreht und gehen will, ruft eine der Frauen: »*Thank you! Thank you!*«

Keiner der Männer sagt etwas, als sie zurückkommt. Auch Petros nicht. Schweigend und in sich zusammengekrümmt sitzt er in seine Wolldecke gehüllt da. Azmera nimmt wieder neben ihm Platz. Er rückt keinen Zentimeter zur Seite, schaut sie nicht an und sagt kein Wort.

»Warum bist du wütend?«, fragt Azmera schließlich.

Er fährt sie forsch an: »Das fragst du?«, ruft er. »Das fragst du, nachdem ich stundenlang wegen dieser Wolldecke angestanden bin? Willst du mir damit zeigen, dass du meine Hilfe nicht mehr brauchst? Dass du alleine besser zurechtkommst? Oder warum hast du die Decke verschenkt?«

Azmera ist völlig perplex. »Die Frau, die das Kind bekommen hat, liegt auf der nackten Erde«, sagt sie, als ihre Zunge ihr wieder gehorcht.

Petros schweigt.

»Keiner von denen besitzt eine Decke.«

Petros sagt immer noch nichts.

»Und ich dachte, weil wir doch zwei Decken haben ...«

Da reckt Petros plötzlich den Kopf und faucht sie an: »Denk, was du willst, ja? Aber hör auf, mich damit zu nerven. Deine Gedanken kotzen mich an.«

Azmera schließt kurz die Augen, atmet tief durch. Sie nickt. Es ist, als habe sie schon lange darauf gewartet, dass so etwas passiert. Es konnte ja nicht ewig gut gehen. Es war ja wie ein Wunder, dass plötzlich jemand aufgetaucht ist, der ihr helfen wollte. Jemand, der nett zu ihr war und sich mit aller Kraft für sie einsetzte.

Sie setzt sich hin und umschlingt die Knie mit den Armen. Immer wieder blinzelt sie zu der Gruppe hinüber. Die Männer hocken stumm da. Sie warten auf einen Schlepper, aber bislang hat sich noch keiner blicken lassen.

Obwohl Petros wütend auf sie ist und sie nun keine Decke mehr besitzt, ist Azmera nicht kalt. Sie spürt eine neue Wärme in ihrem Körper. Es ist Zufriedenheit mit sich selbst. Ja, sie hat etwas weggegeben, um jemandem zu helfen. Und ja, das hat ihr gutgetan. Sie wünschte, Petros würde das verstehen. *Vielleicht morgen*, denkt sie, *wenn er wieder bessere Laune hat. Oder wenn wir wissen, wie wir hier wegkommen.*

In dieser Nacht kommt kein Schlepper, aber am nächsten Morgen, als das erste Licht den Hafen erhellt, kommt eine der Frauen aus der Gruppe zu ihnen. Azmera muss an Fatima denken, als sie die Frau sieht. Sie scheint ähnlich alt zu sein und hat ein freundliches Gesicht. Sie spricht englisch. Vielleicht war sie es, die am Abend »*Thank you!*« gerufen hat.

»Ich heiße Chacha«, sagt sie, »wir kommen aus Nigeria. Ich möchte mich bei dir bedanken, weil du uns deine Decke geschenkt hast.«

Azmera fragt, wie es dem Baby geht, und Chacha sagt, es sei gesund und munter. Das Baby sei ein Mädchen und sie möchten ihm Azmeras Namen geben.

Die fünf Männer, die mit ihnen an der Mauer übernachtet haben, schauen die Frau an, die mit Azmera spricht. Sie können Englisch und verstehen ihre Worte. Auch Petros hat verstanden, was die Frau gesagt hat.

Azmera erhebt sich und klopft den Staub von ihren Sachen. »Danke«, sagt sie glücklich, »das ist eine große Ehre für mich. Mein Name ist …«

Da fällt ihr Petros ins Wort. Er wendet sich direkt an die Frau, von der er vorher nichts hatte wissen wollen, und reißt das Gespräch an sich. »Ihr Name ist Delina«, sagt er. »Und ich bin Petros, ihr Bruder. Wir kommen aus Eritrea.«

Azmera bekommt einen heißen Kopf. Sie schnappt nach Luft.

Die Frau nickt. »Delina«, wiederholt sie ehrfürchtig. »Was für ein schöner Name.«

»Ja«, sagt Petros bedeutungsschwer, »ein sehr schöner Name.«

»Dann nennen wir das Baby Delina«, bestätigt die Frau, nickt Azmera noch einmal zu und geht sehr stolz und aufrecht zu ihrer Gruppe zurück.

Azmera funkelt Petros wütend an.

»Was ist?«, fragt er herausfordernd.

Sie schüttelt den Kopf. Sie kann nicht sprechen. Etwas schnürt ihr die Kehle zu. Ihr Mund schmeckt bitter.

Jetzt gibt es zwei Menschen, die Delina heißen, denkt sie, *und keine Azmera mehr. Wer bin ich überhaupt noch?*

In der folgenden Nacht, die sie wieder an der Hafenmole verbringen, stößt Abu plötzlich leise warnende Laute aus und strampelt sich aus der Decke heraus, die Petros mit ihm teilt.

Azmera öffnet mühsam die verklebten Lider und beobachtet, wie ein zerbeulter Toyota auf der anderen Straßenseite hält. Zwei junge Kerle steigen aus, schlagen lässig die Wagentüren zu und schlendern zu ihnen herüber. Sie tragen Jeans und T-Shirts, als wären sie Touristen. Die Hände in den Hosentaschen, Sonnenbrillen in den Haaren.

Es ist drei Uhr nachts.

Auch Petros, der eben noch schwer geträumt und dabei Unverständliches gemurmelt hat, ist sofort hellwach. Er schält sich blinzelnd aus seiner Wolldecke. Azmera schaut stur geradeaus und verbietet sich einen Blick auf Petros. Sie hat sich vorgenommen, nicht mehr das Mädchen zu sein, das von ihm abhängig ist.

Petros stößt sie an. Die erste Berührung seit über vierundzwanzig Stunden.

Die Flüchtlingsgruppe mit dem Baby und Azmeras Wolldecke ist nicht mehr da. Sie haben schon am Morgen ihren Platz verlassen. Einmal kurz haben sie Azmera zugewinkt, dann waren sie weg.

»Achtung«, wispert Petros.

»Ich weiß«, erwidert Azmera ruhig. Sie will Haltung bewahren, ihm zeigen, dass sie wütend auf ihn ist. Mindestens genauso wütend wie er auf sie. Sie setzt sich kerzengerade auf und deckt ein Tuch über ihre dreckigen Socken.

Die beiden Männer haben helle Haut und glatte schwarze Haare. Petros hat den gleichen Gedanken wie sie. »Libyer«, murmelt er.

Die beiden spähen nach rechts und links, bevor sie die Straße überqueren. Aber alles ist ruhig, niemand ist unterwegs, sie haben seit Stunden keine Militärkontrolle mehr erlebt.

Die Libyer werfen im Schein der Straßenlaterne lange Schatten. Lange bevor sie bei ihnen sind, berührt der Schatten des einen Mannes schon Azmeras Füße. Sie zieht sie näher an den Körper.

Ich werde langsam verrückt, denkt sie, während sie die Schatten der Männer verfolgt. Sie schaut nicht auf. Sie hat keine Lust, in die Gesichter dieser Männer zu blicken. Sie kann sich deren Verachtung und Herablassung auch so vorstellen. Davon hat sie in den letzten Tagen genug erlebt. Sie hat gesehen, wie Männer die schwarzen Flüchtlinge mit den Füßen stießen, als wären sie Säcke. Darunter war auch ein alter Mann aus ihrer Heimat mit weißem Haar, der erzählte, er sei Professor für Philosophie.

Außerdem beißt es in ihrem Magen, sie haben den ganzen Tag nichts gegessen. Das heißt, vielleicht hat Petros sich etwas zu essen besorgt. Er war immer wieder mal unterwegs, während sie auf ihre Habseligkeiten aufpasste. Sie fand es nicht gut, dass er manchmal einfach losging, ohne ein Wort zu sagen, aber immerhin beruhigte es sie, dass er seine Sachen bei ihr ließ. Das gab ihr Zuversicht, dass er wieder zurückkommen würde. Doch jedes Mal, wenn sie ihn so davongehen sah, mit Delinas Pass und dem Äffchen auf der Schulter, verkrampfte sich ihr Herz.

Wenn er dann zurückkam, nach einer Stunde oder länger, erzählte er nicht, wo er gewesen war, und sie fragte auch nicht. Das erlaubte ihr Stolz nicht.

Während des Tages nahm sie ganz kleine Wasserschlucke, das beruhigte ihren Magen ein wenig. Aber nun ist die Flasche schon lange leer.

»Hey«, sagt der Libyer. »*Salam.*«

»*Asalam*«, antwortet Petros vorsichtig.

Der Libyer zieht ein Zigarettenpäckchen aus der Hosentasche und bietet Petros eine Zigarette an. Er fragt etwas auf Arabisch und Petros erwidert, dass er Englisch spreche. Aber Petros akzeptiert die Geste und zieht mit spitzen Fingern eine Zigarette aus dem Päckchen, lässt sich Feuer geben. »*Shukran*«, sagt er. Der Libyer steckt sich auch eine Zigarette an. Den ersten Zug nehmen sie schweigend.

»Also, wo kommt ihr her?«, fragt der mit der Zigarette nun auf Englisch. Der andere Libyer fixiert die ganze Zeit das Äffchen auf Petros' Schulter.

»Eritrea«, antwortet Petros.

Der andere deutet auf Abu. »Was ist das für ein Tier?«, fragt er.

»Ein Affe«, gibt Petros zurück.

Der Mann macht eine Grimasse und nähert sich dem Äffchen. Als er die Hand nach ihm ausstreckt, springt

Abu weg und fletscht die Zähne. Plötzlich stößt er wilde, abwehrende Schreie aus.

Der Mann weicht verdutzt zurück. »Ich hasse Tiere«, sagt er, als wolle er Abu damit beleidigen.

»Das weiß er«, erwidert Petros kühl. »Affen sind sensibel.«

Petros erhebt sich und setzt Abu auf die Hafenmauer. Er ist größer als die beiden Libyer. Das gefällt Azmera. Es sieht aus, als habe er keine Angst vor ihnen. Er bläst den Rauch aus und wartet. Er zeigt keine Nervosität. Zum ersten Mal seit dem Vorfall mit der Decke ist Azmera wieder froh, bei ihm zu sein.

»Wollt ihr nach Europa?«, fragt der mit der Zigarette.

Petros hebt die Schultern.

»Nach Italien?«, fragt der Mann weiter. »Lampedusa?«

Petros lässt ein paar Sekunden verstreichen, bevor er antwortet: »Lampedusa ist gut oder jeder andere Ort in Italien.«

Plötzlich mischt sich der zweite ein. »Da ist ein Schiff. Morgen Nacht.«

»Nach Lampedusa«, sagt der mit der Zigarette.

»Was für ein Schiff?«, fragt Petro.

»Ein gutes.«

Petros schaut Azmera unsicher an, die starr und aufrecht dasitzt. »Was meinst du?«, fragt er sie auf Tigrinisch.

»Wir brauchen ein Schiff«, erwidert sie, »hier können wir nicht bleiben. Hier ist es schrecklich.«

Petros nickt und wendet sich wieder an die beiden: »Okay.«

Der mit der Zigarette deutet auf Azmera und fragt: »Ist sie deine Frau?«

Petros lacht. Das Lachen versetzt Azmera einen Stich. »Nein, nein«, sagt er mit Nachdruck. »Sie ist nicht meine Frau.«

Ja, ich weiß, denkt Azmera verletzt, *du würdest dir eine andere aussuchen, eine schönere als mich.*

»Sie ist meine Schwester«, fährt Petros fort, »ihr Name ist Delina.« Er macht eine Geste, als wolle er seine Papiere aus der Tasche holen. »Wollt ihr den Pass sehen?«

Die beiden winken gnädig ab. Pässe, sagen sie, interessieren sie nicht. »Wir interessieren uns nur für das Geld«, sagt der mit der Zigarette lachend.

Petro fragt, wie teuer die Überfahrt ist.

»Zweitausend Dollar.«

»Für beide?«, fragt Petros.

Ja, für beide.

Petros schaut zu Azmera. »Hast du gehört?«

»Ich habe keine zweitausend Dollar«, sagt Azmera. »Für zweitausend Dollar kann man mit dem Flugzeug um die ganze Welt fliegen.« Sie weiß selbst nicht, woher sie den Mut nimmt, so zu sprechen. Aber es ist eine Tatsache, dass sie keine zweitausend Dollar hat. Und sie denkt voller Bitterkeit, dass Petros automatisch damit rechnet, dass sie weiter für ihn zahlt. *Er hat mir nichts zu essen gebracht,* denkt sie, *ich habe auf seine Sachen aufgepasst.* »Sag ihnen, sie sollen sich zum Teufel scheren.« Sie steht auf, greift nach ihrem Kleiderbeutel.

»Was machst du?«, ruft Petros verwirrt.

Sie antwortet in ihrer Muttersprache. Das macht sie sicherer, gibt ihr Kraft. »Ich weiß nicht. Ich suche jemand anderes, der mich nach Italien bringt.«

Petros starrt sie an. Sie schaut kühl zurück.

Die beiden Libyer tauschen Blicke.

»Was hat sie gesagt?«, fragt einer der beiden.

Petros zögert, dann wiederholt er ihre Worte.

Azmera legt wortlos das Tuch zusammen, das sie über ihre Füße gebreitet hat. »Gibst du mir den Pass?«, fragt sie.

Petros schüttelt den Kopf. »Warum? Was willst du damit?«

»Was will ich wohl mit einem Pass?«, gibt Azmera zornig zurück. »Hast du vergessen, was besprochen war?«

»Ich habe nichts vergessen. Gar nichts.«

»Gut.« Sie wartet. Petros auch.

Sie atmet tief durch, um sich Mut zu machen. »Ich schaffe es auch ohne Pass.« Sie verabschiedet sich nicht, sie wendet sich einfach von ihm ab und geht zur Straße.

»Wo will sie hin?«, fragt der mit der Zigarette.

»Ich habe keine Ahnung«, murmelt Petros, »frag sie selbst.«

Der Libyer, der Angst vor Abu hat, fasst ihren Arm. »Schwester«, sagt er.

»Ich bin nicht deine Schwester.« Azmera schüttelt seine Hand ab. »Und ich habe keine zweitausend Dollar.«

Ihr Herz klopft wie wild. Die von den Straßenlaternen beschienene Hafenstraße ist menschenleer. Ein Auto nähert sich. Sie sieht nun die Scheinwerfer, sie hat keine Ahnung, wer in dem Auto sitzt. Dennoch geht sie wie von einer merkwürdigen Anziehungskraft getrieben einfach auf das Scheinwerferlicht zu. Das Auto fährt langsamer.

»Delina!«, schreit Petros und dann, keine halbe Sekunde später: »Azmera!«

Sie bleibt stehen.

Das Auto auch.

Azmera steht im Lichtkegel des Scheinwerfers, ohne zu blinzeln. *Was mache ich hier?*, denkt sie.

Die Wagentür geht auf.

Ein Mann steigt aus, sie kann ihn im Gegenlicht nicht richtig erkennen. Er ruft ihr etwas zu, sie hebt die Schultern. Der Mann lässt den Wagen mit laufendem Motor mitten auf der Straße stehen. Er geht auf Azmera zu. Er trägt eine gestreifte Djellaba und Sandalen. Die meisten Männer, die Azmera in Libyen traf, waren bewaffnet. Dieser Mann nicht. Er blickt sich vorsichtig um, versucht, die Situation einzuschätzen. Dann ruft er den beiden Schleppern etwas auf Arabisch zu.

Die beiden werden plötzlich hektisch. Sie entgegnen irgendwas, bewegen sich aber gleichzeitig fluchend auf ihr Auto zu, spucken vor dem Mann aus. Er erwidert etwas in ruhigem Ton. In seiner Stimme liegt eine Autorität, die Azmera sofort spürt. Die Libyer warten nicht mehr auf den Ausgang der Geschichte, sie laufen zu ihrem Auto und sind wenige Sekunden später verschwunden.

Der Mann steht nun direkt vor Azmera. Sie sieht, dass er alt ist, viel älter jedenfalls als die beiden Schlepper. Sein Gesicht ist voller Falten und es ist so schwarz wie ihr eigenes. Das gibt ihr den Mut, ihn anzusprechen.

»Wir brauchen ein Boot«, sagt sie auf Englisch. Sie sagt, dass sie und ihr Bruder nach Italien müssen, dass sie ein sicheres Boot brauchen. Zu einem vernünftigen Preis. Sie fragt, ob er ihr helfen kann.

»Delina!« Petros winkt hektisch.

Sie tut, als höre sie ihn nicht.

Der Mann betrachtet sie und wirft dann einen Blick auf Petros und Abu. »Ist das dein Bruder?«

Der erste Mensch, der es tatsächlich für denkbar hält, dass sie Geschwister sind. Etwas in Azmeras verhärtetem Denken löst sich. Sie lächelt. Ihre Augen sagen *Ja, das ist mein Bruder.*

»Ja, das ist Petros«, erklärt sie, als er näher kommt. »Mein Bruder Petros.«

Sie geben sich die Hand.

Der alte Mann fragt Petros, ob er den Affen mitnehmen will.

»Unbedingt«, sagt Petros. Er könne ihn nicht zurücklassen. Abu werde verhungern oder vor Kummer sterben.

Der alte Mann nickt. Er schaut an Azmera herunter. »Hast du keine Schuhe?«

Azmera erklärt, dass sie keine Schuhe anziehen kann, weil ihre Füße entzündet sind.

Der Mann nickt wiederum verständnisvoll und bittet sie, ihre Sachen zu holen. Er geht um das Auto herum und öffnet den Kofferraum. Er ist leer bis auf einen Sack mit duftendem Brot. Azmera fürchtet, ohnmächtig zu werden.

Petros sprintet über die Straße, um ihre Sachen zu holen, und wirft sie in den Kofferraum.

Der Mann sagt, er heiße Mohamed. Er wohne außerhalb, nicht in Misrata, sondern in einem Ort, der al-Chums heißt. Dort kenne er jeden. In al-Chums gebe es viele Boote, viele Fischer und er würde für jeden Einzelnen von ihnen seine Hand ins Feuer legen.

Ohne sich anzusehen, steigen Azmera und Petros in den Wagen. Petros setzt sich vorne neben Mohamed, Azmera und Abu auf den Rücksitz. Petros riecht noch nach der Zigarette, die er geraucht hat. Azmera wird übel von dem Geruch. Sie presst die Hände auf ihren Magen.

Mohamed mustert sie im Rückspiegel. »Hast du Hunger?«

Azmera erwidert seinen Blick, aber sie schweigt.

Mohamed fragt, wann sie zuletzt etwas gegessen hätten.

»Vor zwei Tagen«, gibt Petros zur Antwort.

Azmeras Kopf wird heiß. *Er hat auch nichts gegessen,* denkt sie. *Er ist genauso hungrig wie ich, sein Magen tut genauso weh wie meiner.*

Als sie die spärlichen Lichter der Stadt hinter sich gelassen haben, liegt auf einmal das im Mondlicht glitzernde Meer vor ihnen. Mohamed hält an, steigt aus, öffnet den Kofferraum und kommt mit einem Fladenbrot zurück. Er bricht das Brot in der Mitte durch und reicht jedem von ihnen eine Hälfte.

»*Shukran*«, sagt Azmera. Danke. Und fügt auf Arabisch den Satz an, den sie bei Fatima gelernt hat: »Ich bin froh, weil ich bei guten Menschen bin.«

Mohamed mustert sie im Rückspiegel, als er wieder Gas gibt. Um seine Augen sind Fältchen, die tiefer werden, wenn er lächelt.

Auf der Fahrt stellt Mohamed Fragen. Er will wissen, wer ihre Eltern sind und warum sie nach Europa wollen. Azmera und Petros haben die Antworten auf diese Fragen geübt. Sie erklären, dass sie studieren möchten, um einen guten Beruf zu finden, damit sie in ihre Heimat zurückkehren und ihren Eltern und ihrem Land helfen können. Diese Antwort müsste jeden zufriedenstellen und tatsächlich nickt Mohamed zu jedem ihrer Sätze. Dabei würde Azmera viel lieber die Wahrheit erzählen. Von ihrem Leben zu Hause mit ihrer Mutter und dem kleinen Hawi, von dem, was ihrem Vater widerfahren ist, als er sich gegen die

Regierung gestellt hat. Wie verändert ihr Vater war, als er aus dem Gefängnis zurückkam, halb verhungert und mit kahl geschorenem Kopf und Augen, die tief in den Höhlen saßen. Sie könnte zum ersten Mal von seinem mageren Körper sprechen, von den eitrigen Stellen, wo die Wärter ihre Zigarettenkippen ausgedrückt hatten. Von den offenen Wunden, die von den Peitschenhieben seiner Peiniger herrührten. Jeden Abend hat ihre Mutter stundenlang seine Wunden behandelt und dabei geweint. Nicht einmal Petros weiß davon. Sie würde gerne erzählen, dass ihr Vater nun in Schweden auf sie wartet, in Stockholm. Sie hat das Gefühl, Mohamed würde sie verstehen. Aber sie ist ja nicht mehr Azmera. Ihre eigene Geschichte gibt es nicht mehr.

Die Sonne geht gerade auf, als sie die Asphaltstraße verlassen. Wenig später sehen sie Sanddünen und Strandhafer. Dahinter schimmert das Meer.

Mohamed sagt: »Bahr.« Und wenig später auf Englisch: »Das Mittelmeer. Hier ist es viel schöner als in Misrata.«

Der Wagen hält vor einem einstöckigen weiß gekalkten Haus. Die Tür fliegt auf und eine Frau tritt heraus, dicht gefolgt von einem halben Dutzend Kinder, die auf Mohamed zustürmen. Alle rufen durcheinander, klammern sich an ihn, zupfen an seiner Djellaba, küssen seine Hände.

Mohamed lässt die Kinder den Brotsack ins Haus schleppen und begrüßt die Frau. Sie sprechen miteinander und die Frau schaut zu Azmera und Petros, die verlegen im Hintergrund warten. Schließlich winkt Mohamed sie heran. Er deutet auf die Frau, die gerade wieder zurück ins Haus geht: »Das ist Suheila, meine Frau.«

Sie betreten das kleine weiße Haus. Ein Zimmer mit hellblauen Wänden, zwei Diwane, vor dem Fenster weht ein Vorhang aus leichtem weißem Stoff im Wind. Der Fußboden blitzt vor Sauberkeit, an der Wand hängt ein kleiner verzierter Spiegel neben Blumenbildern, die in goldenen Rahmen stecken.

Azmera kann nicht glauben, dass dieser fremde Mann sie einfach in sein Haus einlädt. Suheila, die sich barfuß im Haus bewegt, nimmt lächelnd Azmeras Hand und zieht sie mit sich. Sie trägt ein langes Kleid aus geblümtem Stoff. Ihr dickes Haar hat sie zu einem langen Zopf geflochten, der ihr bis zur Hüfte reicht.

Der Raum, in den sie Azmera führt, ist eine Art Wäschekammer. Es gibt eine Tonne mit Wasser, Schüsseln, Becher, Handtücher.

Die Frau spricht zwar nicht englisch, aber sie bedeutet Azmera mit Gesten, dass sie sich hier ausziehen und waschen kann. Sie kommt mit einem Kaftan zurück, der am Ausschnitt und an den Ärmeln bestickt ist. Azmera soll den Kaftan anziehen, während sie ihre Sachen wäscht.

Sie fühlt sich wie eine duftende Blume, als sie aus der Waschkammer tritt. Petros starrt sie mit großen Augen an. Die Frau bedeutet Petros, dass auch er sich jetzt waschen könne.

Als Petros an Azmera vorbeigeht, streift er flüchtig ihre Hand. »Es ist wie ein Wunder«, murmelt er.

Genauso empfindet Azmera es auch. Sie lächelt Petros an, zum ersten Mal seit langer Zeit, und fühlt dankbare Wärme, als er zurücklächelt.

Mohamed, der weggegangen ist, kommt nach kurzer Zeit in Begleitung eines jungen Mannes zurück. Abdulwahids

Haut ist ebenso dunkel wie die von Mohamed, eine tiefe, schlecht verheilte Narbe zieht sich quer über seine rechte Wange. Ohne diese Narbe wäre er ein gut aussehender junger Mann.

Mohamed redet und Abdulwahid nickt, als wäre er Mohameds Angestellter. Manchmal wirft er einen scheuen Blick auf Azmera und Petros.

Suheila bringt ein Tablett mit Süßigkeiten. Azmera kann sich schon gar nicht mehr richtig erinnern, wie etwas Süßes schmeckt. Es sind die ersten Süßigkeiten, die sie isst, seit sie ihr Zuhause verlassen hat.

Nachdem er lange mit Abdulwahid geredet hat, wendet sich Mohamed an Azmera und Petros: »Abdulwahid hat einen Bruder, Ismail, der eigentlich Fischer ist. Aber inzwischen verdient er sein Geld damit, Flüchtlinge über das Meer nach Lampedusa zu bringen. Abdulwahid hilft ihm. Sie sind schon zehn Mal in Lampedusa gewesen und wieder zurückgekehrt. Es ist nie etwas passiert. Er hat ein gutes Schiff. Und er ist kein Gangster. Er macht diese Fahrten, weil er seine Familie ernähren muss. Aber jetzt ist Ismail krank.«

Petros und Azmera hören gebannt zu. Abdulwahid steht neben dem Diwan, auf dem Mohamed sitzt, die Finger ineinander verflochten. Suheila reicht wieder das Tablett mit den Süßigkeiten herum. Dieses Mal nimmt auch Abdulwahid ein Stück. *Er ist arm,* denkt Azmera. *Und er fühlt sich hier nicht wohl.* Mohamed fragt ihn etwas und er antwortet mit der Hand vor dem Mund.

Schließlich sagt Mohamed: »Abdulwahid wird die nächste Fahrt alleine machen. Ohne Ismail. Aber er kennt die Strecke nach Lampedusa genauso gut wie sein großer

Bruder.« Mohamed nickt Abdulwahid zu und legt ihm fast väterlich die Hand auf die Schulter.

Petros fragt, wie viel die Fahrt kosten wird, Mohamed übersetzt und sie erfahren, dass Abdulwahid pro Person hundert Dollar verlangt.

Hundert Dollar!, denkt Azmera. *Und die anderen wollten zweitausend!* Sie tauscht einen kurzen Blick mit Petros, sie nicken sich zu und Petros sagt schnell: »In Ordnung.«

Da fordert Mohamed sie beide und Abdulwahid auf, ihre Hände in seine zu legen. Einen Augenblick stehen sie so da und Mohamed sagt: »Möge Allah auf dieser Fahrt mit euch sein. Und möge euer Leben ein gutes werden, in Respekt vor Allah.«

Als sich ihre Hände wieder lösen, erzählt Mohamed, dass noch ein paar Flüchtlinge in Ismails Haus auf die Fahrt warten und dass es losgeht, sobald das Schiff betankt ist.

»Heute?«, fragt Petros. Seine Stimme zittert.

Mohamed nickt. »Ja, heute.«

Azmera spürt ihr Herz bis zum Hals pochen. »In der Nacht?«, fragt sie.

»Nein, noch tagsüber.«

»Ist das nicht gefährlich?«

»Nein, es ist sicherer.«

»Und die Polizei?«, hakt Petros nach. »Gibt es keine Patrouillen? Und was ist mit Piraten?«

»Hier passiert nichts«, beschwichtigt ihn Mohamed, »hierher kommt die Polizei nie. Und die Menschen hier dulden keine Piraten, die Flüchtlinge ausplündern. Geht mit Abdulwahid und geht mit meinem Segen.«

8

Abdulwahid führt sie zum Strand. Mohamed hat versichert, dass er nur wenige Minuten von seinem Haus entfernt ist, aber sie gehen jetzt schon eine halbe Ewigkeit. Sie müssen laufen, weil Abdulwahid kein Auto besitzt. Jeder Schritt ist schmerzhaft für Azmeras verletzte Füße. Ihre Socken waren nach der Wäsche so zerlöchert, dass Suheila ihr frisch gewaschene Lappen gegeben hat, die sie sich um die Füße gewickelt hat. Sie bilden ein kleines Polster gegen die Unebenheiten des Weges, gegen den Schmerz beim Auftreten. Azmera denkt nicht an die Schmerzen. Sie gehören zu ihr. Ebenso wie der Hunger und der Durst.

Die Sonne brennt vom Himmel, aber sie riecht das salzige Meer. Azmera zwingt sich, nur noch an den nächsten Schritt zu denken: *Wir werden gleich auf einem Schiff sein, das uns von hier wegbringt. Nach Europa. Nur noch das Meer trennt uns von unserem großen Ziel.*

Abdulwahid scheint es eilig zu haben. Petros mit seinen langen Beinen hat keine Probleme, ihm zu folgen. Azmera dagegen auf ihren Fußlappen fällt immer weiter zurück. Wenn es nicht endlich die Aussicht gäbe, dass die Flucht bald vorbei ist, würde sie sich hier einfach in den Sand fallen lassen.

»Was ist? Kommst du?«, ruft Petros ungeduldig.

»Ja, ja, ich komme!« Sie läuft ein paar Schritte, um ihm

zu zeigen, wie schnell sie ist. Aber sofort fällt sie wieder zurück und wischt sich mit dem Zipfel ihrer Tunika den Schweiß von der Stirn.

Immer wieder dreht sich Abu zu ihr um, der neben Petros herspringt. Er richtet sich auf und trommelt gegen seine Brust, als wolle er sie anfeuern. Manchmal stößt er Rufe aus, die klingen, als würde eine Ziege lachen. Ihr gelingt nicht einmal mehr ein Lächeln.

Petros trägt seine Wolldecke und seine schwere Tasche. Azmera hat nur noch ihren kleinen Kleiderbeutel. Sie besitzt zwar kaum noch etwas, aber wenigstens muss sie nichts Schweres schleppen. Um den Bauch trägt sie noch immer den Beutel mit ihren eingeschweißten Papieren und dem kläglichen Rest ihres Geldes. Aber was nützen ihr eigentlich ihre Zeugnisse, wo sie jetzt doch Delina Adeye heißt und zwei Jahre älter ist? *Nicht daran denken, nur an den nächsten Schritt,* sagt sie sich. *Das Schiff.* Ihren Gürtel kann sie jetzt drei Löcher enger schnallen und die Geldbörse ist ganz leicht. Sie hat Mohamed das Geld übergeben, in Anwesenheit von Abdulwahid. Mohamed hat zugesagt, dass er Ismail das Geld erst aushändigen wird, wenn sie heil in Italien angekommen sind. »In Europa braucht ihr kein Geld mehr«, hat Mohamed weiter gesagt, »da wird für alles gesorgt. Da bekommt ihr neue Kleider, Essen, und es sind Ärzte und Krankenschwestern dort, die sich um euch kümmern.« Er hat Azmera zugelächelt und hinzugefügt. »Auch um deine Füße, Delina.« Dann schwärmte er weiter: »Sie warten auf euch, überall in Europa. An den Küsten der italienischen und griechischen Inseln, in den Lagern, die sie extra für euch errichtet haben, mit Bädern und Speisesälen, an den Bahnhöfen. In Europa müsst ihr auch keine Angst mehr vor den Polizisten haben. Alle werden euch helfen, niemand wird für seine Hilfe ein Bakschisch von euch erwarten. Sogar die Fischer werfen lieber ihren Fang über Bord, als euch ertrinken zu lassen. Ich habe es mit eigenen Augen im Fernsehen gesehen.«

Abdulwahid nimmt eine Abkürzung durch die Dünen. Ein schmaler, ausgetretener Pfad, rechts und links Müll, Eselsdung oder auch der Kot von Menschen. Selbst Abu macht einen großen Bogen darum.

Lärm tönt vom Strand an ihre Ohren, aufgeregte Stimmen, Rufe und dann, auf der Kuppe einer Sanddüne, bleibt Abdulwahid plötzlich stehen. Er zeigt nach unten und wartet, bis auch Azmera es sieht. Der Strand ist schwarz von Menschen. Vier, fünf Dutzend Schwarze, Männer, Frauen und Kinder hocken da im Sand, vielleicht sind es sogar hundert oder mehr. Sie werden von drei wie Beduinen gekleideten Männern bewacht, die Knüppel schwingen und Befehle brüllen.

Und dann das Schiff!

Es ist kein richtiges Schiff, wie Azmera es sich vorgestellt hat, ein Schiff mit einem Deck und mit Wänden aus Holz oder Stahl, mit einem Maschinenraum und einem Aussichtsstand für den Kapitän. Dieses *Schiff* ist ein Schlauchboot mit einem Außenmotor.

Auf dieses Schiff passen höchstens zwanzig, dreißig Menschen!

Petros starrt ungläubig auf die Szene, die sich ihnen bietet. Er packt Abdulwahid am Arm. »Was bedeutet das? Wieso bringst du uns hierher? Was sollen wir hier?« Aber Abdulwahid spricht kein Englisch oder tut so, als verstehe er nichts. Verzweifelt blickt sich Petros um, hebt fassungslos die Arme. »Wo kommen die alle her? Ich dachte, wir sind hier allein! Und soll *das* vielleicht unser Schiff sein? Soll uns dieses Ding etwa hundert Kilometer über das Meer tragen? Ist das ein schlechter Witz?«

Abdulwahid formt einen Trichter mit seinen Händen, als habe er das alles nicht gehört, und ruft den Leuten unten etwas zu. Sofort drehen sich alle zu ihnen um. Die Männer rufen etwas zurück und Abdulwahid zieht seine Flipflops aus und surft auf seinen Fußsohlen die weiche Dünung hinunter. Dabei stößt er einen Freudenschrei aus wie ein Kind. Er ist auch noch ein halbes Kind. Azmera schätzt, dass er jünger ist als sie. Aber wer weiß, vielleicht wird man in dieser Gegend schneller erwachsen.

Azmera sieht, dass schon Leute bis zu den Knien im Wasser stehen. Sie tragen ihre Habseligkeiten auf dem Kopf wie die Frauen in ihrer Heimat, wenn sie vom Markt kommen oder bis zum Rand gefüllte Wassereimer vom Brunnen zurück zu ihren Häusern schleppen.

Menschen mit Kindern auf dem Arm oder auf den Schultern umringen die Ordner, stoßen, schubsen, zeigen immer wieder erregt auf das Boot, verzweifelt, mit weit aufgerissenen Mündern. Ein ohrenbetäubender Lärm wie in einer Seevogelkolonie. Aber die Ordner schwingen ihre Knüppel über ihren Köpfen, um die Menschen auf Abstand zu halten. Als seien sie auf so etwas vorbereitet, als würden sie regelmäßig Menschen auf Boote verfrachten, die nicht seetauglich sind. Sie lassen die Knüppel durch die Luft sausen oder peitschen damit das Wasser auf. Allmählich erreichen sie damit, dass die Menschenmenge eine Schlange bildet, die sich wie ein dunkles Reptil über den weißen Sand auf das rote Schlauchboot zubewegt, das von zwei Männern mit nackten Oberkörpern durch die Brandungswellen ans Ufer manövriert wird. Als sie nah genug heran sind, werfen sie ein Seil und die Flüchtlinge müssen anpacken und das Boot an das seichte Ufer ziehen. Lange Wellen breiten ihre Schaumkronen wie ein Spinnennetz über dem nassen Sand aus, wenn sie am Strand auslaufen. Darin blinken Muscheln und zappeln kleine Fische, aber die Wellen schwemmen anderes ans Ufer, Dinge, die einmal Menschen gehört haben. Bunte Sachen aus Stoff und Plastik. Azmera kann aus der Ferne nur ahnen, was genau das ist. Eine Jacke? Ein Turnschuh? Eine Babywindel?

Sie richtet ihre Aufmerksamkeit wieder auf das Boot, doch der Anblick lässt sie nur fassungslos aufstöhnen: Das kleine Schiff tanzt auf den Wellen wie ein Spielzeug, eine Nussschale, argwöhnisch beäugt von einer unruhigen Menschenmenge.

»Wer sind diese Leute?«, fragt Azmera, als habe Petros das nicht auch schon gefragt. »Wo kommen die her? Was wollen die alle?«

Petros reißt die Arme hoch in einer verzweifelten Gebärde. »Das Gleiche wie wir, fürchte ich. Schau sie dir an, das sind doch alles Flüchtlinge. Die sind schwarz wie wir. Die haben Kleiderbündel wie wir und sind genauso verzweifelt. Bestimmt kommen sie aus Uganda, Mali, dem Sudan. Vielleicht sind auch ein paar aus Eritrea dabei«, er schreit plötzlich. »Das siehst du doch genauso gut wie ich! Kannst du nicht aufhören mit deinen Fragen?«

Azmera schweigt verletzt. *Warum betont Petros noch extra, dass diese Menschen schwarz sind?*, fragt sie sich. *Macht er inzwischen auch schon einen Unterschied zwi-*

schen Menschen mit heller und mit dunkler Haut? Er ist doch auch schwarz.

Seit sie in Libyen sind, scheinen ständig alle den unterschiedlichen Hautfarben eine Bedeutung beizumessen, und das verstört Azmera zutiefst. In Eritrea hat sie nicht eine Sekunde darüber nachgedacht, wie dunkel ihre Haut ist. Dort waren alle schwarz, die Direktorin ihrer Schule ebenso wie Pater Umberto oder der Arzt, der Hawi den entzündeten Blinddarm entfernt hat. Die wenigen Menschen mit heller Hautfarbe, die sie vor ihrer Flucht gesehen hat – wenn sie in einem Auto vorbeifuhren oder im Fernsehen etwas sagten –, gehörten in eine andere Welt. Ihre Welten berührten sich nicht.

Es wird immer lauter und unruhiger unter den Wartenden, die Aufregung wächst. Allmählich lässt sich nicht mehr ignorieren, dass das Boot zu klein für all diese Menschen ist. Dass einige zurückbleiben müssen.

»Haben die alle hundert Dollar gezahlt?«, ruft Azmera, die hinter Petros den Hang hinunterrutscht.

»Vielleicht bringt uns das Schlauchboot nur zu dem richtigen Schiff!«, erwidert Petros. »Wir müssen uns beeilen. Wir dürfen nicht die Letzten sein!«

Abu stößt plötzlich einen herzzerreißenden Schmerzensschrei aus. Er lässt sich auf die Hinterbacken fallen und untersucht seinen linken Fuß, biegt ihn, bis die rosafarbene Fußsohle aufleuchtet, beißt darauf herum.

Azmera ruft Petros zu, dass Abu sich verletzt hat, aber Petros kann seinen Dünenslalom nicht mehr bremsen. Er rutscht auf dem Hosenboden immer weiter abwärts.

Azmera lässt ihr Bündel fallen und pflügt sich durch den Sand zu Abu. Seine Augen sind ganz groß vor Panik, er fletscht die Zähne wie immer, wenn ihn etwas sehr aufregt oder ängstigt. Sein Zahnfleisch ist jetzt nicht mehr rot, sondern weiß und Azmera fragt sich plötzlich beklommen, ob es Abu vielleicht schon lange nicht mehr gut geht. Eine Klammer legt sich um ihr Herz.

Sie lässt sich neben dem Äffchen in den Sand fallen. »Was ist denn los?«, fragt sie sanft. »Tut dir was weh? Was ist mit deinem Fuß? Darf ich mal sehen?«

Als könnte er jedes Wort verstehen, streckt Abu ihr seinen Fuß hin und dreht ihn, bis sie den silbernen Dorn in der Fußsohle erkennt.

»Ich tu dir nicht weh«, murmelt sie beschwörend. Sie weiß, dass sie jetzt ruhig und selbstsicher wirken muss, um Abu nicht noch mehr Angst zu machen. Sie legt seinen Fuß auf ihren Schoß, und als sie die Stelle mit dem Dorn berührt, zuckt der Affe zusammen, aber er verhält sich so tapfer wie ein Kind, das versteht, dass ihm geholfen wird.

»Hab keine Angst, Kleiner. Du warst so tapfer die ganze Zeit«, versucht sie, Abu weiter zu beruhigen. Sie fragt sich, warum sie sich vorher so wenig Gedanken um dieses Tier gemacht hat. Abu war einfach da. Hat klaglos alles mitgemacht. Hat getrunken, wenn Petros daran dachte, ihm Wasser zu geben, hat dankbar jedes Futter angenommen und auf sie aufgepasst, wenn sie schliefen. Er hat sie sogar vor diesen libyschen Schleppern gewarnt.

Azmeras Fingernägel sind abgebrochen, den Rest hat sie immer abgekaut, weil sie keine Nagelschere mehr besitzt. Aber mit diesen kurzen Nägeln kann sie den Dorn nicht packen. »Ich muss es mit den Zähnen machen, Abu«, sagt sie und hebt seinen Fuß vorsichtig an ihr Gesicht. »Verstehst du?«

Abu zittert und zuckt. Der kleine Kerl tut ihr so leid. Sie könnte sofort in Tränen ausbrechen, hier auf der Stelle. Warum fällt ihr heute alles so schwer? Sie atmet tief durch und reißt sich zusammen. »Ich mach ganz schnell, ja? Es klappt bestimmt«, sagt sie. Dann umfasst sie den Dorn mit ihren Zähnen und zieht.

Abu schreit auf und macht einen Purzelbaum rückwärts.

Azmera spuckt den Dorn in die Handfläche und streckt sie dem Äffchen entgegen. »Schau, Abu! Hier, das war der Übeltäter!«

Abu beugt sich vor. Staunend betrachtet er den Dorn, nimmt ihn zwischen die Finger, dreht ihn sorgfältig hin und her und wirft ihn weg. Dann erst richtet er sich wieder auf und legt seine Finger über die Augen, als suche er den Horizont ab.

Unten steht Petros und winkt hektisch mit beiden Armen.

Azmera winkt zurück.

Sie kriecht zu ihrem Kleiderbeutel. Abu ist neben ihr. Seine langen Finger umklammern ihre Hand. Er lässt sie nicht los, bis sie unten sind.

Petros erwartet sie ungeduldig. »Wieso dauerte das so lange? Was habt ihr Mädchen immer? Was war denn jetzt schon wieder los?«

Azmera schaut ihn an. *Er hat gar nicht mitbekommen, dass sich Abu verletzt hat,* denkt sie. *Er ist völlig durcheinander. Er bemüht sich äußerlich um Ruhe, aber sein Inneres steht in Flammen.* Also hebt sie nur die Schultern, lächelt und sagt beiläufig: »Alles gut. Und bei dir?«

Petros verdreht die Augen und stöhnt auf. »Du stellst Fragen! Bei mir? Hier überall ist das reine Chaos. Dieser Mohamed muss das doch gewusst haben ... Und das Boot ist ein Witz, eine Nussschale! Damit kommen wir nirgendwohin.«

Abdulwahid, der mit einem der Ordner gesprochen hat, kommt aufgeregt zurück, spricht etwas Unverständliches und zieht Petros mit sich fort. Azmera bleibt nichts anderes übrig, als mit Abu zu folgen. Das Äffchen macht keine Anstalten, zu Petros zurückzukehren. Er bleibt bei ihr. Seine Finger fühlen sich hart an, aber ganz warm.

Abdulwahid schleust sie an den anderen vorbei, bis einer der Schlägertypen-Ordner sie aufhält. Sein Blick ist irre, das Hemd von Schweiß durchtränkt. »*Yalla!*«, brüllt er.

»*What do you mean, yalla?*«, blafft Petros ihn an. »*Do you not speak English?**« Azmera kann seine Anspannung spüren, auch die Angst, die er verbergen will.

Der Ordner bellt zurück: »*Yes, man. You are from Mohamed, yes?*«

»Genau, wir kommen von Mohamed«, antwortet Azmera auf Englisch. »Wir haben ihm Geld für die Schifffahrt gegeben.«

»Viel Geld!«, schreit Petros. »Verstehst du?«

Plötzlich steht ein großer Typ neben ihnen, mit langen Beinen und breiten Schultern wie ein Orang-Utan, der packt den Ordner an den Schultern, schüttelt ihn wild und brüllt ihn an. Aber der Ordner kann sich aus seinem Griff befreien und lässt den Knüppel auf seine Schulter sausen. Das Geräusch von splitternden Knochen erreicht Azmeras Ohr. Der Mann bricht zusammen. Achtlos steigt der Schläger über ihn hinweg und scheucht Petros und Azmera weiter.

»Geht an Bord. Schnell!«

Petros zögert.

»Bringt uns das Boot zum richtigen Schiff?«, fragt er schließlich.

»Welches richtige Schiff, Mann?«, schreit der Ordner. Die Menschenmenge wird immer unruhiger. Abu ist zurück auf Petros' Schultern geklettert und hält sich die Augen zu.

»Das Schiff nach Italien!«, brüllt Petros gegen den Lärm der Menge an. »Das Schiff nach Europa!«

Der Aufpasser starrt ihn an. Eine ganze Weile. Dann baut er sich direkt vor Petros auf, so dicht, dass seine fletschenden Zähne beinahe Petros' Nase berühren, und sagt leise, aber drohend: »Das. Ist. Das. Schiff. Nach. Italien!«

Petros weicht zurück. Azmera sieht nur noch das Weiße in seinen Augen. Sie spürt, wie Petros bebt.

»Ihr dreckigen Hunde! Wir werden in diesem Boot sterben!«, brüllt er. »Wir werden alle sterben!« Aber er watet dennoch ins Wasser. Abu auf der Schulter, Azmera an seiner Seite. Das leuchtende Türkis ist so schön, dass man weinen könnte. Das Wasser wird immer tiefer. Erst reicht es ihnen bis zu den Knien, dann bis zu den Oberschenkeln. Es wird immer schwerer zu gehen, ihre Kleidung saugt sich mit Salzwasser voll. Azmeras Fußlappen lösen sich, sie hebt ihr Kleiderbündel auf den Kopf und watet vorsichtig weiter.

Als sie das Boot erreichen, strecken sich ihnen Hände entgegen. Zuerst fliegt Azmeras Kleiderbeutel in das Boot, dann zieht jemand sie hoch, lässt sie über den dicken Wulst des Schlauchbootes rollen und auf der anderen Seite hineinfallen. Azmera liegt da wie betäubt, Abu springt ihr auf die Brust. Dann fällt mit einem lauten Plopp Petros'

Tasche neben ihren Kopf. Petros folgt und so geht es weiter, Taschen, Kinder, Männer, Frauen, Alte, Junge. Es wird immer enger und enger. Sie haben keinen Platz, ihre Beine auszustrecken, sie liegen halb aufeinander. Azmera kann nicht einmal ihre Fußlappen neu binden. Sie bekommt kaum noch Luft, so viele Menschen drängen sich in dem kleinen Boot zusammen. Und es stehen immer noch welche im Wasser und schreien. Andere warten mit angsterfüllten Augen am Ufer, weil kein Platz mehr für sie ist. Die Ordner schlagen mit Knüppeln in die Menge.

»Wie gehen diese Typen mit uns um?«, ruft Azmera entsetzt. Ihr wird übel von der Aggression, der aufgestauten Wut um sie herum, dem Elend der Menschen, der Verzweiflung in ihren Gesichtern, der wortlosen Angst in den großen Kinderaugen, dem Geruch von Gewalt. »Wieso dürfen die überhaupt Knüppel haben?«

»Die dürfen alles, das siehst du doch«, knurrt Petros.

»Wir tun denen doch nichts! Wir haben dafür sogar bezahlt. Wenn man ein Ticket für den Bus kauft, schlägt einen der Busfahrer doch auch nicht mit dem Knüppel!«

Petros dreht sich zu ihr um. Da ist nichts Sanftes mehr in seinen Augen. »Wir sind Flüchtlinge, begreifst du das nicht?«, herrscht er sie in einem scharfen Ton an. »Für die sind wir Abschaum. Denen sind wir weniger wert als ihre Ziegen!«

»Aber sie nehmen unser Geld«, sagt Azmera. »Und Mohamed …«

Petros lässt sie nicht ausreden: »Sprich nicht von Mohamed! Mit dem bin ich fertig!«

Azmera beobachtet, wie eine Frau verzweifelt versucht, ihren Jungen zurückzuhalten, der sich in die Wellen wirft und auf das Schiff zukrault. Einer der Ordner prügelt wütend mit seinem Knüppel auf das Wasser. Eine Fontäne spritzt der Frau ins Gesicht. Sie weicht zurück.

Hat Mohamed wirklich gewusst, was uns hier erwartet?, fragt sich Azmera. *Was war das für ein falsches Spiel? Und wir hielten ihn für unseren Gönner, unseren Retter.* Sie zittert vor Wut oder weil die Kälte durch ihre nassen Kleider dringt. *Und seine Frau? Was ist mit Suheila? Wusste sie, wie es hier zugeht, als sie uns Süßigkeiten serviert hat wie an einem Feiertag? Ist Mohamed vielleicht sogar der Chef hier? Gehört ihm das Boot? Bezahlt er die Männer, dass sie die Leute prügeln? Nimmt er erst unser Geld und lässt uns dann von seinen Leuten halb tot prügeln?*

Azmera ist es, als wäre ihr Herz auf einmal nur noch ein ganz kleines hartes Ding, das aus Gewohnheit weiterschlägt. Ein Fremdkörper, der nichts mehr mit ihr zu tun hat.

Sie schließt die Augen.

Zum ersten Mal seit langer Zeit denkt sie wieder an Pater Umberto. Sie versucht, sich an sein Gesicht zu erinnern, seine freundlichen gütigen Augen. Sie kann noch spüren, wie es sich angefühlt hat, als er sie zum Abschied umarmt hat. Aber was hat er zu ihr gesagt? Plötzlich ist es für sie unglaublich wichtig, sich an seine exakten Worte zu erinnern. Doch sie wollen ihr nicht einfallen. *Was genau hat er gesagt? Damals auf der Autofahrt, als er sie zum Treffpunkt brachte … Und dann, zum Abschied? Was waren seine Worte?* Vor Verzweiflung steigen ihr Tränen in die Augen.

Lieber Gott, denkt sie, *ich weiß nicht, was du mit mir vorhast. Ich weiß auch nicht mehr, warum ich diese Rei-*

se angetreten habe. Bitte verzeih mir, falls ich dich zornig gemacht habe. Aber bitte, lass mich nicht auf diesem Schiff sterben. Und bitte mach, dass ich Pater Umberto im Himmel wiedersehe, falls es doch passiert.

»Was machst du für ein Gesicht?«, fragt Petros. Er ist gereizt.

Warum soll ich ihm antworten?, denkt Azmera.

»*Yalla! Yalla!*«, gellen unablässig die Rufe der Ordner vom Strand zu ihnen herüber. *Los! Los!*

Die Menschen drängeln, schreien, Frauen rufen nach ihren Männern oder ihren Kindern. Eine Frau verliert ihr Baby, aber jemand reicht es ihr zurück. Ein Reisesack fällt aus dem Boot ins Wasser und versinkt sofort. Als sich der Besitzer weit aus dem Boot beugt, um die Tasche am Griff zu packen, droht er, kopfüber ins Wasser zu kippen. Aber Petros ist zur Stelle, er packt ihn am Jackenkragen und zieht ihn wieder hoch. Der Mann fällt ins Boot zurück, ein Schwall Wasser sprudelt aus seinem Mund. Und immer wieder der Befehl: »*Yalla, yalla!*«

Aber dann, kurz vor Sonnenuntergang, ist es wirklich geschafft: Das Ufer ist menschenleer, im Wasser stehen nur noch die beiden Beduinen, die Abdulwahid, der am Steuer steht, das Seil zuwerfen. Der Motor springt an. Für Sekunden verschwindet alles im Qualm des Dieselmotors.

Abu ist über die Schultern und Köpfe der Menschen hinweg bis nach ganz vorn an den Bug geklettert und klammert sich verstört an den kleinen Mast mit der Laterne. Von dort starrt er zitternd auf die Menschenmenge in dem Boot.

Es ist so eng, dass Azmera nicht einmal den Kopf wenden kann, um nach Petros zu sehen, der hinter ihr sitzt. Aber sie spürt seine Knie in ihrem Rücken, die ihre Wirbelsäule wie eine Lehne stabilisieren, während das Boot sich durch die Brandungswellen aufs offene Meer kämpft.

Abdulwahid steht breitbeinig am Steuer. Sein Gesicht ist reglos und leer.

Je weiter sie sich aus der Bucht entfernen, desto mehr spürt Azmera den Wellengang. Immer wieder richtet sich das Boot am Bug auf und sackt dann wieder herunter, während rechts und links die Gischt sprüht. Jedes Mal trifft ein Schwall Meerwasser die Flüchtlinge. Azmera fragt sich, ob sie jemals wieder trocken wird und ob das Wasser dann eine Salzkruste auf ihrer Haut zurücklassen wird.

Als sie die Bucht verlassen, wird der Wellengang gleichmäßiger, aber noch stärker. Die Wellen rollen jetzt seitlich gegen das Boot. Die Menschen werden nach rechts geschleudert, nach links, nach rechts, nach links.

Petros' Knie in ihrem Rücken sind das einzig sichere, was Azmera im Augenblick spürt. Am liebsten würde sie ihre Hand nach hinten reichen und seine suchen, doch nach den vielen Zwistigkeiten in den letzten Tagen traut sie sich nicht. Petros ist nicht mehr der, der er einmal war, und bei Licht betrachtet gilt dasselbe für Azmera.

Doch dann fühlt sie plötzlich eine Hand von Petros in ihrem Nacken. Eine Hand, deren Finger ihren Hals berühren und ihre Wange. Auch er sucht Halt und Sicherheit. Azmera atmet auf. Überglücklich reckt sie ihren Kopf seiner Hand entgegen, bis sich ihre Wange in seine Handfläche schmiegt und jeder die Wärme des anderen fühlen kann. Sie dreht den Kopf noch ein wenig, zieht seine Finger an ihre Lippen und küsst jeden einzelnen. Sie kann das nur tun, weil er sie nicht ansieht, weil sie ihn nicht ansehen muss.

Dann ist sein Kopf an ihrem Ohr. Sein Atem berührt ihr Ohrläppchen. »Wir schaffen es«, flüstert Petros. »Wir sind stark.«

Ja, denkt sie, *wir schaffen es.* Und auf einmal ist der Wellengang nicht mehr so schwindelerregend und die Menschenmenge an Bord viel weniger bedrohlich.

Als Petros schließlich behutsam seine Hand zurückzieht, hat Azmera Salz auf den Lippen.

Das Meer ist erst so lila wie der Himmel und dann so tintenblau wie die Nacht, die noch rascher hereinbricht als auf dem Land. Außer dem Flackern der Öllampe vorne am Mast kann Azmera nichts mehr erkennen. Wie lange Abdulwahid wohl noch den Wellengang ausfedern kann? Wie lange werden Abus Kräfte reichen, der sich immer noch an den Mast klammert? Azmera ist sich nicht sicher, ob er im Dunkeln über die vielen Menschenleiber zu ihnen zurückfindet, aber sie ruft auch nicht nach ihm, um ihn nicht noch weiter zu verwirren, und Petros tut es auch nicht.

Plötzlich richten sich starke Scheinwerfer auf das Boot, die schlimmer blenden als die Wüstensonne. Sie tauchen alles in eine gespenstische Helligkeit, auch Abdulwahid, der eine Hand in den Himmel reckt und dem Licht entgegenfährt. Dann hören sie einen Schiffsmotor, der ihren eigenen übertönt. Mit einem Schlag erlöschen die Scheinwerfer. Nur noch das Licht der Positionslampe durchbricht die Schwärze der Nacht.

Wieder spürt Azmera Petros' Lippen an ihrem Ohr: »Vielleicht ist das ja das Schiff, das uns nach Italien bringt!«
»Hoffentlich«, flüstert Azmera zurück, ohne zu wissen, ob er sie hören kann.

»Polizei?«, ruft da einer der Flüchtlinge. »Wer ist das?« Aber er bekommt keine Antwort.

Niemand auf dem Boot spricht, bis das entgegenkommende Schiff den Motor drosselt und auch Abdulwahid seinen ausschaltet. Auf einmal hören sie wieder, wie die Wellen gegen die Bootswand rollen. Die beiden Schiffe gleiten lautlos aufeinander zu. Als das andere Schiff ganz nah ist, blickt Azmera an der rostigen Schiffswand hinauf und erkennt die Umrisse zweier Männer. Sie rufen etwas und Abdulwahid antwortet. Er lässt das Steuer los, klettert über die kauernden Flüchtlinge zur Backbordseite und das Licht auf dem Schiff geht wieder an. Sie sehen, wie die Männer Abdulwahid ihre Hände entgegenstrecken und ihn an Deck ziehen. Dann gehen die Lichter wieder aus und es ist schwarze Nacht.

Bevor sie begreifen können, was gerade passiert ist, springt der Schiffsmotor schon wieder an und Abdulwahid ist im Innern des Schiffes verschwunden.

Da bricht ein Sturm unter den Leuten los, alle schreien und rufen durcheinander, springen auf, verlieren das Gleichgewicht, fallen hin. Das Boot bekommt Schlagseite, fängt sich aber wieder.

Petros richtet sich auf, formt seine Hände zu einem Trichter und ruft zu dem Schiff hoch: »Was zur Hölle ist hier los?«

Es dauert einen Moment, dann hören sie eine Stimme, die klingt, als käme sie vom Band. In gebrochenem Englisch sagt eine Männerstimme: »Ab hier seid ihr auf euch gestellt. Dies sind internationale Gewässer. Wenn uns die Polizei erwischt, werden wir getötet. Fahrt geradeaus nach Norden. Es ist genug Diesel im Tank. Und hier ist Wasser.« Dann bricht die Stimme ab und drei Kanister fliegen vom Schiffsdeck zu ihnen herunter. Die Männer strecken die Hände danach aus, um den Aufprall abzuschwächen.

Drei Kanister mit jeweils zehn Liter Wasser. Azmera möchte nicht darüber nachdenken, für wie viele Menschen das reichen soll.

»Hey! Wartet! Wartet!«, schreit Petros. Immer mehr Leute stimmen ein, aber das Schiff dreht ab und nimmt Kurs zurück auf die Küste, an der die Lichter einer Stadt wie kleine Diamanten aufblitzen.

Das ist das Ende, denkt Azmera, *wir sind verloren.* »Lieber Gott«, murmelt sie, »verzeih mir, dass ich so selbstgefällig war und dachte, ich könnte mein Schicksal selbst in die Hand nehmen. Lass mich mein Schicksal in deine Hände zurücklegen.«

Auf einmal springt der Motor stotternd wieder an. Im dünnen Lichtschein der Positionslampe kann Azmera erkennen, dass ein Mann am Steuer steht und das Boot in die alte Position zurückbringt.

»Der Nordstern, siehst du ihn?«, flüstert Petros in ihr Ohr. Er dreht ihren Kopf so, dass er mit der Hand auf einen Stern zeigen kann, der tief am Horizont steht. »Da, genau da ist Norden, Delina. Da ist Europa! Der Mann kennt sich aus. In drei, vier Stunden sehen wir vielleicht schon die ersten Lichter, Schwester!«

Ich heiße Azmera, denkt sie erschöpft, *und ich bin nicht deine Schwester. Ich bin ein kleines Mädchen aus Eritrea und ich werde sterben.*

Aber sie stirbt nicht. Obwohl sich immer mehr Menschen im Boot übergeben müssen und in ihrem Erbrochenen liegen bleiben, obwohl sie nicht mehr unterscheiden kann, ob ihre Hose nass vom Meerwasser oder vom Urin ist, den sie wie alle anderen auch einfach laufen lässt. Nein, Azmera stirbt nicht. Auch nicht, als sich herausstellt, dass die Wasserkanister mit Öl verunreinigt sind. Ihr weniges Trinkwasser ist ungenießbar.

Der Mann mit den breiten Schultern steht am Ruder und steuert den aberwitzig überfüllten Kahn tapfer über Wellenberge und durch Wellentäler. Der Mond sieht dem kleinen Boot unbeweglich dabei zu.

Einer der Männer richtet sich plötzlich auf und ruft: »Freunde, wir dürfen nicht werden wie Hunde. Wir dürfen unsere Menschenwürde nicht verlieren!« Er sagt, sie sollen die Kanister nehmen, um hineinzupinkeln. Das schmutzige Wasser kippen sie ins Meer.

Azmera beobachtet, wie der Frau neben ihr bei seinen Worten Tränen über das Gesicht laufen. Auch ihr ist zum Heulen zumute, aber immerhin, sie ist noch am Leben.

Der breitschultrige Mann hält das Steuer wie ein Titan. Azmera schließt die Augen und dämmert weg.

Sie wacht auf, weil Schreie in ihren Ohren gellen. Wieder und wieder hört sie das Wort *Delina,* aber ihr Kopf sackt immer wieder auf die Brust zurück.

Dann klatschen Hände gegen ihre Wangen und sie hört, wie Petros ruft: »Wach auf, wach auf! Unser Boot läuft voll Wasser!«

Mit einem Schlag ist sie hellwach. Sie spürt eine kribbelnde Kälte an ihrem Körper. Als sie an sich herunterschaut, sieht sie, dass sie im Wasser sitzt. Um sie herum stehen die Leute mit den Füßen im Wasser auf dem schwankenden Boot, ihre Habe auf dem Kopf.

Sie reckt Petros die Arme entgegen und er zieht sie hoch.

»Es ist die Hölle!«, ruft er verzweifelt. »Unser Boot sinkt und wir finden das Leck nicht. Das Wasser kommt immer schneller.«

Da erst merkt Azmera, dass der Motor nicht mehr läuft und der Riese nicht mehr am Steuer steht. Das Vibrieren und Stampfen hat aufgehört. Vorne am Bug, wie festgefroren am Mast mit der Positionslampe, sitzt Abu. Das erste Morgenlicht schimmert sanft auf den Fluten.

»Fahren wir nicht mehr?«, ruft sie.

»Der Diesel ist alle.«

»Und was machen wir jetzt?«

»Wir haben die Kanister. Wir schöpfen das Wasser aus dem Boot, so schnell wir können. Wir wechseln uns ab.« Petros deutet auf den Horizont. »Dahinten ist ein Schiff, ein großes Schiff. Vielleicht kommt es in unsere Richtung. Vielleicht sehen uns diese Leute.«

Azmera fixiert den Horizont. Sie kann einen schwarzen Punkt erahnen, mehr ist es nicht. »Wie weit ist das weg?«, fragt sie.

»Keine Ahnung. Niemand kann so was schätzen, wir wissen ja nicht, wie groß das Schiff ist.«

Azmera blickt an sich herunter. Das Wasser, das eben bis zum Knöchel stand, reicht jetzt schon bis zur Hälfte ihrer Wade.

»*The ship is coming!*«, schreit jemand.

»*Oui, oui!*«, tönt es auch von einer anderen Ecke des Bootes.

Und jemand ruft: »*Allahu akbar!*«

Die Männer füllen die Kanister mit Wasser und kippen sie aus, alle anderen schöpfen das Wasser mit ihren Händen ab, benutzen alles, was Wasser fasst. Sie wissen, dass es um ihr Leben geht. Dennoch steigt der Pegel im Boot unaufhaltsam. Inzwischen reicht das Wasser schon bis zu Azmeras Knien. Wenn es so hoch wie die Außenwände ist, sind sie verloren.

Aber das Schiff wird größer und größer. Es kommt direkt auf sie zu.

Petros starrt auf die schwarze Silhouette vor dem silbernen Horizont, als könne er das Schiff mithilfe seiner Gedanken hierherleiten. »Komm schon«, murmelt er, »komm schneller, komm.«

Als das Wasser noch zehn Zentimeter von der Oberkante des Schlauchbootes entfernt ist, beginnt es zu sinken. Panik bricht aus, gellende Schreie ertönen. Die ersten schwimmen los, dem großen Schiff am Horizont entgegen.

Azmera kann keinen klaren Gedanken mehr fassen.

»Wir müssen schwimmen!«, ruft ihr Petros ins Ohr. »Ich hole Abu.«

Und schon ist er weg, kämpft sich nach vorne zum Bug, wo Abu sich immer noch an den Mast klammert.

Azmera flüstert: »Aber Petros, du weißt doch, dass ich nicht schwimmen kann.« Ihre Beine, ihr Körper, alles ist umfangen von Wasser, es gibt kein Entkommen. Sie wird untergehen mit diesem Schiff, das Wasser steht ihr schon bis zur Brust.

Petros nähert sich Abu, der ihn erkennt und zum Sprung

ansetzt. Er fliegt durch die Luft, Petros streckt dem kleinen Affen seine Arme entgegen, aber Abu verfehlt sein Ziel und landet im Wasser. Ohne zu überlegen, springt Petros ihm nach.

Jetzt verliere ich auch Petros, denkt Azmera. *Er wird Abu retten. Er liebt Abu mehr als mich.* Die endlosen Fluten des Meeres drohen, sie zu verschlucken. Sie weiß, dass sie nicht mehr lange die Energie und den Lebenswillen hat, auf sich aufmerksam zu machen, bevor das Wasser sie verschlingt. Sie reißt den Mund auf, pumpt die Lungen voll und formt mit letzter Kraft die Worte, die plötzlich als Schrei aus ihr hervorbrechen: »Petros! Ich … ich … kann nicht schwimmen!«

Petros erstarrt in der Bewegung. Ohne zu zögern, macht er kehrt. Er ruft ihren Namen. Wieder und wieder. Verzweifelt sucht er sie zwischen all den Menschen.

Azmera kämpft sich mit unbeholfenen Armbewegungen und strampelnden Beinen immer wieder zurück an die Wasseroberfläche. Sie schluckt bitteres, salziges Meerwasser, hustet es keuchend wieder aus und strampelt weiter, um ihren Kopf ein paar Zentimeter über Wasser zu halten. Sie sieht Petros' wild rudernde Arme, mit denen er das Wasser bezwingt und sich einen Weg bahnt zu ihr. Alles um sie herum fließt, sie sieht keine Menschen mehr, hört nichts mehr … *Bitte, lieber Gott,* denkt sie, während wieder eine Welle über ihren Kopf hinwegschwappt. Ihr Körper ist so schwach, so fürchterlich entkräftet, dass sie nicht weiß, wie sie sich an die Oberfläche zurückkämpfen soll. Dann plötzlich umschlingt sie Petros' Arm. Er packt sie, er hebt sie, er zieht sie über Wasser und ruft: »Mach dich leicht!«

Azmera hustet würgend Wasser aus ihren Lungen und sie macht sich leicht, obwohl ihr niemand erklärt hat, wie das geht, sie schwebt einfach auf der Wasseroberfläche. Petros' Arm stützt sie und hält sie fest, mit den Beinen strampelt er – weg, ganz weit weg, nichts wie weg vom Boot.

Abu ..., denkt sie. *Abu ...* Salzige Tränen mischen sich mit Meerwasser. Ihr Husten geht in kehliges Schluchzen über. Verzweifelt suchen ihre Augen nach dem kleinen pelzigen Körper. Sie wartet darauf, dass das kleine Gesicht des Affen plötzlich vor ihrer Nase auf Petros' Schulter auftaucht und er die Zähne fletscht oder ein keckerndes Geräusch macht. Doch vergebens.

Wellen tauchen ihren Kopf unter Wasser. Manchmal klammert sich jemand an sie wie an einen Rettungsanker und droht, sie mit in die Tiefe zu reißen. Beim Auftauchen sieht sie, dass das Schiff schon ganz nah ist. So nah, dass sie Menschen sehen kann, die sich an Deck bewegen. Zum Greifen nah. Eine Stimme dröhnt aus einem Lautsprecher.

Azmera fühlt, wie Petros' Arm ganz schlaff wird. Sie ruft seinen Namen, doch er antwortet nicht. Sein Arm rutscht wie leblos ins Wasser. Panisch beginnt Azmera, mit den Armen und Beinen zu strampeln. Petros treibt neben ihr im Wasser. Er muss bewusstlos geworden sein. Irgendwie gelingt es ihr, ihn mit einem Arm zu umfassen. Mit dem anderen und beiden Beinen rudert sie weiter, doch sie weiß nicht, wie lange sie beide Körper noch über Wasser halten kann. Wellen schwappen über ihren Kopf hinweg. Immer wenn sie auftaucht, ruft sie um Hilfe. Sie spürt, wie ihre letzten Kräfte schwinden, doch sie lässt Petros nicht los. *Wenn wir sterben, dann gemeinsam*, denkt Azmera.

Plötzlich berührt ihre Hand etwas Hartes, Festes, das auf der Wasseroberfläche treibt. Es ist ein weißer Rettungsring mit roten Streifen. Azmera klammert sich daran fest, so gut es geht. Kurz darauf landet ein gelbes Päckchen neben ihr im Wasser. Wieder dröhnen Stimmen aus dem Lautsprecher. *Was ist das?*, denkt Azmera. *Was soll ich damit machen?* Das Päckchen muss von dem großen Schiff stammen, genau wie der Rettungsring.

»Helft ihnen doch! Bitte helft ihnen doch«, dringt eine Stimme an Azmeras Ohr. Die Stimme ist ganz nah. War das Englisch? Träumt sie? Azmeras Hand gleitet vom Rettungsring. Wie in Zeitlupe spürt sie, wie ihr Körper in den Wellen versinkt und der von Petros mit ihr.

Ich bin bereit, denkt Azmera. *Nimm mich auf, du großes, dunkles Meer.*

Dann wird alles schwarz.

9

Das deutsche Rettungsschiff hat sechsundsiebzig Menschen aus dem Wasser geborgen. Ursprünglich waren sie zweiundneunzig. Das wissen sie, weil sie gezählt haben, um die Wasserration gerecht zu verteilen. Das war noch, bevor sich herausgestellt hat, dass das Wasser verdorben war.

Sechsundsiebzig Menschen liegen oder sitzen in goldene Warmhaltefolie gewickelt an Deck des Schiffes. Sie haben eine heiße Suppe bekommen und so viel getrunken, dass ihnen fast schlecht geworden wäre. Ein Arzt hat sie untersucht, Fieber gemessen, ihnen Schmerzmittel gegeben, die Wunden versorgt. Die Babys liegen in frischen Windeln im Schoß ihrer Mütter. Alle Babys konnten gerettet werden.

Unter diesen Menschen, die sich gerade an den Gedanken gewöhnen, dass sie doch nicht gestorben sind, sitzt Azmera. Sie hat ihre Suppe nicht angerührt, aber sie hält den Becher in ihren Händen, als wüsste sie nicht, was das ist. Seit zwei Stunden betet sie unablässig zu diesem Gott, von dem Pater Umberto behauptet hat, dass er sie liebt und dass er immer bei ihr ist. Aber Gott antwortet ihr nicht. Wenn Pater Umberto jetzt hier wäre, würde sie ihn zu gerne um eine Erklärung bitten.

Petros liegt immer noch im Inneren des Schiffes. Sie

durfte nicht zu ihm, aber sie hat gesehen, dass Menschen bei ihm sind, die weiße Kittel tragen und ein großes Stück Stoff vor dem Mund haben. Alle Helfer an Bord des Schiffes tragen diesen Mundschutz.

Sie weiß, was für ein fürchterlicher Gestank von ihren Kleidern ausgeht. Sie schämt sich. Am liebsten wäre sie unsichtbar, wenn sie schon nicht bei Petros sein darf.

»Er hat mein Leben gerettet.« Hat sie zu der Frau mit den goldenen Haaren gesagt. »Ich kann doch nicht schwimmen. Er hat mich festgehalten und ich weiß nicht, woher er die Kraft dazu genommen hat.«

Sie kann wirklich nicht verstehen, warum sie nicht ertrunken sind. Sie erinnert sich noch an den Augenblick, bevor sie bewusstlos wurde. Sie war bereit zu sterben. Aber dann?

Sie erinnert sich nicht.

Ihre Gedanken wandern zu Petros. Sie weiß nicht einmal, ob er noch lebt. Da sind überall Ärzte, aber sie sagen ihr nichts. Sie kann diese Ungewissheit nicht ertragen.

Sie steht auf, die goldene Wärmefolie gleitet von ihren Schultern. Der Becher fällt ihr aus der Hand, doch sie merkt es gar nicht. Auch nicht, dass die Suppe in alle Richtungen spritzt.

Die anderen schauen sie an, sie alle wissen Bescheid.

Sie geht auf die Tür zu, die ins Innere des Schiffes führt, aber da steht ein junger Mann und fragt, was sie will.

»Toilette«, sagt sie auf Englisch. Und fügt hinzu. »Bitte, es ist dringend.«

Er lässt sie durch und deutet nach links: »Dritte Tür links.«

Erste Tür, zweite Tür, dritte Tür … Azmera blickt sich

um. Der junge Mann beobachtet sie nicht. Sie lässt die Tür zur Toilette hinter sich und eilt mit schnellen, lautlosen Schritten den Gang entlang. Immer wieder schleicht sie mit gesenktem Kopf an blonden Menschen mit rosigen Gesichtern und Mundschutz vorbei. Niemand beachtet sie.

Schließlich erreicht sie die Tür, hinter der der bewusstlose Petros verschwunden ist und hinter die sie ihm nicht folgen durfte. Sie lauscht und hört, wie jemand auf Englisch sagt: »Petros? Kannst du mich hören?«

Azmeras Herz schlägt bis zum Hals. Sie presst die Lippen aufeinander, um ihr Atemgeräusch zu unterdrücken.

»Gib mir ein Zeichen, wenn du mich hören kannst.«

Azmera presst das Ohr an die Tür. In ihren Schläfen sirrt es. Immer wieder hört sie, wie jemand seinen Namen nennt.

Petros. Petros. Kannst du mich hören? Kannst du die Augen öffnen? Kannst du einen Arm heben?

Petros redet, aber niemand hört ihn. Er bewegt sich, aber keiner sieht es. Wenn er versucht, die Augen zu öffnen, ist alles schwarz.

Nur seine Ohren funktionieren, wie sie sollen. Er hört, dass sie mit ihm reden: *Petros, kannst du mich hören? Gib mir ein Zeichen.*

Die Stimmen klingen so kontrolliert, als wüssten sie über alles Bescheid, als könne sie nichts aufregen. Es müssen Ärzte sein. Aber woher kommen auf einmal Ärzte?

Die Luft ist angenehm kühl. Er wüsste gerne, ob er in einem Raum ist oder irgendwo draußen. Wenn er nur die Augen öffnen könnte.

»Hallo?«, vernimmt er eine zaghafte Mädchenstimme.

Ich kenne diese Stimme, denkt er. Er versucht, sich zu konzentrieren, aber er dämmert schon wieder weg.

»Darf ich ihn bitte sehen?«

Wieder diese Stimme.

»Petros ist mein Bruder. Ich bin Delina, seine Schwester. Ich muss ihn sehen ...«

Eine sanfte Welle der Glückseligkeit schwappt über Petros hinweg. *Delina,* denkt er, *du bist da! Ich habe dich so vermisst. Ich dachte, du bist tot. Du warst drei Tage verschwunden. Und dann lagst du auf einmal in unserem Garten. Du warst tot, aber jetzt bist du hier, bei mir ... Bitte, nimm meine Hand, ja?*

»Oh, seht nur, er bewegt seine Hand!«, ruft die männliche Stimme.

Petros spürt einen Lufthauch, als würden sich Menschen in einem geschlossenen Raum bewegen. Dann fühlt er eine Hand.

»Petros? Wie geht es dir?«

Er bewegt die Lippen.

Ich muss sagen, dass es mir nicht gut geht, dass ich nichts sehen kann, dass ich nichts fühle. Aber ich höre dich, Schwester. Weißt du, ich gehe mit dir nach Amerika, Delina. Ich habe von New York geträumt, als sie dich über die Mauer in unseren Garten geworfen haben. Du warst bei einem Fotoshooting. Aber als Mama dich entdeckte, da war dein Körper ... Ich verstehe es nicht ...

»Petros! Hallo, Petros!«

Beruhige dich, Schwester, hab keine Angst. Ich kann dich hören.

»Petros«, wispert die Stimme jetzt weiter weg.

Warte, Schwester, geh nicht weg. Ich versuche es noch einmal. Meine Lider sind so schwer. Aber egal. Ich schaffe das.

Das Licht blendet Petros. Außer verschwommenen Schemen kann er nichts erkennen. »Schwester?«, lallt er.

»Bruder«, flüstert die Stimme. »Guter Gott, ich danke dir. Du hast mich nicht verlassen.«

Langsam wird das Bild vor Petros' Augen klarer. Er sieht eine Gestalt, die sich nähert und sich über ihn beugt. Er sieht ein Gesicht, Augen, Nase, Lippen.

Das ist nicht meine Schwester. Das ist nicht Delina.

Aber er kennt dieses Mädchen ... Er wird müde, schließt die Augen, sein Kopf fällt zur Seite.

Das Rettungsschiff fährt volle Kraft voraus in Richtung Sizilien. Befehle werden in dieser eigenartigen fremden Sprache gegeben, von der Azmera nicht ein einziges Wort versteht. Alles klingt rau und hart und kurz. *Wie kann man so eine Sprache wie Deutsch lernen?*, fragt sich Azmera. Nur die Informationen an die Flüchtlinge werden auf Englisch durchgesagt.

Azmera hat sich an Deck zu einem kleinen Ball zusammengerollt. Einer der Helfer hat eine Rettungsdecke über ihr ausgebreitet. Apathisch starrt sie auf die Reling und weiß nicht recht, was sie jetzt tun soll. Die Begegnung mit Petros hat sie entkräftet. *Warum hat er mich nicht erkannt?* Dieser Gedanke hallt unablässig durch ihren Kopf.

Sie haben eben erst erfahren, dass es nicht nach Lampedusa geht, sondern nach Sizilien. Die Informationen aus dem Lautsprecher dringen wie aus weiter Ferne an Azmeras Ohr, als kämen sie aus einer anderen Welt.

Auf Sizilien, so heißt es, werden ihre Personalien aufgenommen und die Pässe geprüft. Dort sollen sie registriert und noch einmal von Ärzten untersucht werden.

Ob Petros Delinas Pass noch hat?

Als Azmera die Toilette aufsuchte und wieder wie von selbst vor Petros' Untersuchungszimmer landete, durfte sie nicht mehr zu ihm. Was wohl aus ihr wird, wenn er den Pass verloren hat? Oder wenn er stirbt ...

O Gott, steh mir bei, bitte hilf mir.

Vorher auf der Toilette hat sie überprüft, ob ihre Papiere noch da sind und die restlichen Dollar. Wie durch ein Wunder hat alles den Schiffbruch heil überstanden. Doch was hilft ihr ein Zeugnis, in dem steht, dass Azmera Teferi die beste Schülerin ihres Jahrgangs war? Sie ist jetzt nicht mehr Azmera, sondern Delina.

Azmera seufzt und zieht die Rettungsdecke noch fester um ihre Schultern. Als sie aufschaut, blickt sie in die leeren Augen von Jamila. Jamila kommt aus Dschibuti und wollte zusammen mit ihrer Mutter nach Holland, wo ihre Schwester lebt. Aber das Schlauchboot hat die alte Frau mit sich in die Tiefe gezogen. Unter Tränen hat sie Azmera erzählt, dass sie ihre Mutter nicht halten konnte.

Azmera rückt etwas näher an Jamila heran und nimmt ihre Hände. Sie sind kalt wie bei einer Toten. »Alles wird gut«, murmelt Azmera. Jamila Trost zu spenden, gibt ihr selbst wieder Zuversicht. »Wir dürfen keine Angst haben.«

Jamila nickt und blickt auf das weite Meer. »Meine Mutter hat kein Grab«, sagt sie nach einer Weile.

»Sie hat jetzt Frieden«, erwidert Azmera.

Jamila schaut sie verständnislos an, rückt ihre Wärmefolie zurecht und schaut wieder aufs Meer.

Azmeras Sachen sind an ihrem Körper getrocknet, aber sie friert trotzdem. Sobald sie die Wärmefolie abstreift und der Seewind ihre Haut berührt, fangen ihre Zähne an zu klappern. Ihre Gedanken kreisen um Petros, wie er dalag, einen Schlauch im Mund und eine Infusion in seiner Ader in der Armbeuge. Wie schwach er war, wie elend ...

Er hat mich nicht erkannt, denkt sie wieder, *er hat seinen Kopf abgewandt und die Ärzte, die das gesehen haben, sind misstrauisch geworden. Sie lassen mich bestimmt nie wieder zu ihm.*

»Bist du wirklich seine Schwester?«, fragte die blonde Ärztin mit den blauen Augen.

Und Azmera hat trotzig erwidert: »Sie können meinen Pass sehen. Er hat meinen Pass!«

Dann hat die Ärztin sie einfach weggeschickt, zurück an Deck zu den anderen.

Unter dem Mundschutz sind die Deutschen schwer zu verstehen, aber sie nehmen diesen Mundschutz niemals ab. *Sie haben Angst vor uns*, denkt Azmera, *Angst vor den Krankheiten, die wir mitbringen könnten.* Es ist ein merkwürdiges Gefühl zu sehen, dass die Flüchtlinge in ihren Kleidern dasitzen und die Besatzung weiße Overalls trägt, einen Ganzkörperschutz mit Mundschutz, der über die Nase und fast bis zu den Augen reicht.

Ich muss zu Petros, kreisen Azmeras Gedanken weiter, *ich muss wissen, wie es ihm geht.*

Da beugt sich jemand über sie. »Hallo?«

Sie blickt in die hellen Augen eines rothaarigen jungen Mannes, der auch einen weißen Schutzanzug trägt und einen Mundschutz. Der Mann ist riesengroß und dabei fast so dünn wie Petros.

»Ich bin Christian«, sagt er auf Englisch. Er hat einen merkwürdig harten Akzent.

Azmera mustert ihn ein wenig argwöhnisch. Er hat ein rosiges Gesicht mit kleinen dunklen Punkten auf Nase und Stirn. Später wird sie wissen, dass man diese Punkte Sommersprossen nennt.

»Ich arbeite auf diesem Schiff. Ich bin Deutscher wie die meisten hier.« Er steckt Azmera mit lächelnden Augen die Hand hin und redet weiter: »Ich habe dich und den Jungen aus dem Wasser gezogen.«

Azmera ergreift seine Hand zögernd. Sie hat keine Erinnerung daran, wie Petros und sie auf das Schiff gelangt sind, aber sie sagt höflich: »Danke.«

In diesem Moment kommt ein anderer Helfer vorbei und ruft zu ihnen herüber: »Aus dem Wasser gezogen? Reingesprungen bist du, du Verrückter! Und das, obwohl du genau weißt, dass das verboten ist.« Dann wendet er sich an Azmera: »Christian hat dein Leben gerettet. Ohne ihn wärst du wahrscheinlich ertrunken und der Junge auch.«

Der andere Helfer geht weiter und Christian macht nur eine wegwerfende Handbewegung und zuckt mit den Schultern. »Jetzt seid ihr ja an Bord. Das ist alles, was zählt. Jetzt wird alles gut.«

Azmeras Augen werden immer größer. Dieser Mann hat sich über die Regeln hinweggesetzt und sein Leben riskiert, um sie zu retten? Einfach so? Dabei kennt er sie doch gar nicht. Er ist ein Held, aber scheinbar will er das nicht einmal hören. Sie weiß nicht, was sie sagen soll, und weil sie ihren Dank nicht in Worte fassen kann, fragt sie nach Petros.

»Es geht ihm besser. Er ist jetzt bei Bewusstsein und die Ärzte sagen, er wird es schaffen.«

»Ja?«, ruft sie glücklich, fast ungläubig. »Wirklich?«

»Es war wohl ein Kollaps, ein Versagen der Lungen«, erklärt Christian. Dann fügt er hinzu, dass Petros wohl fast gestorben wäre und wiederbelebt werden musste.

Azmera nickt benommen. »Er hat mich nicht erkannt, als ich bei ihm war«, sagt sie. »Das war schrecklich.«

»Soll ich dich zu ihm bringen?«, fragt Christian.

10

Petros sitzt auf einem Stuhl, den Kopf an ein Bullauge gelehnt und die Augen unverwandt aufs Meer gerichtet. Er trägt einen Overall aus einer Art Papier, schneeweiß, und auf seinem Handrücken klebt ein helles Pflaster, wo der Einstich für die Injektionsnadel war. Seine Gesichtshaut wirkt fahl, sein Blick leer.

»Hallo Petros«, sagt Azmera leise, als sie sich durch die Tür schiebt. Petros sieht so fremd aus. »Du kannst sitzen, es muss dir besser gehen!«

Petros reagiert nicht.

Vielleicht hat er mich nicht gehört, denkt sie. In dem kleinen Raum übertönt das Stampfen der Schiffsmotoren alle anderen Geräusche.

Azmera schaut sich Hilfe suchend nach Christian um, der beherzt zwei Schritte vortritt. Er ruft Petros' Namen so laut, als sei er schwerhörig: »Petros, schau doch mal, du hast Besuch.«

Petros zuckt zusammen. Langsam, ganz langsam dreht er sich zu ihnen um. Er betrachtet Christian und dann erst fällt sein zögernder Blick auf Azmera. Er runzelt die Stirn, als sie schüchtern lächelt und sich ihm vorsichtig nähert.

»Hallo Petros«, sagt sie wieder sehr leise. Aber dieses Mal scheint er sie zu verstehen.

»Hallo«, antwortet er mit rauer Stimme. Seine Augen

ruhen noch für eine Sekunde auf ihrem Gesicht, dann wandert sein Blick zurück zum Bullauge.

»Weißt du, wer das ist?«, fragt Christian. »Kennst du sie? Ich habe euch aneinandergeklammert aus dem Wasser gezogen.«

Petros rührt sich nicht. Azmeras Herz schlägt gegen ihren Hals, die Kehle ist so trocken wie nach einem Sandsturm.

Petros schaut Christian unverwandt an, dann sagt er: »Ich möchte alleine mit ihr sprechen.«

Christian hebt ergeben beide Hände. »Okay«, sagt er betont fröhlich, »dann lass ich euch beide alleine.« Er zieht die Tür hinter sich zu.

Sofort ist Azmera bei Petros, hockt sich neben ihn, fasst seine Hände. »Wie geht es dir?«, fragt sie. »Bist du okay?«

»Ich weiß nicht.«

»Du machst mir Angst, Petros. Was ist los mit dir?«

Petros schaut wieder nach draußen. »Wie tief ist das Meer hier wohl?«, fragt er.

»Keine Ahnung«, ruft Azmera ungeduldig. Sie ist jetzt wirklich beunruhigt. »Das ist doch nicht wichtig, oder?«

»Ich hasse das Meer«, sagt Petros.

Azmera umschlingt seine Knie. Er schiebt sie weg. Sie stöhnt auf. »Du hast mich gerettet«, ruft sie, »aus diesem Meer!«

»Aber andere sind gestorben«, murmelt Petros. Er hat die Augen geschlossen und Azmera will sich nicht vorstellen, welche Bilder er gerade in seinem Kopf sieht.

Sie redet so hastig weiter, als könne sie die Geister in seinem Kopf beschwören. »Du hast mich die ganze Zeit über Wasser gehalten. Es war wie ein Wunder!«

Petros studiert ihr Gesicht, als wäre sie eine Fremde.

»Die Ärzte sagen, es war zu viel Wasser in meiner Lunge. Und dann haben sie noch etwas gesagt, über meinen Kopf, aber das habe ich nicht verstanden.« Er reißt die Augen auf, betrachtet den Raum, den Tisch, den Stuhl, auf dem er sitzt, die nackten Wände. Alles weiß wie sein Overall. »Abu!«, ruft er.

Azmera hält die Luft an. Ihr Herz tut so weh, dass sie schreien möchte.

Petros packt Azmera plötzlich bei den Schultern und schüttelt sie. »Wo ist er? Ist er bei dir?«

»Nein, er ist nicht bei mir«, flüstert Azmera. Ihre Augen füllen sich mit Tränen.

»Wo ist Abu?«, ruft Petros. »Wo ist mein Affe?« Er will aufspringen, sackt aber wieder auf dem Stuhl zusammen, beugt sich vor, den Kopf in die Hände gestützt.

Azmera streichelt seinen Kopf. »Er ist bei seinen Ahnen«, sagt sie mit beschwörender Stimme. »Er muss nicht mehr leiden.«

Unter ihrer Hand beginnt Petros' Kopf zu beben. Er schluchzt wie ein Kind mit all den kehligen Geräuschen, die dazugehören. Weinkrämpfe schütteln seinen Körper. »Abu ist tot. Oh, Delina, verzeih mir. Als du zu diesem Fest gegangen bist, habe ich dir versprochen, dass ich auf ihn aufpassen werde. Es tut mir leid. Ich habe versagt.« Geräuschvoll zieht er die Luft ein und schluchzt. »Ich war der einzige Mensch, dem er vertraut hat.« Immer noch bebt Petros' Kopf, aber ganz langsam beruhigt sich sein Körper. Sein Atem wird regelmäßiger. Er schüttelt Azmeras Hand ab, blickt auf und wischt sich die Tränen ab.

»Abu hat dich geliebt«, murmelt Azmera eindringlich,

»du hast dich immer um ihn gekümmert, du hast getan, was du konntest.«

»Ich bin kein guter Mensch«, murmelt Petros.

»Wie kannst du so etwas sagen?«

»Ich bin kein guter Mensch«, wiederholt Petros. »Ich habe versagt.«

»Doch, Petros, doch! Wenn du kein guter Mensch bist, wer dann? Du hast mich gerettet. Du bist mein Held!«

Petros legt den Kopf wieder in seine Hände. Die Schultern hängen, sein ganzer Körper wirkt schlaff und müde. So kennt sie ihn nicht.

Azmera weiß nicht, ob er weint oder ob ihn eine Erinnerung übermannt. Sie streichelt seinen Rücken. Er reagiert nicht.

Erst jetzt merkt Azmera, wie stickig es in dem Raum ist, aber sie reißt sich zusammen. *Ich muss jetzt für uns beide denken und handeln*, denkt sie. *Ich muss jetzt stark sein.*

»Alles wird gut«, murmelt sie. »Jetzt wird alles gut. Christian sagt, in einer Stunde sind wir in Pozzallo.«

»Was ist das?«

»Ein Hafen auf Sizilien. Und Sizilien ist eine Insel vor Italien.«

»Ich weiß, was Sizilien ist«, erwidert Petros gereizt.

»In einer Stunde sind wir da. Italien, Petros! Europa! Unser Ziel!«

»Delina wollte nach Amerika.«

»Ja, ich weiß.«

»Alles, was ich geliebt habe, ist verschwunden.«

Diese Worte versetzen Azmera einen tiefen Stich. Dennoch nimmt sie seine Hände und legt sie an ihr Gesicht. »Aber ich bin da, Petros. Ich bin hier, bei dir.«

Er rührt sich nicht.

»Wir haben doch uns!«, flüstert sie.

Er wendet sich ab, lässt ihr aber seine Hände.

»Ich verlasse dich nicht, Petros«, flüstert sie.

Sie dreht seine Hand um und küsst die helle Innenseite, küsst jeden seiner Finger. Es scheint ihr ganz selbstverständlich. Petros hat so traurige leere Augen. Wenn sie nicht aufpasst, wird seine Verzweiflung sie anstecken. Aber sie will nicht verzweifeln, nicht jetzt, nicht nachdem das Schlimmste überstanden ist.

Petros' Hände riechen nach Desinfektionsmittel. Seine Haut ist faltig wie bei ganz alten Menschen. Er riecht nicht mehr wie der Petros, den sie irgendwann in einer Stadt im Süden Libyens kennenlernte. Sie erinnert sich nicht einmal mehr an den Namen dieser Stadt.

»Ich möchte nach Hause«, sagt Petros tonlos.

Azmera durchfährt ein schrecklicher Schmerz. Sie kann kaum Luft holen. »Du weißt, dass das nicht möglich ist«, flüstert sie mit erstickter Stimme. »Das hast du mir selbst immer wieder gesagt.«

Petros nickt.

Sie wünschte, sie könnte seine Gedanken lesen.

»Ich muss von Italien nach England gehen«, fährt er fort, »nach Manchester. Mein Cousin Taye lebt dort. Er arbeitet als Koch in einem Hotel. Ich hatte seine Telefonnummer.« Er schaut an sich herunter, als sehe er diesen weißen Anzug zum ersten Mal. Plötzlich ist seine Stimme panisch: »Wer hat mir das angezogen?«

»Die Ärzte«, sagt Azmera, »du siehst jetzt beinahe aus wie ein Arzt.« Sie lacht, um ihn auch zum Lachen zu bringen. Aber sein Gesicht bleibt ernst.

»Ich habe Delinas Pass nicht mehr.«

»Ich weiß, Petros, aber das ist nicht schlimm. Die meisten Flüchtlinge haben keine Pässe. Auf diesem Schiff gibt es ...«

»Und das Buch mit den Telefonnummern ist auch weg. Alles ist weg! Wie soll ich Taye in einer fremden Stadt finden? In einem fremden Land?«

»Ich kann dir helfen«, beschwichtigt ihn Azmera. »Wir können ihn gemeinsam suchen.«

»Nein, das können wir nicht.« Petros zieht seine Hände weg. »Du fährst zu deinem Vater nach Stockholm.«

»Aber Petros, ich kann meinen Vater anrufen und erkläre, was passiert ist, und dann ...«

»Nein, nein, nein.« Petros schüttelt immer wieder heftig den Kopf. Und ganz plötzlich schaut er sie wieder an und seine Augen sind viel klarer. »Ich habe mein Versprechen gehalten«, sagt er aus dem Nichts heraus.

»Welches Versprechen?«

»Ich habe John gesagt, dass ich dich nach Europa bringe. Mit Delinas Pass. Und es hat geklappt, oder?«

Azmera ist so froh, dass er wieder normal spricht, dass sie lächelt und sagt: »O ja, du hast dein Versprechen gehalten. In einer Stunde sind wir in Pozzallo. Kannst du dir das vorstellen?«

»Pozzallo.« Petros dreht das Wort in seinem Mund. »Pozzallo.«

»Christian sagt, dort gibt es ein Lager, wo wir registriert werden. Wenn wir sagen, dass wir Bruder und Schwester sind, werden sie uns ...«

Da erhebt sich Petros. Er steht breitbeinig, um die Schaukelbewegung des Schiffes auszugleichen. Er atmet tief ein und aus. »Ich habe den Ärzten gesagt, dass meine Schwester tot ist«, sagt er. »Sie wissen Beschied.«

Azmera sackt in sich zusammen. »O Petros, Petros!«, flüstert sie.

Aber er erwidert ernst: »Ich kann mein neues Leben nicht mit einer Lüge beginnen und du solltest das auch nicht.«

»Gut, keine Lügen mehr. Dann sagen wir, dass wir uns lieben, das ist keine Lüge, oder?«, ruft Azmera unter Tränen. Sie weiß selbst nicht mehr, was sie fühlt, was sie will, wer sie ist …

Petros' Lippen zittern. Hilfe suchend fangen seine Augen Azmeras Blick ein. »Ich weiß es einfach nicht«, murmelt er verzweifelt. »Ich weiß nicht, ob ich dich liebe.«

Tränen stürzen aus Azmeras Augen. Doch sie weint nicht, weil Petros sie vielleicht nicht liebt, sondern weil sie ganz genau versteht, was er meint.

»Ich habe es geglaubt, ganz lange … Weißt du noch, am Anfang, wie wir uns kennengelernt haben? Als wir in dieses Restaurant gegangen sind …«

»Rosengarten«, seufzt Azmera. »So hieß es. Obwohl es dort keine einzige Rose gab.«

»Es ist zu viel passiert.«

»Du hast gesagt, dass ich deine Rose bin.«

Petros lächelt schmerzlich. »Das hab ich gesagt?«

Azmera nickt unter Tränen, doch sie schenkt Petros ein schiefes Lächeln.

Sie blicken beide durch das Bullauge auf das Meer. Draußen beginnt es zu dämmern.

Azmera denkt plötzlich an ihren Vater. Er weiß noch nicht, dass sie Europa fast erreicht hat. Bei dem Gedanken an ihn und dass er sicher krank ist vor Sorge, wird ihr ganz heiß.

»Meine Eltern«, sagt sie plötzlich, »haben immer gesagt, dass ich stark bin. Glaubst du das auch?«

»Ja«, sagt Petros, »ja, du bist stark, du bist stärker als ich.«

»Nein, du bist der Stärkere. Ohne dich wäre ich ertrunken.«

»Ich hab gesehen, wie du Abu den Dorn aus dem Fuß gezogen hast. Mit deinen Zähnen.«

»Das hast du gesehen?«

»O ja, und wie Abu an deiner Hand gelaufen ist, auch.«

»Ich wollte eigentlich Biologie oder Medizin studieren, weißt du«, sagt Azmera.

»Ich wette, das wirst du jetzt auch bald tun.«

»Es ist furchtbar, dass wir unser Land verlassen müssen, nur um so zu leben, wie wir wollen«, sagt Azmera plötzlich heftig.

»Ja, da hast du recht«, wirft Petros ein.

»Aber in Europa lassen sie uns studieren«, fährt Azmera fort. »Da können wir unser Leben selber gestalten, wenn wir uns Mühe geben.«

»Und ihre Sprache lernen«, ergänzt Petros.

»Ja. Ich glaube, Schwedisch ist eine komplizierte Sprache.«

»Wenn ich es von Frankreich nicht nach England schaffe, muss ich Französisch lernen«, sagt Petros und runzelt die Stirn ein wenig.

Azmera nickt. Ein tiefes Schweigen breitet sich zwischen ihnen aus.

»Ich werde dich finden«, sagt Azmera. »Wenn ich einen Studienplatz habe, werde ich dich im Internet suchen. Und du musst dafür sorgen, dass man dich finden kann, versprochen?«

»Versprochen.«

Die Tür geht auf, ein Matrose erscheint und blickt verwirrt auf Azmera, die vor Petros kniet.

»Was ist hier los?«, ruft er.

Hastig richtet sich Azmera auf und räuspert sich. »Nichts«, sagt sie, »nichts. Wir haben uns nur voneinander verabschiedet.«

Sie legt Petros noch einmal sanft die Hand auf den Rücken und geht dann erhobenen Hauptes an dem Matrosen vorbei. Draußen weht ein heftiger Abendwind. Er trocknet ihre Tränen und lässt eine salzige Spur auf ihrer Haut zurück.

Die Leute starren sie an, als sie über ihre Füße steigt.

»Alles in Ordnung, Liebes?«, fragt eine Frau mitfühlend, die Azmera vorher noch gar nicht aufgefallen ist. Sie spricht tigrinisch.

Azmera lächelt tapfer. »Ja, danke.«

Die Frau streckt den Arm aus und deutet auf eine Erhebung am Horizont. »Das ist Sizilien«, sagt sie. »Das ist Europa.« Sie schaut Azmera mit leuchtenden Augen an. »Jetzt wird alles gut.«

*

Als sie sich in der Menschenschlange vor den Kontrollposten vorwärtsbewegt, schwankt Azmera noch, als befände sie sich immer noch auf einem Schiff auf stürmischer See. Sie hat kaum einen Blick für das, was um sie herum geschieht. Zu viele Eindrücke muss sie verarbeiten, zu viel geht ihr durch den Kopf. Und ihr Herz tut weh, sobald sie an Petros denkt.

»Wir werden uns wiedersehen«, flüstert sie, »irgendwann, irgendwo. Ich fühle es. Du hast mich hierhergebracht. Danke, Petros, danke.«

Sie muss würgen, tritt aus der Schlange zur Seite, presst ihre Hände auf den Magen. Sie fühlt das Schlingern, die rollenden Bewegungen, als hätte sie das Schiff nie verlassen. Immer wieder sieht sie Abus Kopf, die riesengroßen Augen voller Panik, sein Flehen …

»Ich vergesse dich nicht, Abu. Niemals! Du bist jetzt ein Teil von mir wie alles andere, was ich erlebt hab …«

»You need help?«

Azmera richtet sich auf. Blickt in die Augen einer freundlichen jungen Frau und schüttelt den Kopf. *»No, no, thank you.«*

Sie reiht sich wieder in die Schlange ein. Es sind nur noch wenige Meter bis zu der Halle, wo die Beamten in sauberen Kleidern an neuen Schreibtischen sitzen.

Sie ist angekommen. Sie hat Boden unter den Füßen, festen Erdboden. Und diese Erde ist italienische Erde. Und dieses Land gehört zu Europa! Es ist tatsächlich geschafft. Was sie ihrer Mutter versprochen hat und wofür Pater Umberto gebetet hatte: Sie ist nun hier.

Ich muss Papa anrufen, denkt sie. Und stellt sich vor, was er sagen wird, wie er erleichtert lachen wird, wie er ihr zärtlich immer wieder neue Kosenamen geben wird und ihr nichts von seiner Angst verrät. Denn bestimmt hat er Angst um seine Tochter gehabt. *Ich bin in Italien, Papa! Stell dir vor: Deine Tochter hat es geschafft!*

Jemand legt ihr von hinten eine Hand auf die Schulter und sagt auf Englisch: »Bitte geh zu der Frau an dem Schreibtisch da vorne links. Siehst du? Sie winkt dir.«

»Ja, danke«, sagt Azmera. Und da fällt ihr plötzlich ein, was Ja und Danke auf Italienisch heißt. »*Si. Grazie*«, schiebt sie noch schnell hinterher.

Wenig später steht sie vor dieser fremden Frau, die rote Locken hat, die ihr bis auf die Schultern reichen. Ihre Fingernägel schimmern wie das Innere einer Muschel. Lautlos fliegen ihre Finger über die Tastatur ihres Computers.

Azmera räuspert sich. Erst beim zweiten Anlauf kommen Worte aus ihrem Mund: »*Buon giorno.*« Azmera lächelt vorsichtig und ist ein kleines bisschen stolz, weil sie auf Italienisch Guten Tag sagen kann.

Die Frau schaut strahlend auf. »Oh! Parla italiano!«

Azmera schüttelt den Kopf, die Frau aber strahlt noch immer.

»Englisch?«

Azmera nickt.

»Zuerst dein Name. Wie heißt du?«

»Azmera.«

»Ist das ein Vor- oder ein Nachname?«

»Das ist mein Vorname.«

»Und wie heißt du weiter?«

»Teferi. Ich heiße Azmera Teferi.«

»Kannst du das bitte hier aufschreiben? In Druckbuchstaben. Auf diese Linie. Hier.«

Azmera schreibt und gibt das Papier zurück.

»Wie alt bist du?«

»Siebzehn.«

»Dein Geburtstagsdatum?«

Wieder schreibt Azmera sorgfältig auf der bezeichneten Linie und gibt das Papier zurück.

Die Beamtin ist jung, ihre Augenbrauen sind säuberlich zu schönen Bögen gezupft und ihre Lippen rot geschminkt.

»Du kommst also aus Eritrea?«, fragt die Zollbeamtin.

»Ja. Eritrea ist meine Heimat.« Diese Worte versetzen Azmera einen Stich.

»Und der Name des Ortes, aus dem du geflohen bist?«

»Unser Dorf hatte keinen Namen. Es ist ein Dorf ohne richtige Straßen. Aber meine Schule war in Adarte.«

»Wo genau in Eritrea ist das?«

»Im Süden.«

»An der Grenze zu Äthiopien?«

»Nein, weiter nördlich. Bis zur Grenze ist es weit.«

»Du hast keine Papiere, sagst du?«

»Ich habe das hier.« Azmera legt ihr letztes Schulzeugnis auf den Tisch, streicht das Papier sorgfältig mit den Händen glatt.

»Es tut mir leid, aber ich kann das nicht lesen.«

»Es ist auf Tigrinisch. Da steht, dass ich die beste Schülerin des Jahrgangs war. Ich möchte studieren.«

Die Beamtin schenkt Azmera ein anerkennendes Lächeln. »Wie schön! Deine Eltern sind bestimmt sehr stolz auf dich.«

Azmera schluckt. Sie will jetzt nicht schwach werden. Sie hält die Tränen zurück. Nickt nur.

»Gut, Azmera, steck es wieder ein. Du sagst, du bist ganz alleine gekommen?«

»Ja.« Wieder dieser Schmerz.

»Wirklich? Ohne deine Familie?«

»Ja.«

Die Beamtin mustert Azmera voller Mitgefühl. »Den ganzen Weg durch den Sudan, die Sahara … Das hast du ganz alleine geschafft? War es schlimm?«

Azmera schließt schnell die Augen. *Keine Tränen. Bitte nicht. Ich bin stark. Jetzt bloß nicht weinen.* Es gelingt ihr nicht zu antworten. Sie nickt.

»Wie lange warst du unterwegs?«

Wie lange? Azmera hebt hilflos die Schultern. »Ich weiß nicht. Ich war krank im Sudan … Außerdem mussten wir einen Umweg nehmen und dann …«, sie stockt. Spricht flüsternd weiter. »Ich habe die Tage nicht gezählt.«

Die Beamtin nickt, lächelt mitfühlend, schreibt. Dann schaut sie auf: »Du weißt, dass man in Europa erst mit achtzehn volljährig ist?«

»Ja, das weiß ich. Aber es ist ja nicht mehr lange bis dahin.«

»Willst du in Italien Asyl beantragen?«

»Nein, ich möchte bitte weiter nach Stockholm.«

»Du willst nach Schweden?«

»Ja, mein Vater lebt dort. Er erwartet mich.«

»Oh. Hast du schon mit ihm gesprochen?«

»Ich habe kein Handy.«

»Keine Sorge, hier gibt es Telefone. Die sind für das erste Gespräch sogar kostenlos. Jetzt nehmen wir aber erst einmal deine Fingerabdrücke.«

Azmera drückt ihre Finger auf ein Stempelkissen und dann auf das Papier.

»Danke.« Die Beamtin winkt eine Helferin herbei. Die kommt sofort und befestigt ein Bändchen aus rosa Plastik an Azmeras Handgelenk, auf dem eine Nummer steht. Sie lächelt, während sie das tut, und murmelt etwas auf Italienisch, das Azmera nicht versteht.

Die Zollbeamtin spricht englisch. Das ist besser. Sie deutet auf eine Tür hinter ihrem Rücken. »Du gehst jetzt durch diese Tür dort. Da kommst du auf einen Hof, in dem ein Bus steht. Sobald der Bus voll ist, wird er losfahren und dich in das Lager Mineo bringen. Dort meldest du dich bei der Leiterin für unbegleitete jugendliche Flüchtlinge. Man wird sich dort um dich kümmern.« Sie lächelt. »Du musst keine Angst haben.«

Angst?, denkt Azmera. *Warum sollte ich jetzt noch Angst haben? Jetzt, wo es vorbei ist?* Sie schaut der Beamtin in die Augen. Ihre Stimme ist ruhig und fest, als sie erwidert: »Ich habe keine Angst mehr.«

Die Beamtin erwidert ihren Blick, der voller Anerkennung ist. »Das ist gut. Ihr seid sehr stark, ihr Mädchen aus Eritrea.«

Azmera nickt und reckt ihren Kopf. »Ja«, sagt sie, »das sind wir.«

Brigitte Blobel

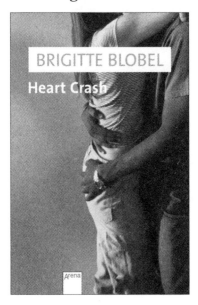

Heart Crash

Celia und Oke. Eine Liebe zwischen zwei Welten. Sie eine weiße Schülerin aus Deutschland, er ein Schwarzer aus den südafrikanischen Slums. Ein verhängnisvoller Unfall bringt sie zusammen und wirft Celias behütetes Leben aus der Bahn. Doch wem kann sie trauen? Ihren Gefühlen oder den Warnungen ihrer Gastfamilie? Und welche Rolle spielt Patrick, Celias attraktiver Gastbruder in diesem gefährlichen Spiel?

272 Seiten • Klappenbroschur
ISBN 978-3-401-06511-3
www.arena-verlag.de

Brigitte Blobel

978-3-401-50853-5

Feuerprüfung

Früher waren Coco und Nelly ein Herz und eine Seele. Doch seit Cocos Unfall dreht sich alles nur noch um die ältere Schwester. Da kommt Nelly die neue Aufmerksamkeit von Mädchenschwarm Tomke gerade recht. Voller Hoffnung schließt sie sich seiner Clique an und gerät dabei nach und nach in einen Strudel aus Mutproben, Erpressung und Gewalt, aus dem nur Coco sie befreien kann.

978-3-401-02774-6

Herzsprung

Nina lebt in einer nach außen hin perfekten Familie. Doch sie trägt schwer an einem Geheimnis, von dem niemand etwas ahnt – Nina wurde von ihrem Stiefvater sexuell missbraucht. Kurz vor ihrem 15. Geburtstag steht Nina vor der Entscheidung, ihr Geheimnis preiszugeben: Sie ist verliebt.

978-3-401-02772-2

Jeansgröße 0

Neidisch betrachtet sie die Hose. Diese dünnen Beinchen, dieser winzige Bund! Wie wenig Stoff das ist! Jeansgröße 0, denkt sie. Seit Katharina ihre neue Mitbewohnerin Lilja kennengelernt hat, gibt es nur noch eins: genauso hip zu sein wie sie. Angesagt zu sein. Und das zu tragen, was alle wollen: Jeansgröße 0. Katharina hat keine Ahnung, in welche Gefahr sie sich damit bringt.

Arena

Jeder Band:
Arena-Taschenbuch
Auch als E-Book erhältlich
www.arena-verlag.de

Jessica Gehres

Euer Hass hat kein Gesicht

„Du bist dumm. Du bist fett. Du bist hässlich." Jessica war zwölf Jahre alt, als die Beschimpfungen anfingen. Nur weil Jessica sich schützend vor ein anderes Mädchen gestellt hatte. Jahrelang war sie den Anfeindungen ihrer Mitschüler ausgesetzt. Viele Schüler machten mit, aber durch die Anonymität des Internet blieben einige der Täter unentdeckt. Jessica schämte sich, glaubte die Lügen irgendwann selbst. Erst als Jessica die Schule wechselt, haben die Demütigungen ein Ende.

160 Seiten • Klappenbroschur
ISBN 978-3-401-60115-1
Beide Bücher auch als E-Book erhältich

Susanne Clay

(W)ehrlos

„Du weißt nicht, auf wen du dich einlässt", schreibt Gina an Luke. Sie liebt ihn und Luke liebt Gina. Alles könnte schön sein, Schmetterlingsleicht, rosarot. Doch blutrot ist Ginas Geheimnis. Schwarz und zerbrechlich sind die Lügen, die sie erzählt, weil sie leben will. Seit einem Jahr versteckt sich Gina: vor ihrer eigenen Familie, die sie töten wird – im Namen der Familienehre. Gina will eine Zukunft haben, sie will ihre Liebe zu Luke leben. Aber was, wenn die, die sie töten wollen, sie finden?

Arena

264 Seiten • Klappenbroschur
ISBN 978-3-401-50661-6
www.arena-verlag.de

Lukas Erler

Brennendes Wasser

Josh, Caro und Speedy trauen ihren Augen nicht: Als sie heimlich den alten Matthis in seinem Haus beobachten, sehen sie, wie dort Feuer aus dem Wasserhahn schießt. Kurz darauf explodiert das ganze Haus. Ein schrecklicher Unfall? Während die Jugendlichen in Norddeutschland noch rätseln, sorgt die Explosion in einem kanadischen Energiekonzern für Aufregung: Im Gebiet um Matthis' Haus haben sie Fracking-Probebohrungen angestellt. Die drei Augenzeugen könnten ein Millionengeschäft zum Platzen bringen. Jemand muss sie schnellstens zum Schweigen bringen ...

272 Seiten • Arena Taschenbuch
ISBN 978-3-401-50924-2
Auch als E-Book erhältich

Saci Lloyd

Euer schönes Leben kotzt mich an

Laura Brown kann es nicht fassen: Die britische Regierung erlässt ein Gesetz zum Schutz der Umwelt. Alle müssen von nun an mit einer CO2-Card für ihren Luxus bezahlen. Urlaub auf Ibiza, ein warmer Winterabend vor dem Fernseher, Tanzen in der Disko mit Lichtshow, Eiswürfel im Drink – das alles gehört der Vergangenheit an. Auch Lauras Bandproben mit den Dirty Angels. Doch es kommt schlimmer, denn Stromausfälle, Wirbelstürme und Überschwemmungen sind an der Tagesordnung. Und plötzlich zählt nur noch eines: überleben.

344 Seiten • Arena Taschenbuch
ISBN 978-3-401-50825-2
www.arena-verlag.de

Beverley Naidoo

Die andere Wahrheit

Gestern noch hatte Sade an ihrem Schreibtisch gesessen und ihre Hausaufgaben gemacht, wie jeden Abend. Dann wird ihre Mutter vor ihren Augen erschossen. Das eigentliche Ziel aber war ihr Vater. Als couragierter Journalist hat er das nigerianische Militärregime einmal zu oft mit der Wahrheit konfrontiert. Jetzt sind auch Sade und ihr kleiner Bruder in Gefahr. Noch in derselben Nacht müssen sie Lagos verlassen und nach London fliehen ...

328 Seiten • Arena Taschenbuch
ISBN 978-3-401-50895-5

Lieneke Dijkzeul

Ein Traum vom Fußball

Für Rahmane und seine Freunde aus dem Dorf gibt es nichts Schöneres als Fußball zu spielen. Als sie die Chance erhalten für den Profifußball zu trainieren, beginnt für sie in der Stadt ein besseres Leben. Doch dafür müssen sie hart arbeiten, Freundschaften und Teamgeist werden auf die Probe gestellt. Ist Rahmane bereit, den hohen Preis für seinen Traum vom Fußball zu bezahlen?

264 Seiten • Arena Taschenbuch
ISBN 978-3-401-50855-9
www.arena-verlag.de